重庆文化研究

Chongqing Cultural Research

壬寅冬

蔡武 题

《重庆文化研究》出版工作小组

主　任	刘　旗
副主任	朱　茂
主　编	刘建国　宋俊红　严小红　刘德奉
	刘春泉
执行主编	刘德奉
编辑部主任	黄剑武
编　委	黄剑武　王美木　周津菁　魏　锦
	邹俊星

重庆市文化和旅游研究院　编

西南大学出版社

图书在版编目(CIP)数据

重庆文化研究.壬寅冬/重庆市文化和旅游研究院编.--重庆：西南大学出版社,2022.12
ISBN 978-7-5697-1745-7

Ⅰ.①重… Ⅱ.①重… Ⅲ.①地方文化–研究–重庆–2022 Ⅳ.①G127.719

中国国家版本馆CIP数据核字(2023)第000304号

重庆文化研究·壬寅冬
CHONGQING WENHUA YANJIU　REN-YIN DONG

重庆市文化和旅游研究院　编

责任编辑：赖晓玥
责任校对：朱司琪
书籍设计：杨　涵
排　　版：张　祥
出版发行：西南大学出版社(原西南师范大学出版社)
　　　　　地址：重庆市北碚区天生路2号
　　　　　邮编：400715
　　　　　市场营销部电话：023-68868624
经　　销：新华书店
印　　刷：重庆紫石东南印务有限公司
幅面尺寸：210 mm×285 mm
印　　张：10
插　　页：6
字　　数：260千字
版　　次：2023年1月　第1版
印　　次：2023年1月　第1次印刷
书　　号：ISBN 978-7-5697-1745-7
定　　价：35.00元

人文精神力量说

一个国家、一个民族、一个地区，都有自己的人文精神，这人文精神，是这个国家、这个民族、这个地区的精神内核，是广大劳动人民创造的精神结晶。

重庆市第六次党代会有一项新的文化成果，那就是把"行千里·致广大"确定为重庆的人文精神，这充分体现了重庆市委对文化的高度重视，充分体现了其对重庆文化的深刻认识。这是重庆文化发展史上的重要成果。

"行千里·致广大"的内涵十分丰富，正如《行千里·致广大——重庆人文丛书》总序中所说："包含一系列哲学观点、价值理念和道德规范，能够滋养人的思想观念，启迪人的心灵智慧，丰富人的精神世界，促进人的全面发展。"其蕴含了天人合一的传统理念；彰显了"知行合一"的价值追求；"行千里"与"致广大"相辅相成、互为因果，体现了客体和主体的互动、认识和实践的统一。

我们有了自己的人文精神，但更重要的是要把它落实到经济社会发展的全过程之中，我们要在习近平新时代中国特色社会主义思想指导下，在党的二十大精神指导下，将它融入重庆的全面发展之中。为此，我们要进一步加大阐释的力度，认真进行学术研究，进行大众化解读，让重庆人民全面认识到它的内涵、外延、积极作用，让大家认识到重庆人文精神就是我们自己创造的并正在继续创造的文化成果；要将它融入重庆经济社会发展的各个方面，与各项工作结合起来，使之成为促进全面发展的一种力量；要将它融入重庆的文化和旅游发展之中，特别是要与文学艺术创作结合起来，既提升创作质量，又通过艺术表达重庆人文精神；要广泛进行宣传，使之成为重庆人民的共识，并且在经济社会发展中不断丰富其内涵，让重庆人文精神具有更强的生命力。

2021年7月，重庆启动了《行千里·致广大——重庆人文丛书》的编撰工作，这套丛书共计12卷，目前已经开始出版发行，它是解读重庆人文精神的重要读本。我们专门选载了《行千里·致广大——重庆人文丛书》的总序和关于《行千里·致广大——重庆人文丛书》编撰构想的文章。同时，还约请相关同志撰写了关于"行千里·致广大"重庆人文精神的一些思考，就重庆人文精神做了一些探讨。当然，这只是一个初步的工作，期待更多的专家学者参与到研究重庆人文精神中来。

编　者

2022年10月14日

目 录

政策研究

1　大力弘扬"行千里·致广大"的人文精神　成彦希　桑云通

5　回应时代：从历史到文化的跨越
　　　　——对编撰《行千里·致广大——重庆人文丛书》的一些认识　周　勇

16　《行千里·致广大——重庆人文丛书》总序

19　弘扬"行千里·致广大"重庆人文精神的实践路径　罗锐华

24　重庆人文精神的淬炼与弘扬　郭道荣

文艺评论

28　评"第五届川剧节"现代川剧《峡江月》

36　重庆文化和旅游研究系列评论
　　　　——重庆芭蕾舞团的"引领"和"担当"之一

49　"读写实验（第一季）"展览系列美术评论

基础研究

67　大众审美与抗战图像
　　　　——抗战中的救亡漫画宣传队　黄剑武

77　武陵山情歌研究　彭斯远

85　山城旧影成记忆　巴渝文化留舆图
　　　　——舆图视角下的清代重庆城市布局与规划实践　黄玉才

102　浅谈照相写实绘画语言课程体系的建构　周　杰　熊莉钧

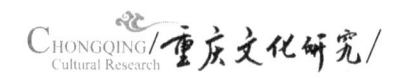

巴渝文化
106 黔江文管所藏陈湋说文部首碑价值浅析　宋发芳

人物风采
110 黄廷炎的舞龙人生　宗和云

文化记忆
119 重庆江北版画　姜孝德

艺文空间
131 艺苑
143 盘龙镇的宫庙文化　潘思章
148 界画艺术家刘汉杰　海清涓
159 龙乡安居　余　炤

大力弘扬"行千里·致广大"的人文精神

成彦希　桑云通

(重庆市文化和旅游发展委员会)

一个民族需要有民族精神,一个城市同样需要有城市精神。党的十九大报告强调:要"挖掘中华优秀传统文化的思想观念、人文精神、道德规范"。重庆市第六次党代会报告提出,要"弘扬'行千里·致广大'的人文精神,以文铸魂、以文化人,为重庆改革发展提供强大的价值引导力、文化凝聚力、精神推动力",强调要"保护传承好巴渝文化、三峡文化、抗战文化、革命文化、统战文化和移民文化",指出重庆是一座历史文化名城,"'长嘉汇'源远流长,'三峡魂'雄阔壮美,'武陵风'绚丽多彩"。这是重庆直辖以来首次提出重庆人文精神,首次明确重庆文化形态,首次提炼重庆特色文化,这对凝聚全市人民共识,激发全市人民干事创业的激情,激励各级党员干部朝着党代会确定的目标苦干实干,推动全市高质量发展、创造高品质生活,奋力书写重庆全面建设社会主义现代化新篇章具有重要深远的意义。

一、大力弘扬"行千里·致广大"的人文精神,对推动重庆全面建设社会主义现代化具有积极意义

人文精神是精神文明的主要内容,它影响着物质文明建设,反映着一个地方的精神风貌,镌刻着一个地方的历史底蕴和文化渊源,是衡量一个民族、一个地区文明程度的重要尺度,对一个地方的经济社会发展有着巨大的推动作用。大力弘扬"行千里·致广大"的人文精神,对推动重庆全面建设社会主义现代化具有积极意义。

(一)体现了历史和时代的统一

人文精神不仅因历史积淀形成了丰富的内涵,也在时代发展中获得了新的价值。重庆是一座人文荟萃、底蕴厚重的历史文化名城。在巫山县内发现的"巫山人"化石,是中国境内迄今发现的最早的人类化石;中坝遗址出土的地层文物完整包含了新石器时代晚期至清代不同时代的所有地层,可以让人们直观感受到中华五千多年文明绵延不绝的伟大与震撼;大足石刻代表着公元9—13世纪世界石窟艺术的最高水平;涪陵区白鹤梁题刻是世界上唯一保存完好的古代水文站;合川区钓鱼城则被誉为"上帝折鞭处"。在20世纪,重庆更是成为世界反法西斯统一战线与中国抗日民族统一战线

的交会点。在我市奋进社会主义现代化建设新征程的关键时期,"行千里·致广大"人文精神的提炼,既有着对历史经验的借鉴化用,又有着对重庆特色的情境独创。这是中华优秀传统文化在重庆的传承与发展,也是文化自信在重庆的彰显。

(二)实现了客观与主观的统一

人文精神既是在客观自然条件下形成的产物,也是广大人民群众充分发挥主观能动性、不断创造的精神价值体现。在奔流不息的长江文化的滋养下,重庆有源远流长的巴渝文化、享誉世界的三峡文化、可歌可泣的抗战文化、彪炳史册的革命文化、独具特色的统战文化、感天动地的移民文化,内涵丰富、璀璨多姿。大山大川与大风大浪造就了重庆人极其鲜明的群体性格。这是社会主义核心价值观在重庆的具体实践,也是历史发展进程中的必然结果。

(三)做到了认知与实践的统一

"行千里·致广大",从字形看是对"重庆"两字的拆分,但从深层次看是对"千里之行,始于足下""不积跬步,无以至千里""致广大而尽精微"等古人智慧的高度提炼,彰显了天人合一、知行合一的哲学观点,蕴含着辩证唯物主义和历史唯物主义的世界观和方法论。"行千里"既是一种精神状态,也是一种方法论,就是要把习近平总书记的殷殷嘱托全面落实在重庆大地上,始终坚持从全局谋划一域、以一域服务全局,集中精力办好自己的事。"致广大"则是一种家国情怀,也是一种价值观,就是要有全球视野,高瞻远瞩,要立足"两点",在实现"两地""两高"目标过程中提高政治站位,在发挥"三个作用"上展现更大作为,在成渝地区双城经济圈建设中发挥更大成效。

二、重庆人文精神具有深厚基础

人文精神的产生、形成和发展,都需要在一定的基础上和条件下进行,包括人文历史、政治经济、社会群体、地域特征等方方面面。弘扬"行千里·致广大"的人文精神,不仅是重庆悠久历史文化的沉淀升华,也是重庆经济社会发展的必然要求,为重庆未来发展指明了方向。近年来,重庆不断推动各项事业取得新成效、迈上新台阶,彰显出重庆人文精神发展的独特优势。

(一)新时代重庆人文精神获党中央高度认可

2018年3月10日,习近平总书记在参加十三届全国人大一次会议重庆代表团审议时,对重庆悠久的历史文化传统和优秀的人文精神积淀给予了高度评价,对重庆人坚韧顽强、开放包容、豪爽耿直的个性和文化给予了充分肯定。习近平总书记的殷殷嘱托是激励我们前行的最大动力,党中央的期望和要求就是我们不断向前的方向。"行千里·致广大"的人文精神展现了新时代重庆人的精神理想和远大志向。

(二)自然和区位条件优势明显

重庆作为西部唯一的直辖市、长江上游核心城市,是西部大开发的重要战略支点,是成渝地区双城经济圈的极核城市之一,处在"一带一路"和长江经济带的联结点上,集大城市、大农村、大山区、大库区于一体。近年来,重庆坚持生态优先、绿色发展,推进山清水秀美丽之地建设,山水之城、美丽之地魅力更加彰显,发展"行千里·致广大"人文精神的空间广阔、潜力巨大。

(三)历史和社会条件优势明显

重庆山环水绕、江峡相拥,在大山大川中生长孕育了人文精神,在艰难险峻中养成了乐山乐水、坚毅劲勇的性格,在多次移民中铸就了兼收并蓄、兼容并包的品格。直至今日,重庆人民始终保持着坚毅自强、勇为敢闯、兼容开放、重信尚义的优良品质。这是重庆人文精神的生动体现,也是其得以培养、增强、发展的重要条件。

三、新时代新征程大力弘扬"行千里·致广大"人文精神的建议

(一)进一步坚持以习近平新时代中国特色社会主义思想为指导,坚定文化自信

习近平总书记指出:"文化自信,是更基础、更广泛、更深厚的自信。"弘扬重庆人文精神就是要接续民族传承,激活中华优秀传统文化的深厚底蕴,既要把社会主义核心价值观在重庆具现化,又要在继承与创新中将更多时代元素融入文化传统与人文精神,不断增强历史自觉、坚定文化自信,讲好"重庆故事"。

(二)进一步凝聚全市人民共识、激发干劲、推动发展,把习近平总书记的殷殷嘱托全面落实在重庆大地上

弘扬重庆人文精神的目的是凝聚共识、激发干劲、推动发展,不能脱离实际去推动文化传播,要以激发全市干部群众投入全面建设社会主义现代化的斗志为传播导向,注重将"行千里·致广大"的人文精神转化成干事创业的信心、勇气和自觉行动,将重庆文化形态融入全市人民的血脉,形成强大合力,激励全市人民苦干、实干、加油干,奋力书写重庆全面建设社会主义现代化的新篇章。

(三)进一步丰富与完善对重庆人文精神的研究,努力形成更多成果

要在现有研究成果的基础上,从新的视角、新的领域进行思考拓展,丰富与完善对重庆人文精神的研究,努力形成更多成果。一方面,要抓好《行千里·致广大——重庆人文丛书》的编辑、出版、宣传、推广等系列工作。另一方面,要结合新时代的特征,把重庆人文精神更好地融入生产生活各个方面,提炼出能够凸显重庆地域文化特色的典型元素和人文精神符号,充分发扬地域特色,丰富文化内容,打造文化品牌,为建设文化强市发挥重要作用。

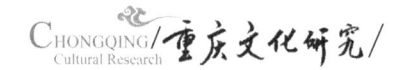

(四)进一步整合资源力量,加快重庆人文精神的传播

推动重庆人文精神的传播,亟须建立健全联动协调机制,通过整合资源优势、汇聚智力力量、深挖地方特色,充分发挥政府、高校、科研院所、大众传播媒介机构、学术团体和学者等社会各界的力量,形成强大的集聚效应。在政策、资源等方面进行倾斜,为人文精神的传播创造便利条件,不断推动文化内容形式、体制机制、传播手段创新,加强文化对外交流,让重庆人文精神成为引领重庆人民奋发向上的舆论引导合力。

(五)进一步营造全民大环境,丰富重庆人文精神的呈现形式

应广泛借鉴国内外先进经验,建立开放平台,不断丰富重庆人文精神的内涵,拓展其外延,创新重庆人文精神的呈现形式和呈现载体,加快打造多元呈现和多样化表达的方式和手段。同时,大力推进文化遗产保护,推动文化遗产的合理利用和转化,努力使文化"鲜活"起来,推动富有巴渝文化特色的博物馆群和新形态博物馆发展,开展重庆人文精神进校园、进企业、进社区等活动,使"行千里·致广大"的人文精神在重庆大地上生根开花。

(六)进一步促进文旅深度融合,使游客在旅游中更深刻地感受重庆人文精神

坚持以文塑旅、以旅彰文,推动文化和旅游在更广范围、更深层次、更高水平上融合发展。持续用文化赋能旅游发展、丰富旅游内涵、提升旅游品位,用旅游带动文化传播、彰显文化魅力、促进文化繁荣,以社会主义核心价值观为引领,以满足人民文化需求和增强人民精神力量为着力点,努力创作优秀文艺作品,提供优秀文化产品和优质旅游产品,全力构建主客共享、近悦远来的美好生活空间发展格局,使游客在旅游中更深刻地感受重庆人文精神,让"诗"和"远方"在满足人民对美好生活的期待中实现更好的联结。

回应时代：从历史到文化的跨越
——对编撰《行千里·致广大——重庆人文丛书》的一些认识①

周　勇②

【摘要】 本文是由作者主持编撰《行千里·致广大——重庆人文丛书》过程中的若干理性思考所形成的学术论文。其系统阐述了《行千里·致广大——重庆人文丛书》的整体布局：以"6+3+3"建构丛书整体结构，以"文化主干六卷"架构重庆顶层核心文化，以"特色文化三卷"展现三大区域文化，以"诗书画三卷"形象地展现丰富多彩、千姿百态的重庆文化。作者认为，编撰这套丛书是贯彻落实习近平总书记对重庆所作重要讲话和系列重要指示批示精神的务实行动，是形象表达"行千里·致广大"人文精神和"重庆历史文化体系"的创新举措，努力发掘"一区两群"文化内涵的第一次探索。作者概括了《行千里·致广大——重庆人文丛书》对重庆历史文化研究和建设的学理性贡献，主要是确定了"行千里·致广大"的重庆人文精神，贡献了"2+4"的重庆历史文化体系，推动了对重庆主体文化的新认识、新表达，填补了重庆历史文化中的若干空白。

【关键词】 重庆；文化体系；人文精神；人文丛书

重庆是一座人文荟萃、底蕴厚重的历史文化名城，有着悠久的历史文化传统和优秀的人文精神积淀，"长嘉汇"源远流长，"三峡魂"雄阔壮美，"武陵风"绚丽多彩。

习近平总书记对增强文化自信，建设文化强国，培育和践行社会主义核心价值观，推动中华优秀传统文化创造性转化、创新性发展，用好红色资源、赓续红色血脉，提高国家文化软实力等重大问题，提出了一系列新观点、新论断、新要求。

党的十九大以来，重庆市委坚持高度的文化自觉与文化自信，坚持以习近平新时代中国特色社会主义思想为指导，挖掘、保护和传承巴渝文化、三峡文化、抗战文化、革命文化、统战文化、移民文化，彰显和运用主城都市区、渝东北三峡库区、渝东南武陵山区特色文化资源，大力弘扬"行千里·致广大"人文精神，以文铸魂、以文化人，让历史文化活在当下、服务当代，用丰富厚重的优秀传统文化

---

① 重庆市社会科学规划特别委托重大项目"重庆革命文化研究"（2022TBWT-ZD22）研究成果。
② 周勇，《行千里·致广大——重庆人文丛书》总编室主任、中国抗日战争史学会副会长、中国城市史研究会副会长、重庆史研究会会长、教授、博士研究生导师。研究方向：中国近现代史、中国城市史、重庆史。

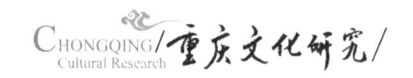

滋养山水之城、美丽之地,以自信磅礴的精神力量开创幸福美好的明天。为此,重庆市委决定编撰《行千里·致广大——重庆人文丛书》,为重庆文化建构一个基础。

现在,《行千里·致广大——重庆人文丛书》(以下简称《重庆人文丛书》或《丛书》)已公开出版了。这是重庆文化发展史上的大事,是记录重庆文化事业奋力前行步伐的具有里程碑意义的一块基石,也是指引我们继续建设文化强市的路标。

作为一个长期从事中国近现代历史、重庆史研究的学者,这次有幸担任《行千里·致广大——重庆人文丛书》总编室主任,从事《丛书》的组织、谋划、编撰、写作、出版工作,同时又担任《重庆革命文化概览》主编。这些都是为重庆文化建设夯基立柱的工作,参与其中,既深感荣幸,催人奋发,更感重任在肩,如履如临。

《行千里·致广大——重庆人文丛书》出版之际,便是我们的成果接受人民检验,经受历史、时代考验的时候。《重庆人文丛书》是按照学术理性的思路而编撰的文化成果,但我们的书是为普通读者而编撰的,因此在写作和选编时,一直秉持"大而化之""文而化之"的创作原则,即从大的方面整体上构建文化体系,用文学化的方式表达理性的认识。这使得我们的学理性认识蕴含在全书之中,并没有在书中完整地表述出来。因此,在《重庆人文丛书》出版之后,我把这些年来在谋划、组织、编撰《行千里·致广大——重庆人文丛书》时形成的一些理性认识记录下来,撰成此文,与大家分享和交流。这或有助于读者对《丛书》的理解。

一、历史、时代、人民之需:对编撰《行千里·致广大——重庆人文丛书》的整体性认识

文化重在"建设"。文化研究是文化建设的基础和前提,是历史文化学者的责任,而且一代人有一代人的责任。

重庆是一座具有悠久历史、灿烂文化和光荣革命传统的伟大城市,是国家确定的历史文化名城。但是,多年来始终会听到一些疑问:重庆有无文化?重庆文化有无体系?什么东西能够代表重庆文化体系?回答这些疑问,就是回答历史、时代、人民之问。

经过多年的努力,对于"重庆有无文化"的问题,已经有了共识。这主要是通过专家学者们的努力,在重庆历史文化研究上取得了整体性、突破性进展:撰写出版了《重庆通史》、《近代重庆城市史》《重庆抗战史》、《中国抗战大后方历史文化丛书》(100卷)、《中国地域文化通览·重庆卷》等;在城市文化建设上,我们有了重庆中国三峡博物馆、重庆大剧院、大足石刻博物馆、重庆自然博物馆、重庆城市规划展览馆,等等。对于"重庆文化有无体系"的问题,也基本形成共识。这主要是经过重庆学界多年努力而提出的"2+4"重庆历史文化体系,在学界、社会得到了比较多的认同,从而形成了共识。

但是,"什么东西能够代表重庆文化体系"的问题还没有得到很好的回答。因此,需要重庆文化人继续回答这个历史、时代、人民之问。

重庆市委决定组织全市力量,编撰《行千里·致广大——重庆人文丛书》,这是党委的意志,是交给

政协的任务,也是我们学者的责任。这个重大举措的实施就是对这个历史、时代、人民之问的一个回答。

(一)贯彻落实习近平总书记对重庆所作重要讲话和系列重要指示批示精神的务实行动

党的十八大以来,习近平总书记对重庆工作作了三次系统性指示,其中有关重庆历史文化的不少,可以说对重庆文化建设念兹在兹。这为我们增强"文化自信",研究重庆文化指出了方向和路径。这些论述是中华民族"文化自信"的一部分,更是党的十九大以后对重庆文化创新创造最重要的指引。习近平总书记在重庆调研时指出:"要深入实施'蓝天、碧水、宁静、绿地、田园'环保行动,建设长江上游重要生态屏障,推动城乡自然资本加快增值,使重庆成为山清水秀美丽之地。"

习近平总书记指出:毛泽东同志在这里进行了决定中国前途命运的重庆谈判,周恩来同志领导中共中央南方局在这里同反动势力展开了坚决斗争,邓小平同志在这里领导中共中央西南局进行了大量开创性工作。重庆涌现了大批大义凛然、高风亮节的共产党人……重庆要运用这些红色资源,教育引导广大党员、干部坚定理想信仰,养成浩然正气,增强"四个意识"、坚定"四个自信"、做到"两个维护",始终在政治立场、政治方向、政治原则、政治道路上同党中央保持高度一致。[1]

按照重庆市委的要求,由市政协牵头组织,大规模、成系统地编撰《行千里·致广大——重庆人文丛书》,这在重庆文化发展史上是第一次。

(二)形象表达"行千里·致广大"的人文精神和"重庆历史文化体系"的创新举措

2018年3月,时任重庆市委书记陈敏尔在十三届全国人大一次会议重庆代表团全体会议上首次提出,"重庆"二字可解释为"千里为重、广大为庆",在重庆"行千里",可以"致广大"。经过几年的实践,"行千里·致广大"已经深入人心,在全市上下形成了广泛共识,日渐成为重庆人文精神的标识代码,成为重庆人的一种集体意识、集体品格。

2018年9月,时任重庆市委书记陈敏尔在全市宣传思想工作会议上发表了《守正创新 凝心聚力 不断谱写宣传思想工作新篇章》的讲话,首次把"行千里·致广大"的人文理念和重庆历史文化体系联系起来并进行了系统的阐述。他指出,重庆文化资源富集,有源远流长的巴渝文化,有享誉世界的三峡文化,有可歌可泣的抗战文化,有彪炳史册的革命文化,有独具特色的统战文化,有感天动地的移民文化,这些多彩多姿的地域文化是中华优秀传统文化的重要组成部分。我们要加强对地域传统文化的深度研究,去其糟粕,取其精华,使丰富厚重的优秀传统文化滋养巴渝大地,激励重庆人民以永不懈怠的精神状态和一往无前的奋斗姿态去开创幸福美好的明天。

(三)努力发掘"一区两群"文化内涵的第一次探索

党的十九大后,重庆市委将重庆市域划分为主城都市区、渝东北三峡库区、渝东南武陵山区三个板块进行规划和建设,简称"一区两群"。这是重庆区域发展的重大决策。几年来,在市委领导下,各部门、各区县在经济、社会等方面已经做了不少工作,并取得很好成效。

---

[1] 习近平.论中国共产党历史[M].中央文献出版社,2021:31-32.

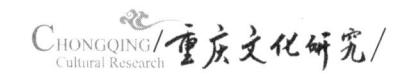

但是,从区域特色文化资源挖掘与研究视角去观察,我们对主城都市区、渝东北三峡库区、渝东南武陵山区特色文化资源的认识还相当不够,还缺乏相对应的深入的研究。一个不争的事实是,许多区县对各自文化的建构是独立的、分散的,甚至在不同时期对自身文化的表述也是前后矛盾的,与重庆历史文化体系之间也是脱节的,也没有进行归纳、提炼,缺乏明确的形象表达。因此,在人们对重庆历史文化体系已经取得重要认识和共识的基础上,重庆文化研究还需要向区县延伸,还需要在区县和三大区域中找到自己存在的土壤。

编撰《行千里·致广大——重庆人文丛书》,就是要推动各区县进一步盘点各自的文化家底,梳理自己的文化资源,总结、提炼各自的文化形态。在此基础上,进一步总结提炼出"一区两群"的区域文化内涵,从区县、区域、全市三个层面上,完善重庆文化结构,明晰重庆文化形象,整体提升重庆人文品质。进而推动各区县提高文化站位,以全局谋一域,以一域服务全局,找准自己在市委提出的重庆文化新体系中的定位,把重庆文化推向既特色突出,又繁花似锦的新境界,汇聚成彰显重庆文化新体系的百花园。将重庆建设成为一座具有中国气象、巴渝特色的山清水秀美丽之地。这样的努力在重庆文化发展的历史上也是第一次。

(四)重庆历史文化学界探索重庆历史文化的新贡献

重庆市委决定成立《行千里·致广大——重庆人文丛书》编委会,由市政协党组承担编委会组织、协调和落实工作,市政协文化文史和学习委、重庆史研究会组成总编室,开展具体的学术、服务和统稿工作。

市委把编撰《重庆人文丛书》的任务交给市政协,市政协党组集中全力抓丛书,这是对政协文史工作优良传统的继承之举,是新时代继续做好文史工作的争先之举、创造之举、创新之举。

《重庆人文丛书》在顶层设计、整体设计上,着眼于本地文化发展的战略需求,着眼于本土文化研究的基础建设,着眼于文化表达的整体观照和文化体系的层次贯通。因此,这套丛书的设计具有明显的优势和特点。

按照市委的安排和时任市委书记陈敏尔的指示,我们集结了重庆市在历史、文化、文学、文博、美术、书法、出版等领域最优秀的专家,组建了最精良的团队。各位主编表示,能够参与到这件仰缅先辈、泽惠后人的文化学术工作中,是我辈学者的幸运;能够为重庆这座伟大城市的文化建设做一点基础性、学术性的贡献,则是我们的责任。

二、回答历史、时代、人民之问:对《行千里·致广大——重庆人文丛书》的整体布局

(一)以"6+3+3"建构《重庆人文丛书》整体结构

我们的目标是编撰一套突出文化自信、山水礼赞、人文之旅、诗意表达特点的重庆历史文化读本。《重庆人文丛书》以"行千里·致广大"人文精神为主线,以重庆历史文化体系为主干,以区域特色文

化为依托,以诗书画专卷为映衬,形成"6+3+3"共12卷的架构:6,即文化主干六卷,充分展现巴渝文化、三峡文化、抗战文化、革命文化、统战文化、移民文化的总体形态;3,即特色文化三卷,呈现主城都市区、渝东北三峡库区、渝东南武陵山区的独特文化形态和文化内涵,展现重庆历史文化在各区县的表现样态;3,即诗书画三卷,用诗词、书法、美术的形式表现重庆历史文化和"行千里·致广大"的人文精神。

《重庆人文丛书》以编为主、编写结合,通过梳理、编辑历代名人、专家、学者记述、研究、书写、描绘、展示重庆历史和文化脉络的文献资料、艺术作品,书写巴渝大地各个历史时期形成的人文风物,以"文而化之"的方式,充分展示"行千里·致广大"的人文精神。各卷由总序、分序、概述及主要内容构成。

(二)以"文化主干六卷"架构重庆顶层核心文化

文化主干六卷是《重庆人文丛书》的核心要素,包括《巴渝文化概览》《重庆三峡文化概览》《重庆抗战文化概览》《重庆革命文化概览》《重庆统战文化概览》《重庆移民文化概览》,重点反映重庆历史上形成的巴渝文化、三峡文化、抗战文化、革命文化、统战文化、移民文化,展示巴渝大地的悠久历史文化和厚重人文精神。这是重庆文化的总体形态,是重庆历史文化体系第一次整体呈现。

在重庆3000多年的发展史上,出现过多层次、多领域、多形态的文化现象,其中具有主体地位的是巴渝文化、三峡文化、抗战文化、革命文化、统战文化、移民文化六种形态。这些居于重庆历史文化体系顶层,最具代表性和符号意义的文化元素,构成了重庆历史文化体系中独具特色的"2+4结构"。所谓2,即巴渝文化、革命文化。它们相互连接,贯通始终,传承演化,共同构成了今日重庆历史文化体系的学理基石,也是形成今日重庆人文精神以及重庆人、重庆城性格特征的文化基因。所谓4,即三峡文化、抗战文化、统战文化、移民文化,它们是在不同的历史时期和历史环境中,在重庆大地上产生的特色文化。在漫漫历史长河的某些阶段,它们发挥着独特的作用,至今仍是重庆历史文化中最具特色的因素,发挥着核心竞争力的作用。

《重庆人文丛书》确定了"以编为主、编写结合"的选编原则,因此如何选文献,如何分类别,如何节选文,是对主编们的考验,更决定了《丛书》的质量。

我们的基本原则是:以历代名人、专家、学者研究重庆、书写重庆、展示重庆的人文精神的文献资料为基础,并注重结合当代最新的研究成果,一般按时间先后顺序、分专题精选精编,融学术性、故事性、趣味性和可读性为一体。

在具体操作上:

1. 以"写重庆"为选材标准

所选文献都要是"写重庆"的文献,即以重庆为对象。尽可能选择写大重庆的大面貌的文献,当然,并不排除关于具体的某一区域、某一个点的文献。以体现重庆城市历史人文精神的文献为主要对象。所有文献不只讲重庆某一个地方的历史文化,还要发掘重庆大地上孕育出来的具有历史穿透力的人文精神,更要通过具体的人物及他们的故事充分反映这种人文精神。对重庆历史的主要时段、主要类别、重大事件,力求都要有所反映。

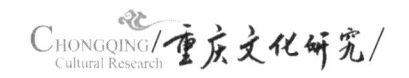

2. 以"古今中外"名人名家的著述为选录对象

凡古人和今人、中国人和外国人,只要是以重庆为对象书写的文献,均在收录之列。以文献内容、价值为主要入选标准。如有历史文献的缺环,可由主编适当新写,以补足缺环。

3. 以文章为主体

尽可能少选诗词,避免与《诗家笔下的重庆》中所收录的诗、词、赋等重复。文末一律注明出处,以提高全书的学术品格和价值。

4. 以纵横结合为编排原则

明确有历史顺序的文化,如巴渝文化、革命文化、移民文化,原则上纵向贯通,以历史时间为序,分阶段编排;对专题类文化,如三峡文化、抗战文化、统战文化,在此一文化中横向展开,分类排列。

5. 以普通读者为阅读对象

《重庆人文丛书》不是只供专家学者研究使用的纯学术性著作。因此,在选择文献时,一定要防止搞成历史文献的汇编本,如果满本都是诘屈聱牙的历史文献,将使普通读者难以消化,就失去了《丛书》存在的意义。当然,对非常重要、必不可少的历史文献,也可以酌情少量收录。

6. 注意借鉴既有成果

特别要注意的是,改革开放以来,重庆市政协出版了《重庆文史资料》,后来又出了《重庆文史资料选辑》《重庆地方史资料丛刊》,积累了上千万字的资料,这是一个巨大的宝库。特别是1977年以来几代学人对重庆史资料的发掘和学术研究,尤其是重庆古代、三峡、移民、抗战、统战、革命历史和文化方面的著作,已经蔚为大观,这是极其重要的选材宝库。

7. 主编精心撰写本卷概述,全面系统地展现研究的新成果

每位主编都对自己所负责那一卷的文化进行过全面系统的研究,他们将自己的研究成果撰写成本卷概述。概述都是具有较高学术含量的文化论文,具有综合性、提纲性。

(三)以"特色文化三卷"展现三大区域文化

"特色文化三卷"包括《长嘉汇——重庆主城都市区人文巡礼》《三峡魂——渝东北三峡库区人文巡礼》《武陵风——渝东南武陵山区人文巡礼》,呈现各区域的独特文化形态和文化内涵,展现重庆历史文化在各区县的样态。

"一区两群"是重庆市委对重庆区域发展结构的重大决策和定位,这是特色文化三卷划分的基本依据。

1. 设"特色文化三卷"意义重大

一是以"行千里·致广大"的人文精神、重庆历史文化体系为导向,对各区县的文化再进行一次梳理,找准各区县文化与重庆文化体系的联系。二是在进一步挖掘、梳理、提炼各区县文化的基础上,对"一区两群"三个板块进行一次整体的文化概括或定位。三是厘清"一区两群"特色文化与重庆文化体系的关系。

2."特色文化三卷"是政协对文化研究的一次努力

这项工作在市政协文化文史和学习委和《丛书》总编室的领导下,由三位主编对各区县政协的写作进行具体指导,各区县政协组稿写作。

3.各区县特色文化稿件塑造区县文化新形象

各区县特色文化稿件着重展现本区县文化发展基本脉络、基本形态,本区县文化基本形态与本区域、全市文化形态的关系。避免平铺直叙,要写出特点、亮点,尤其是要找准各区县文化的定位。

4.主编精心撰写概述,全面展现区域文化新形态

各位主编对本区域特色文化进行全面系统的研究,将研究成果撰写成全书概述。概述的基本要素包括:对本区域文化的整体面貌的描述;对本区域内各种文化的整合、提炼,形成对区域文化特色的理性阐述;阐述本区域文化与重庆文化体系的相互关系;简要分析区域文化的学术意义和时代价值。

(四)在前述文化表述的基础上,以"诗书画三卷"形象地展现丰富多彩、千姿百态的重庆文化

"诗书画三卷"包括《不尽长江滚滚来——诗家笔下的重庆》《巴字光流不夜天——书家笔下的重庆》《山色今朝画巨然——画家笔下的重庆》,用诗词、书法、美术作品表现重庆历史文化和"行千里·致广大"的人文精神。

1.单独编列"诗书画三卷"的学理思考

第一,把诗书画单列出来,成体系地展示重庆风貌。在中国历史的长河中,无数文人墨客、名人名家为重庆创作了不可计数的诗词歌赋、墨香书作、画艺精品。重庆的学界、文化界曾对此进行了整理,出版过不少篇什,但并不成体系。

第二,第一次用诗歌、书法、美术的方式来诠释"行千里·致广大"的人文精神。

第三,用诗书画的方式对重庆历史文化和人文精神进行新的表达。此前,学界出过不少以重庆为对象的诗词选集。如《重庆读本》《记忆重庆》。这次将诗词单列出来,而且突出古典诗歌的独特韵味。

2.精选精编,体系呈现"最重庆"的佳作

诗词歌赋,书画精品,不计其数,流光溢彩。我们主要选取最能反映重庆大地上主要时段、重大事件、重要人物的艺术作品,以及孕育出来的具有历史穿透力的人文精神。

所选诗书画作品,既有整体的重庆历史文化体系的表达,又有反映"一区两群"的代表性作品。总之,努力地从艺术角度反映大重庆地域的全貌和重庆人、重庆城的精气神。在时间上,坚持贯通古今。我们虽然不是编重庆诗书画艺术史资料,但一定要选出古往今来不同历史时期的"最重庆"的佳作来。在品种上,坚持品类齐全。所选作品要包括诗中的诗、词、歌、赋,书中的真、草、隶、篆,画中的国、油、版、雕。在风格上,坚持百花齐放,有极大的包容性。不论古人和今人、中国人和外国人的作品,均在选编之列。

3.主编精心撰写概述,展现重庆诗书画的源流和精髓

各卷主编既是诗家、书家、画家,更是超越诗、书、画家本身的研究者。他们对重庆诗书画的历史进行学术性回溯,对当下重庆诗书画坛进行学术性观照,然后把这些感悟撰写成全书的概述。

概述的主体要素包括,对重庆诗书画三种艺术类别溯其源流、分期分类,对艺术作品如何反映了"行千里·致广大"人文精神和重庆历史文化体系进行整体描述,以及这些艺术作品的总体特点、学术意义、时代价值,等等。

三、贡献历史、时代、人民之书:《行千里·致广大——重庆人文丛书》对重庆历史文化研究和建设的学理性贡献

(一)确定了"行千里·致广大"的重庆人文精神

"行千里",立足于行,与老子《道德经》"千里之行,始于足下"和荀子《劝学》"不积跬步,无以至千里"的意思相连,讲的是心中有目标、行动有方向,脚踏实地、久久为功,从小事做起、从现在做起,行稳致远向未来。"致广大",注重于做,与《礼记·中庸》"致广大而尽精微"的内涵相通,说的是志存高远、关注细节,从大处着眼、从小处入手,在登高望远中放大格局,在精益求精中追求卓越,努力实现广博深厚、精致极致的状态。

"行千里·致广大"在重庆的山山水水间唱响,已经成为重庆的人文精神。它体现了中华优秀传统文化的精髓,反映了重庆独特的历史传统和人文气质,展示出强大的生命力和鲜明的时代感。"行千里·致广大",蕴含了天人合一的传统理念。"行千里·致广大",彰显了"知行合一"的价值追求。"行千里"与"致广大"相辅相成、互为因果,体现了客体和主体的互动、认识和实践的统一、感知和行为的结合。"行千里"是"致广大"的前提,"致广大"是"行千里"的目的。有了"行千里"的行动,才能达到"致广大"的境界;而有了"致广大"的追求,才能更加坚定地"行千里"。

在编撰《重庆人文丛书》的过程中,时任市委书记陈敏尔对《丛书》作了整体布局,深思谋划,精选主编,批阅《丛书》12卷纲目、概述、封面、版式,悉心指导编撰工作。他亲自主持召开座谈会,在集思广益的基础上,深刻阐述了编撰这套丛书的总体思路,深刻阐述了"行千里·致广大"人文精神的价值定位,对宣传、文化、规划等部门提出了编好、用好《丛书》的全面系统且非常具体的要求。这在我的文化工作经历中,我所见到的重庆主要领导里,是少见的。这样的文化自觉、文化自信、文化情怀难能可贵。

(二)贡献了"2+4"的重庆历史文化体系

对重庆历史文化体系的顶层设计研究,始终是重庆市委和重庆学界关注的问题,也是难题。

重庆直辖以来,重庆市委持续不断地挖掘重庆历史文化。我参加过第一至四次党代会报告的起草工作,对此有深入的了解和认识。1997年召开的第一次党代会提出,开发运用巴渝文化、大后方

抗战文化、三峡文化;2002年召开的第二次党代会提出,着力培育体现时代精神、具有重庆特色的先进文化;2005年召开的直辖后的第一次全市文化工作会议提出,以三峡文化、移民文化、抗战文化、红岩文化为重点,大力加强巴渝特色文化研究;2007年召开的第三次党代会提出,继承巴渝优秀传统文化,培育"自强不息、开拓开放"的人文精神;2012年召开的第四次党代会提出,要加强对巴渝文化、抗战文化、统战文化的挖掘、保护、传承;2017年召开的第五次党代会提出,深入挖掘重庆特色文化资源。

党的十九大以后,重庆历史学界主动担当,研究提出了"2+4"的重庆历史文化体系。时任市委书记陈敏尔在深入调研的基础上,将"行千里·致广大"的人文精神与之相衔接,进行顶层设计,从而建构了以巴渝文化、三峡文化、抗战文化、革命文化、统战文化、移民文化为基本内涵的重庆历史文化体系。这一体系已经写入第六次党代会报告中。被时任市委书记陈敏尔称为"重庆文化工程的四梁八柱",并将其具体化为这套规模宏大的《重庆人文丛书》。这是《丛书》对重庆历史文化在顶层上的理论创造和贡献。

《丛书》还有一个体系性的贡献,就是构建了顶层—区域—区县纵向结构。在《丛书》的区域特色文化板块中,用三部著作的体量,分别对主城都市区、渝东北三峡库区、渝东南武陵山区的文化进行了整体性梳理,同时进行了研究,形成了若干极有价值的认识。

首先是对各区县的文化进行了系统梳理。这种梳理是在重庆历史文化体系观照下的梳理。如果说,各区县特色文化是重庆历史文化体系的"地线"的话,重庆历史文化体系则是各区县特色文化的"天线"。

其次是整合各区县文化,再次进行提炼、归纳,形成了以巴渝文化、抗战文化、革命文化、统战文化、移民文化为主体的主城都市区特色文化板块,形成了以巴渝文化、三峡文化、移民文化为主体的渝东北三峡库区特色文化板块,形成了以具有浓郁民族风情的巴渝文化为特色的渝东南武陵山区特色文化板块。

如此便增强了全市文化一盘棋的意识,重庆历史文化体系便具有了顶层系统完备、板块特色鲜明、底层形象生动的体系化面貌。

(三)推动了对重庆主体文化的新认识新表达

在重庆历史文化体系中,巴渝文化、三峡文化、抗战文化、移民文化都不同程度地进入过既往重庆文化的系统性表达中。但是,大都没有进行过较为系统的理性论述,少有对其文化内涵进行过系统表述。在《重庆人文丛书》中这种情况开始有了明显的改观,第一次有了用学理性的思维、理论化的表达,逻辑严密、论述精当的文化定义和内容展示。

王川平对巴渝文化作了体系性的建构。他将巴渝文化的内容概括为:山水之胜,文脉之悠;江峡相拥,驿路朝天;金戈铁马,巴渝烽烟;传统民居,独特古建;巴渝石刻,文化印记;多彩民俗,多样风情;巴蜀同风,巴楚交融;长江文明,巴声流远。

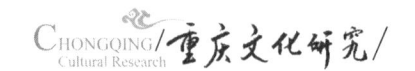

刘明华构筑了三峡文化的内容和结构,包括"雄奇山水""古老文化""厚重历史""千秋文艺""独特风俗""域外视野""三峡工程"七个部分。他指出,"三峡文化"是在特定空间内,在漫长的历史演进中,在无数筚路蓝缕的勤劳先民、胸怀天下的英雄豪杰、民胞物与的仁人志士的努力下,以中华传统文化为基础而创造的优秀传统文化群落。其主要表现形式是自然山水与文化篇章,核心在于抒发雄奇与崇高、厚重与神秘、质朴与浪漫、坚毅与豪迈的家国情怀,展现了中华民族在不同历史时期的独特心理、文化传统和民风习俗。

黄晓东将抗战文化概括成八个板块来进行表达,即中国战时首都、抗日民族统一战线重要舞台、反法西斯同盟中国战区统帅部、愈炸愈强大的山城、川军出川抗战、大后方经济中心、抗战岁月的文化高地、欢庆中国人民抗日战争胜利。他指出,重庆抗战文化是重庆历史文化体系中内涵最丰富、特色最鲜明、文化层次最富、历史价值和现实意义最大、影响力最大的文化形态。抗战文化继承巴渝文化传统,与域外的文化碰撞交流,与三峡文化、革命文化、统战文化和移民文化在同一地域共时融合,构成我中有你、你中有我的"交融状态"。重庆抗战文化海纳百川,不拒细流,形成了独具特色的文化形态,是中国人民抗日战争时期中华民族文化的重要代表,成为国家叙事的重要文化形态。

蓝勇以"大移民、大重庆"为主题,以时间为轴,以重大移民事件为纲,形成了"三大时段"(古代、近代和现当代)和"八大事件"(古代的早期移民和"湖广填川",近代的重庆开埠和抗战内迁,现当代的西南服务团与南下干部、三线建设、三峡大移民和改革开放中的"民工潮")的整体结构,以此来构筑重庆移民文化的内容和框架。他指出,移民文化是迁入地因移民活动而形成的一种新型文化形态,是由携带着迁出地文化的移民群体在迁徙以及生产、生活等对新环境的适应与改造过程中,所创造的一切精神文化和物质文化的总和。它包括生产方式、风俗习尚、思想观念、精神气质及其外化的物质载体,具有开放性、开拓性、创新性、多元性和包容性等特征。移民历史与由此产生的移民文化对重庆地区的政治、经济、文化的意义重大。移民因素融入重庆的历史发展和现实社会,涉及住民形成、文化认同、风土风物、精神风貌、历史地位等方方面面,而且浸润入骨,历久不变。

这些论述或许还可以做更深入、更全面、更系统、更透彻的研究和表述,但是,较之过往,学者们的成果在质量上有了很大的进步,有面目一新的感觉。作为总编室主任,我是赞赏的。这是学者们对重庆历史文化的大贡献。

(四)填补了重庆历史文化中的若干空白

《重庆人文丛书》对重庆历史文化中革命文化、统战文化的建构,具有填补空白的意义。

1.关于"重庆革命文化"

重庆,是一座历史文化名城。几十年来,尤其是改革开放以来,历史学界、党史学界对重庆革命史已经进行过深入的研究,陆续出版了不少著作,如《重庆辛亥革命史》《杨闇公纪念集》《重庆通史》《重庆抗战史》《中共中央南方局史》《红岩精神研究》《千秋红岩》等。尤其是新近由习近平总书记作序的《复兴文库》,收录了不少极其珍贵的重庆历史文献,标志着重庆的历史贡献进入了国家、民族的历史叙事之中。

但是,这些著作都是历史著作,而不是文化著作。因此在过往整理的重庆历史文化体系中,没有"革命文化"的位置,更没有一部从文化的视角对重庆的革命历史文化进行整体性、系统性展示的著作。因此学界多年努力,呼吁梳理和创立重庆"革命文化",使之进入历史文化体系,从而完善重庆的历史文化体系。

令人十分欣慰的是,学界的这个愿望终于在中国共产党成立100周年的历史时刻初步实现了。在《重庆人文丛书》中第一次设置了《重庆革命文化概览》专卷。这是"重庆革命文化"概念的第一次提出,也是这一文化第一次进入重庆历史文化体系。而《重庆革命文化概览》则是研究重庆革命文化,为"重庆革命文化"夯基立柱的第一次尝试。

《重庆革命文化概览》最大的特点是以"文化"为本位,不以历史时期为序,而是在综合研究的基础上,以"忠诚、先锋、坚韧、顽强、团结、豪迈"为魂,集中地体现中国共产党人和仁人志士坚守信仰、永葆初心的"忠诚",登高涉远、勇立潮头的"先锋",追求真理、矢志不渝的"坚韧",敢作敢为、屡仆屡起的"顽强",海纳百川、万众一心的"团结",指点江山、擘画新局的"豪迈","一茎六穗"地勾勒出重庆革命文化的精髓。

2.关于"重庆统战文化"

相较前述几种文化形态,学界既往对"重庆统战文化"的研究更显滞后。虽然2012年重庆市委就提出了"统战文化"的概念,有关部门和学界也做过一些努力,但因为时间太短,并没有形成较成体系的认识和系统的成果。

为此,《重庆人文丛书》第一次设置了《重庆统战文化概览》专卷,以"风雨同舟行大道"为主题,用"统一战线的先锋""联合抗日的前哨""民主党派的摇篮""政治协商的发端""团结建政的典范"五个纵贯历史、相互衔接的部分,展现了重庆统战文化在不同历史时期,从"点革命烽火、发统战先声"到"聚中间力量、举抗战大旗",从"联合争民主、弃暗奔光明"到"携手迎解放、同心固政权"的概貌,从而构筑了重庆统战文化框架、内容的雏形。在重庆统战文化走出了"破题"的第一步,大大推动了统战文化的研究和文化形态的构筑。

总之,《行千里·致广大——重庆人文丛书》是重庆人民为自己的文化而奋斗的新成果,也是重庆文化建设的里程碑。这套丛书的成色将经受历史、时代和人民的检验,也必将激励我们更加努力前行,创造无愧于历史、时代、人民的新成果。

《行千里·致广大——重庆人文丛书》总序

习近平总书记指出,文化自信,是更基础、更广泛、更深厚的自信,是更基本、更深沉、更持久的力量。中华文明博大精深,是文化自信的来源和底气,如同一条川流不息的长河,从远古浩荡而来,向未来奔腾而去,给人以生生不息的力量。

地域文化是中华文明的有机组成部分。重庆作为历史文化名城,人文荟萃、底蕴深厚。三千年江州府,八百年重庆城。漫长的岁月在长江之畔的山水之城悠然而过,留下了星罗棋布的文化遗产和耐人寻味的历史记忆,文化与生态、城市与乡村相互辉映。大自然的鬼斧神工,时光的精心雕琢,勾绘出独特的地域文化魅力,"长嘉汇"源远流长,"三峡魂"雄阔壮美,"武陵风"绚丽多彩,让人们时时感触到这片土地上的千年律动和文化意蕴。真可谓,步步有历史,处处是文化。

"重庆"二字拆开来看,就是千里为"重"、广大为"庆",很有妙趣、富含诗性。"千里"表示长路漫漫、前路迢迢,"广大"意为天地辽阔、气象宏阔,在重庆"行千里",可以"致广大"。"行千里",立足于行,与老子《道德经》"千里之行,始于足下"和荀子《劝学》"不积跬步,无以至千里"的意思相连,讲的是心中有目标、行动有方向,脚踏实地、久久为功,从小事做起、从现在做起,行稳致远向未来。"致广大",注重于做,与《礼记·中庸》"致广大而尽精微"的内涵相通,说的是志存高远、关注细节,从大处着眼、从小处入手,在登高望远中放大格局,在精益求精中追求卓越,努力实现广博深厚、精致极致的状态。

"行千里·致广大"体现了中华优秀传统文化的精髓,反映了重庆独特的历史传统和人文气质,展示出强大的生命力和鲜明的时代感。"行千里·致广大"内涵十分丰富,包含一系列哲学观点、价值理念和道德规范,能够滋养人的思想观念,启迪人的心灵智慧,丰富人的精神世界,促进人的全面发展。

"行千里·致广大"蕴含了天人合一的传统理念。"天人合一"是中国传统哲学的重要思想,阐述了人与天地万物同一、人的道德修养源于自然的深刻道理。重庆人生活在大山大川之间,大自然的熏陶、险峻的自然环境,孕育了重庆人坚韧顽强、开放包容、豪爽耿直的个性和文化,塑造了踏平坎坷"行千里"的气魄毅力,养成了海纳百川"致广大"的格局情怀。一声声回荡在高山峡谷的川江号子,一个个三峡移民的感人故事,一座座跨越天堑的桥梁隧道,一列列纵横亚欧大陆的"钢铁驼队",一场场攻克贫困堡垒的大仗硬仗……正是重庆人民"行千里·致广大"的现实写照,是对"天人合一"思想的生动诠释。

"行千里·致广大"彰显了"知行合一"的价值追求。知与行的关系问题,自古以来都十分重要。明代大思想家王阳明提出了"知行合一"的著名哲学观点,强调思想与行动、心性与修为、意愿与实践统一合一归一,对后世的影响甚为深远,成为修身持家、为人处世的基本道德。"道虽迩,不行不至;事虽小,不为不成。""纸上得来终觉浅,绝知此事要躬行。""行千里·致广大"蕴含着求真务实、积极作为的实干精神,与"知行合一"完全契合。千百年来,巴渝儿女怀揣梦想,一路披荆斩棘、跋山涉水,谱写了建设美好家园的壮丽凯歌,为"行千里·致广大"写下了精彩注脚。

"行千里"与"致广大"相辅相成、互为因果,体现了客体和主体的互动、认识和实践的统一、感知和行为的结合。"行千里"是"致广大"的前提,"致广大"是"行千里"的目的。有了"行千里"的行动,才能达到"致广大"的境界;而有了"致广大"的追求,才能更加坚定地"行千里"。

一方水土养育一方人,一种精神升华一座城。文化体现城市的品位,人文精神是城市的灵魂。"行千里·致广大"人文精神深深植根于重庆丰厚的历史土壤,熔铸于巴渝大地的火热实践,逐渐成为彰显重庆地域特色的文化符号、精神标识,成为重庆人共同拥有的文化基因、集体人格。精神的力量是无穷的。如何进一步弘扬"行千里·致广大"人文精神,对推动高质量发展、创造高品质生活,奋力书写重庆全面建设社会主义现代化新篇章,具有重要而深远的意义。

为更好赓续历史文脉、加快建设文化强市,组织编撰《行千里·致广大——重庆人文丛书》,非常及时,十分必要。这是一种文化自信。丛书站在弘扬中华优秀传统文化的高度,对重庆历史文化资源进行深度挖掘和系统研究,体现了重庆人在历史长河"行千里"和面向未来"致广大"的文化自觉和自信。这是一曲山水礼赞。重庆这方山水是对得起我们的,我们也要对得起这方山水。丛书热情礼赞大山大水、好山好水,深情讴歌"山水之城·美丽之地",开启对山水之间"行千里"、天地之间"致广大"的激情探索。这是一场人文之旅。作为中华民族的重要发祥地之一,重庆的一砖一瓦、一草一木、一街一巷都散发着浓郁的历史人文气息。丛书回望和梳理重庆历史文化,既是"行千里"的纵向传承,又是"致广大"的横向发扬,让优秀传统文化更好地前行、更广地传播。这是一次诗意表达。"天下诗人皆入蜀,行到三峡必有诗。"李白、杜甫、白居易、刘禹锡、苏轼、陆游等文人墨客,在重庆极目山水之秀、感悟人文之美、体验生活之苦乐,留下了很多名篇佳作。丛书对重庆山水人文画卷进行艺术发掘和诗意再造,让更多人在诗境里"行千里"、在诗意中"致广大",尽享"诗和远方"。

这套丛书共12卷300多万字,有1500多幅书画和照片,对巴渝文化、三峡文化、抗战文化、革命文化、统战文化、移民文化等重庆地域文化形态作出概览性阐释,对主城都市区、渝东北三峡库区、渝东南武陵山区特色文化分别从"长嘉汇""三峡魂""武陵风"等视角进行全景式巡礼,对诗家、书家、画家笔下的"重庆"分别以"不尽长江滚滚来""巴字光流不夜天""山色今朝画巨然"为题生动呈现。丛书规模宏富、结构井然,既有文献性、学术性,又有通俗性、可读性,堪称重庆文化建设的一项重要基础工程,有助于社会各界更加全面深入了解重庆人文精神。希望通过编撰出版这套丛书,引导全市上下进一步增强文化自觉,坚定文化自信,不忘本来、吸收外来、面向未来,在铸就中华文化新辉煌、建设社会主义文化强国中展现新担当、实现新作为。

是为丛书总序。

弘扬"行千里·致广大"重庆人文精神的实践路径

罗锐华

(重庆社会科学院文史研究所)

弘扬人文精神不只是一个理论问题,更是一个实践问题。它是一项以学术性为基础、实践性为主要目标的系统工程。弘扬"行千里·致广大"重庆人文精神,既是培育和践行社会主义核心价值观的具体实践,是进一步把习近平总书记殷殷嘱托全面落实在重庆大地上的文化行动,也为重庆推动高质量发展、创造高品质生活、奋力书写全面建设社会主义现代化新篇章提供了强大的精神支撑。

一、始终坚持以社会主义核心价值观为指导

习近平总书记在论述核心价值观和文化软实力的内在统一关系时指出:"核心价值观是文化软实力的灵魂、文化软实力建设的重点。这是决定文化性质和方向的最深层次要素"[1]"坚持以社会主义核心价值观引领文化建设"[2]。社会主义核心价值观是我们党依据时代发展要求、结合现实国情、吸收人类文明成果、总结社会主义建设的经验教训提出的现代化建设的精神旗帜,符合我国人民的长远利益与整体利益。社会主义核心价值观是社会主义意识形态的本质体现,决定着中国特色社会主义文化的发展方向。弘扬重庆人文精神,要以社会主义核心价值观为引领。一是开展形式多样的道德实践活动。大力选树、宣传一批时代楷模、道德模范和重庆好人,以先进典型的模范行为和高尚人格感染人、影响人、转化人,营造全社会崇德明礼、向上向善的良好风气,推进文明新风满山城。二是开展精神文明创建活动。努力实现乡村传统文化与现代文明的融合,营造文明乡风,创建文明村镇;加强重庆人文精神在城市各类人群及人的各个阶段的培育,塑造市民积极奋发的精神状态,创建文明城市;引导全市各行业着力建设诚信文化、责任文化、敬业文化、服务文化,把重庆人文精神融入到各种服务守则、行为准则、规章制度、行业规范之中,创建文明行业。三是倡导树立良好的家风。"家庭和睦则社会安定,家庭幸福则社会祥和,家庭文明则社会文明"[3]。收集整理并大力宣传以《邹容家书》《聂荣臻家书》等为代表的凝结着重庆人奋发有为价值取向和精神追求的家训家书,引导市

---

[1]《习近平谈治国理政 第1卷》,第一卷[M].外文出版社,2018:163.
[2]《习近平谈治国理政 第4卷》,第四卷[M].外文出版社,2022:310.
[3]《习近平谈治国理政 第2卷》,第二卷[M].外文出版社,2017:353-354.

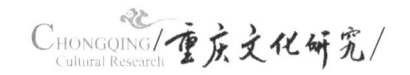

民树立以爱国爱家的家国情怀、相亲相爱的家庭关系、向上向善的家庭美德、共建共享的家庭追求为主要内容的新时代家庭观,创建文明家庭。四是建设健康向上的校园文化。采用灵活多样、丰富多彩的形式,抓好儿童和青少年社会主义核心价值观的宣传教育。

二、紧紧围绕进一步把习近平总书记殷殷嘱托全面落实在重庆大地上这条主线来开展

我们要更加坚定自觉地把习近平总书记殷殷嘱托作为推动重庆各项事业蓬勃发展、稳步向前的总号令、总依据、总遵循,引导广大干部群众胸怀"两个大局",牢记"国之大者",弘毅致远,知行合一,善作善成。大力弘扬"行千里·致广大"的精神特质,以笃行不怠之实、义无反顾之心、爬坡上坎之勇、久久为功之劲、有容乃大之怀、豪爽耿直之性,把党中央"五位一体"总体布局和"四个全面"战略布局全面贯彻落实到各项工作中,坚持稳中求进工作总基调,坚持以人民为中心的发展思想,立足新发展阶段,贯彻新发展理念,融入新发展格局,统筹发展和安全,在战略部署上"扣扣子",在干事创业上"担担子",在工作落实上"钉钉子",把各项工作"整巴实、不吹壳子",坚定不移推动高质量发展、创造高品质生活,坚定不移推动全面从严治党向纵深发展,在发挥"三个作用"上展现更大作为,在社会主义现代化进程中奋力书写推动高质量发展、创造高品质生活新篇章,奋力书写建设内陆开放高地、山清水秀美丽之地新篇章,奋力书写成渝地区双城经济圈建设新篇章,将习近平总书记殷殷嘱托呈现在8.2万平方千米的巴山渝水上,呈现在3400万重庆人民心中。

三、着力提高市民素质

现代公共文化服务体系建设是弘扬人文精神的基础工程,有助于市民享有更加充实、更为丰富、更高质量的精神文化生活,使市民在参与和共享各类公共文化服务中陶冶情操,提升精神品质。那么,该如何提升市民素质呢?一是用好平台。开展"放歌新时代"、戏曲进校园、社区文化节、文化遗产宣传月、重庆演出季等市级文化品牌活动,采取市、区县、乡镇(街道)、村(社区)四级联动方式,搭建全市统一的文化活动大平台。二是建设"书香重庆"。继续深入推进全民阅读,开展系列读书活动,举办全市诵读大赛,评选十佳阅读推广大使、十佳阅读示范单位。三是推动全民艺术普及。广泛举办艺术讲座、培训、辅导活动等,持续推动戏曲进校园、进乡村,组织"文化下乡""文化进社区",开展市民喜闻乐见的传唱、会演、鉴赏、品读活动,为广大市民提供丰富的精神文化食粮,使其提高审美品位、感受文化魅力、提升文化涵养。四是深入开展"市民修身"行动。将国际化、绿色化、智能化、人文化现代大都市建设与提高市民素质结合起来,从重庆的优秀文化传统和当今所倡导的价值观念、道德意识和行为取向方面着眼,多渠道、多形式提升市民的现代文化素质,厚植责任意识、契约精神、科学观念、人文素养,倡导遵规守约、诚实守信、认真务实、理性自律、尊老爱幼、邻里互助,培育市民热爱重庆、建设重庆的主人翁意识,增强全市人民的归属感和责任感,引导人们追求高尚的理想和目标,使重庆人文精神成为全市人民的共同信仰和追求,最大限度地凝聚全市人民的智慧和力量,真正

把人文精神化为每个市民精神成长中的丰厚滋养,化为城市发展进步的不竭动力。

四、不断丰富文化内涵

加强物质文化建设,培育形成良好的城市风貌。重庆的环境、布局、街道、建筑等,是重庆风貌的集中体现。应深入挖掘重庆城市的风格特点和文化价值,加强维护。在城市建设上尽量不破坏历史风貌,尽量保持原有风格,在城市格局、街巷肌理、建筑形制等方面在一脉相承的基础上对重庆文化个性给予鲜明的体现。加强城市规划和设计引领,塑造注重人情味、体现高颜值、充满亲近感、洋溢文化味的"城市表情",让城市更有温度、更为雅致、更有韵味。全面提升城市生态环境品质,使绿色成为城市发展最动人的底色。积极践行低碳城市理念,让低碳绿色和生态友好成为山清水秀美丽之地的重要标志。

加强制度文化建设,培育形成良好的城市品格。制度性的城市文化是城市特色的体现,决定着城市的物质空间的风格和品位。从有利于重庆城市特色保持、城市品位提升出发,对重庆城市建设和管理中的制度体系和行为习惯进行深入反思和积极改善,对市民生产生活中蕴含的传统性、地域性的道德风尚、风俗习惯、民间文艺等给予正确引导,让宝贵的优秀文化传统和先进的社会风尚成为重庆文化的主流,使重庆文化品格特色日益鲜明、品位不断提升。

加强观念文化建设,培育形成良好的城市精神。深入挖掘重庆城市发展方式、生活方式中所蕴含的形形色色的意识形态、价值观念,从中提炼出最具代表性、先进性的思想观念和城市精神。坚决肃清不良思想流毒,坚持破立并举、法德结合、标本兼治,营造健康的政治文化生态。坚决抵制"袍哥"文化等封建糟粕,营造积极健康的社会文化生态。坚持把蕴含优秀传统文化的重庆人文精神,在历史、现实乃至未来始终贯穿下去,在城市经济社会建设和生活的全域中体现出来。

五、精心培育文化个性

根据重庆文化发展规律和文化个性形成机理、构成因素及生长发育条件,培育重庆文化个性和城市特色应该坚持因地制宜,立足自然和人文基础,让人文精神与城市的自然景观和人文环境有机融合、和谐共生。以珍爱之心、尊崇之心善待历史遗存,保护传承好巴渝文化、抗战文化、革命文化、统战文化和移民文化,建设管理好历史文化场馆,加快建设长征、长江国家文化公园(重庆段),提质升级一批历史文化街区、红色文化公园、名镇名村等人文景观,留住更多乡愁记忆,让历史文化活在当下、服务当代。尊重重庆历史传统,把重庆历史积淀和历史遗存作为文化发展的深厚基础和宝贵资源。坚持延续重庆历史文脉,把重庆文化底蕴和文化遗产作为培育文化个性的源泉和根脉,把重庆历史上形成的物质文化、制度文化和精神文化融入当代文化发展潮流,尊重重庆城市文化发展的内在机理,从改善文化环境、培固文化基础等方面努力,让重庆城市文化在自主生长中形成鲜明的个性。

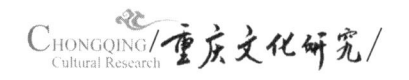

六、全力提升文化品位

注重重庆城市文脉的传承和延续。一是要尽可能加强对历史建筑、风貌街区、革命遗址、工业遗迹的保护利用,探索传统历史文化更富创意的"打开方式",推动更多"工业锈带"变为"生活秀带""文化秀带"。二是要传承发展戏曲曲艺、手工技艺等非物质文化遗产,努力使典籍中的重庆、文物中的重庆、遗迹中的重庆穿越时空,在现代社会中活态呈现。只有把积淀的文脉传承和延续下来,才能在不断变化中保持自己的特色和风格。

实施讴歌时代的文化精品创作工程。坚持以人民为中心的创作导向,充分挖掘重庆优秀传统文化内涵,推动传统文化创造性转化、创新性发展。聚焦重庆地域特色,以"重庆原创""重庆制作""重庆出品"为主旨,加大对文化"精品、优品、新品"的支持力度,推出一批讴歌党、讴歌祖国、讴歌人民、讴歌英雄,内容精深、形式精湛、制作精良的精品力作,让文化"爆款"精彩涌现,使文化建设在引领当代价值、提升公众素养、提高生活质量、推动经济发展、优化社会氛围、塑造重庆形象等方面的作用明显增强。

打造重庆的文化品牌。加强规划和设计,加大财力投入,建设具有标杆价值和标签效果的标志性建筑物,充分展现重庆人文精神的特色。通过富有创造力的打开方式,让不同文化地标绽放各自的精彩。合理利用历史风貌区,按照其内在发展规律,打造重庆文化品牌,加强有辨识度的城市形象传播。充分用好用活重庆丰富的红色资源,引导人们走进红色遗址和设施场馆,感悟理想之光、信仰之力,把红色传统发扬好、红色基因传承好。充分运用改革开放的生动场景,引导人们真切感受社会变化,进一步增进对中国特色社会主义的情感认同、价值认同,不断增强奋斗新征程、共筑中国梦的自豪感和责任感。将文化产业规划和城市规划相系连,强化文化与经济领域的协调合作,促进文化的多元与包容。通过整合重庆各领域优质文化资源,加强文旅融合发展,大力推动重庆文化数字化资源库建设,广泛打造重庆文化智慧化呈现的街区场景,开发重庆文旅大IP,不断推出可共享可参与的重庆文化场景体验和文化活动,促进重庆文化与城市日常生活的深度融合。

七、积极打造传播话语体系

塑造城市品牌形象。一是做好研究。组织发动重庆广大社科工作者深入研究重庆人文精神的内涵,探索塑造重庆人文精神的途径,形成一批质量高、应用性强的研究成果,为塑造重庆人文精神提供决策参考和智力支撑。二是充分发挥城市名称与城市人文精神紧密结合在一起的传播优势。一座城市的人文精神与其名称紧密地结合在一起,水乳交融、自然天成,这并不多见,重庆就是这样一座城市。城市名称使用频率高、知晓面广,以此作为城市人文精神的符号载体,有利于城市人文精神的弘扬传播。以"重庆元素"为核心,构筑城市战略品牌,打造体现独特内涵的重庆城市形象视觉符号体系,精心设计城市地标、城市标语等形象标识,树立一批有口皆碑的新时代品牌标杆。三是把对重庆人文精神的宣传贯穿到各级各类媒体传播的内容之中,贯穿到新闻报道、信息传播、知识载体、娱乐审美、社会服务之中,真正实现宣传全方位、舆论全覆盖、媒体全联动。四是讲好重庆故事。在传播话语现代化,传播形式、传播内涵创新的基础之上,打造重庆故事的新叙事、新表述、新内涵,更加鲜明地彰显重庆故事的思想力量和精神力量。优化成渝地区双城经济圈传播资源,联合开展交流合作。加强教育、文化、旅游、卫生、科技、智库等多领域合作,扩大"朋友圈";通过举办以"行千里·致广大"重庆人文精神为题的赛事、会展、节庆、论坛等重大活动,讲好重庆成为品质生活和高质量发展的高地、成就梦想的舞台的故事,使在重庆者引以为豪、来重庆者为之倾心、未到过重庆者充满向往。

八、努力完善制度建设

完善机制。一方面,各级政府要充分认识人文精神塑造的必要性、重要性,高度重视弘扬重庆人文精神。建议由市委宣传部牵头负责弘扬重庆人文精神的工作,切实制定战略目标和推进策略,及时组织开展各种宣传和教育活动,把弘扬重庆人文精神的工作落到实处。另一方面,要有效调动各方面力量,加强与相关部门及社会力量的联系与合作,形成弘扬重庆人文精神的管理机制与投入机制等。同时,各级党组织要加强思想建设和作风建设,充分发挥党员干部在弘扬人文精神过程中的模范带头作用。

健全法律法规。世界各国、各地区的实践证明,加强法治建设,充分发挥法律的导向作用、保障作用和促进作用,可以低成本、高效率的方式推进人文精神的塑造。一是要建立完备的法律体系。应当制定、完善法律规范,通过规则性和强制性,使得人们的行为合乎法律的规范,从而促进社会整体道德水平的提升。二是要培育成熟的法律服务市场。法律服务市场是弘扬人文精神的必备要素。法律服务市场为市民的工作、生活提供广泛的法律服务,使市民合理诉求的实现成为可能,从而促进了城市的和谐与稳定。三是要推进法治政府建设和司法公正。人文精神的弘扬首先要求政府必须是法治政府,依法决策,依法行政。司法公正是维护公民合法权益、使公民权益得以实现的重要屏障,也是体现社会公平正义的显著标志,必须大力推进。

注重激发群众的参与热情。人文精神育弘扬的主体是人民群众。只有真正做到"从群众中来,到群众中去",才能真正将人文精神转化为人民群众的伟大实践。因此,在人文精神的培育弘扬过程中,必须充分发挥广大人民群众的主体作用。

重庆人文精神的淬炼与弘扬

郭道荣

（重庆市文化和旅游发展研究会）

  人文精神有广义和狭义之分。广义者比较抽象，在百度词条中，人文精神指全人类普遍存在的自我关怀、自我觉醒、自我塑造意识，表现为对人的尊严、价值、命运的维护、追求和关切，对整个人类历史积淀的各种精神文化现象的珍视，对理想化人格的肯定和塑造。狭义者则比较具象，笔者初步理解，狭义的人文精神指的是一定区域人民群众特有的具有集体倾向性的文化品格、心理特征、精神追求。很明显，一个国家、一个民族、一座城市所拥有的人文精神都属于狭义范畴。这种狭义人文精神具有鲜明的专属性与独享价值，并集中体现在内涵积淀、主题凝聚、修辞表达等方面。

  任何区域性的人文精神并非与生俱来。其内涵需要通过自然禀赋和族群造化长期相互作用，并经由历史积淀、现实汰选与未来适应的相互妥协而形成；其表达更需要普罗大众与社会精英共同提炼、普遍认同。鉴于此，重庆直辖以来，市委、市政府高度重视重庆人文精神的提炼和推广，市委宣传部、市精神文明办公室等部门结合重庆城市形象打造、市民精神培养塑造等工作，开展了多轮城市人文精神征集、讨论、推广活动，一大批专家学者殚精竭虑，对大山大川的自然熏陶、大风大浪的军事锤炼、大开大合的社会流动、大仁大义的民风传承等客观因素，与追求真理矢志不渝、敢作敢为屡仆屡起、登高涉远勇立潮头、精诚团结海纳百川等主观因素相互作用而形成的重庆人文精神（亦即重庆全市人民的群体文化品格和共同精神追求），作了多维度的观照、提炼、阐释，形成了"爬坡上坎、开拓奋进""自强不息、开拓开放""登高涉远、负重自强""改革开放、通江达海""坚毅自强、包容开放""忠勇爱国、艰苦奋斗、开放兼容、豪爽幽默""坚韧、顽强、开放、包容""坚韧、勇锐、忠义、乐观"等典型表述，基本找准了深埋于巴渝大地人民群众身上的精神特质，基本形成了对整个重庆直辖市人文精神的普遍共识。

  然而，如果再进一步探讨就会发现，上述提炼和表达似乎还存在美中不足之处。例如，在内涵上与国内其他一些地方的人文精神表述大同小异，在媒体宣传和对外交流中往往需要附加对历史故事的阐释，市民百姓在言说中感觉不够简练生动、不够爽口悦耳等。所以，在过去相当长一段时间里，对重庆人文精神的宣传推广就显得不够得心应手。

  这样的情形在近几年有了重大转机。

2016年,习近平总书记视察重庆时强调,重庆是西部大开发的重要战略支点,处在"一带一路"和长江经济带的联结点上,要求重庆建设内陆开放高地,成为山清水秀美丽之地,第一次明确了重庆"两点"形象定位和"两地"目标。在2018年全国两会期间,习近平总书记在参加重庆代表团审议时,对重庆人民的个性品格作出了重要阐释和精辟概括,要求重庆全市在加快建设"两地"的基础上,努力推动高质量发展、创造高品质生活,对重庆提出了"两高"目标指向。2019年春天,习近平总书记在重庆考察时要求重庆必须发挥"三个作用",即更加注重从全局谋划一域、以一域服务全局,努力在推进新时代西部大开发中发挥支撑作用、在推进共建"一带一路"中发挥带动作用、在推进长江经济带绿色发展中发挥示范作用。上述习近平总书记对重庆的"两点""两地""两高"以及"三个作用"的要求,在为重庆整个经济社会发展指明方向的同时,也为进一步提炼重庆人文精神注入了新的动力、亮出了新的考卷。

从哪里突破,才能交出更精彩的答卷呢?与北京"爱国、创新、包容、厚德"、湖南"心系天下、敢于担当"、上海"上善若水、海纳百川"、浙江"与时俱进、勇立潮头"、广东"敢为人先、开放兼容"、福建"爱国爱乡、敢拼会赢"、西安"居安思危、承古开新"、贵阳"知行合一、协力争先"、成都"巴适安逸、成都都成"等各地人文精神的相关表述相比,对重庆的人文精神应该进行怎样的新淬炼,应该作出怎样的新表达,才能独辟蹊径、突出重围、独树一帜呢?

2018年3月6日下午,陈敏尔同志在第十三届全国人民代表大会第二次会议重庆市代表团全体会议上说,重庆有好山好水,在旅游等绿色服务上大有可为。他还为重庆起了一句广告语:重庆行千里,可以致广大;并解释说,"千"和"里"加起来是"重"字,"广"和"大"加起来是"庆"字,欢迎大家去重庆旅游。随后不久,在重庆市委、市政府第一次召开的旅游发展大会上,他进一步提出:要牢牢把握"行千里·致广大"价值定位,展现"诗"和"远方"的结合,让人们通过旅游获得审美上、心灵上、精神上的享受。就这样,陈敏尔吸纳社会各界智慧,深化"千里"叠而为"重"、"广大"合而为"庆"的创意,提出新的重庆旅游推广词、重庆形象广告语,突出体现了地域专属性、意蕴生动性、价值引领性,大大提高了吸引力、号召力、传播力,使广大市民、八方游客、众多媒体产生了强烈认同感。经过近5年的深入淬炼、持续阐发、立体传播,"重庆,行千里·致广大"已然成为重庆全体市民家喻户晓的行动号令,已然成为巴渝大地高亢激越的奋进旋律,已然成为最令天下宾朋刮目相看的名片、心动不已的请柬、回味悠长的眷恋。在此基础上,中共重庆市委因势利导、顺势而为,将"行千里·致广大"作为重庆人文精神,载入中国共产党重庆市第六次代表大会报告,于2022年5月27日公开发布。

这是迄今为止,重庆市最高领导层首次对重庆人文精神正式作出明确表述。这也标志着,经过多年研究探讨、集思广益,终于确定了具有专属价值和极高辨识度的重庆人文精神——"行千里·致广大"! 这6个字概括和表述的重庆人文精神,实现了内涵萃取与修辞淬炼的有机统一,成为新时代重庆人文精神的全新表达,能够激发全市人民的文化自豪、品格自觉、心旌自奋,激发和引领全市人民同心同德、踔厉奋进,迈向更加宽广的大道,开拓更加美好的未来,创造更加幸福的生活。

将"行千里·致广大"作为重庆人文精神,体现出四点精妙之处。

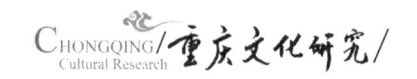

一是创意精妙。"行千里·致广大",重庆专属,绝无雷同,永远独享,并体现出汉字之美和拆字会意之妙。雅致鲜活,意趣沛然,平和大气,简练生动,好懂好记,易传播、易接受、易普及。

二是炼句精妙。"行千里·致广大",用两个动宾词组并列组合而成,动感激越,节奏铿锵,饱含奋进激情,闪耀理想光芒。"行千里·致广大",既是对自远古巴人、巴方、巴族、巴国、巴郡、巴州、渝州以来,直至重庆成为抗元堡垒、抗战首都、西南首府、西部直辖市的悠久厚重历史的高度概括,也是对过去3000年积淀的巴渝族群奋斗史和巴渝文化发展史的高度概括,更是对未来重庆奋力书写推动高质量发展、创造高品质生活新篇章,奋力书写建设内陆开放高地、山清水秀美丽之地新篇章,奋力书写成渝地区双城经济圈建设新篇章的行动纲领和目标愿景的高度概括。"行千里·致广大",浓缩了"太阳出来喜洋洋""一声号子夔门开""人人重庆,有你有我"等重庆城市的文化气象,浓缩了坚毅自强、开拓奋进、包容开放等重庆人民的文化气度。其与巴渝大地3000年历史足音同频共振,与重庆全市3000万人民脉搏同频共振,与山巍水长、雄强包容、炫彩飞虹、美不胜收的重庆城市风采同频共振,与耿直勇锐、坚韧忠义、火辣旷达、激情喷涌的重庆人民风骨同频共振,一定能够激发起全市上上下下的普遍认同感和强大向心力。

三是理念精妙。"行千里·致广大",二者之间互为因果,体现了目标和路径、价值观和方法论的辩证统一,与历史逻辑、时代精神、人类共情高度契合。既与"自强不息、厚德载物、以人为本、道法自然、中庸和美"的华夏道统同谱,也与当今中国"24字"社会主义核心价值观合拍,具有超越时空的哲学张力和美学魅力。

四是内涵精妙。"行千里·致广大",既是对重庆过往厚重人文积淀的高度概括,更是对重庆当下和未来人文创造的精准引领。行千里,不忘我们是从龙骨坡洞穴出发,巴火铜剑,操蛇驭虎,采盐炼丹,渔猎耕织,前歌后舞,挥戈破阵,开疆拓业,筑城兴邦,已然穿越200多万年岁月尘烟;致广大,须知我们是在新时代跑道起飞,轰云破雾,追星逐月,瞻高瞩远,俯仰天壤,泼彩辉煌,赋诗骀荡,一区两群,协调发展,必将一展宏图!行千里,致广大,关键在于雷厉风行、持之以恒,气吞山河、不断跨越,没有出发绝无到达,没有坚持绝无成功,任你千里万里征途、千难万险关隘,必须全部踏过、一律碾压!行千里,致广大,要义在于放眼寰宇、不断奋进,专心致志、使命必达,巴岳大娄鸣铜锣,长嘉乌綦啸夔门,万众弄潮、激流勇进,一往无前、通江达海!

人人皆重庆,春华必秋实。"行千里·致广大"的重庆人文精神的正式确定,是全市社会主义精神文明建设的一项新的重大成果。扎实践行、大力弘扬"行千里·致广大"的重庆人文精神,充分发挥其价值引领作用,应该成为全市上下进一步推动经济社会高质量发展的一件大事,应该成为全市上下进一步丰富人民群众精神文化生活的一件大事。

扎实践行和大力弘扬"行千里·致广大"的重庆人文精神,就是要全面实施公民道德建设工程,继承发扬劳动至上、奋斗至上、创造至上、奉献至上的优良传统,提高全市城乡社会文明程度,激发全市人民的文化自信心、文化自豪感、文化凝聚力、文化创造力。

扎实践行和大力弘扬"行千里·致广大"的重庆人文精神,就是要继续雄起长征精神、红岩精神、脱贫攻坚精神、"舍小家为大家"的三峡移民精神、"宁愿苦干、不愿苦熬"的黔江精神、"问天要路,一呼百应"的下庄精神,继续雄起坚韧顽强、开放包容、豪爽耿直、敢作敢为的重庆气概,继续雄起"一城火锅麻辣天下,万骑摩托挥冰扑火"的重庆本色,继续雄起"爬坡上坎、开拓奋进"的重庆步伐。逢山开路,遇水搭桥,一日千里,勇锐奋进。

扎实践行和大力弘扬"行千里·致广大"的重庆人文精神,就是要锚定"两点"定位、"两地""两高"目标和"三个作用"要求,奋力抢占当今改革发展制高点,奋力开创未来创新发展新境界。

山水共奋发,城乡同踔厉。"行千里·致广大"的重庆人文精神正式确定之际,正值中华大地喜迎党的二十大隆重召开的历史节点,重庆人民将与全国人民一道,精神百倍地跨入更加崭新的时代,踏上更加崭新的征程。我们要学习、宣传、贯彻党的二十大精神,大力弘扬社会主义核心价值观,充分调动、发挥全市广大干部群众的积极性、创造性,将"行千里·致广大"的重庆人文精神融入全市经济社会发展和市民百姓生活各方面,内化为精神追求,外化为自觉行动。万众一心,团结奋进,凝聚起共绘宏伟蓝图、共创美好生活的磅礴力量,在以中国式现代化全面推进中华民族伟大复兴的崭新征程中,不断作出重庆应有的更大的新贡献!

评"第五届川剧节"现代川剧《峡江月》

【编者按】 2022年7月6日，由三峡川剧艺术研究传承中心（重庆市三峡川剧团）创排的本土原创现代川剧《峡江月》登上第五届川剧节舞台。该剧是重庆市近年来新创川剧的代表剧目之一，是"万州戏剧现象"的又一亮点，是闻名遐迩的"下川东"川剧艺术传统的再度转型与亮相。文艺评论者和观众撰写了众多评论文章，我们节选了其中的精彩段落，对本剧进行介绍和讨论。

周其伦（重庆市文艺评论家协会）：

"峡山高，云遮月，峡江千年唱圆缺。但得天清地明时，皎洁最是峡江月……"这句唱词出现于剧中最为动人的一幕，而这一幕也是这出现代川剧最可以和当下情态互动的地方。众所周知，在波涛汹涌的千里峡江上，世世代代都激荡着悲壮忠烈的民族情怀，而位于峡江上游水路、陆路重要交通枢纽节点上的万县（今万州），自古都是川江东部一个地理位置非常独特的码头城镇。我注意到《峡江月》非常注重用现代化的舞美设计对百姓生活进行艺术上的拓展，剧情的发生和发展基本上围绕着江小月的小客栈来转，以江小月先后失去若干亲爱之人的凄美动人的故事作为切口，用独具地方特色的竹琴演唱来延展故事推进的脉络，浓墨重彩地演绎出那个艰难的大背景下，艺术人物情感的细腻和婉转、悲壮和绚烂，让传统川剧这种对我们来说有些疏远的艺术形式开出了绚丽的新花，这就不能不引起我们的瞩目流连，或许这也是这部现代川剧能够吸引众多观众入场观赏的亮点。

《峡江月》反映了宏大历史背景下，民众的生活状况及悲壮忠烈的精神情操，让今天的人们回顾那动荡年月的往昔时有不堪回首的疼痛。剧作将时代变迁中的人物众生相，刻画得立体丰满、生动形象。这样的舞台呈现就必然要求创作团队除了在剧本创作上有所突破外，在舞台灯光设计上也有更高的标准。全剧利用了很多高科技成果中多维的呈现和表达，让物换星移的舞台置景、颇具地域特色的客栈背景与重庆最具特点的黄桷树互为衬托，体现出一种视觉上的赏心悦目。最动人心魄的便是舞台天幕中那一轮硕大的明月，这些很有艺术色彩的元素，通过现代化技术手段的逼真勾勒，其鲜明厚重的意境便有了附丽的根基。尤其是剧中多次运用那一轮"峡江月"的阴晴圆缺，几乎到了出神入化的地步，"峡江月"时而浑圆清丽、时而弯弯勾人，清丽中有亮色，朦胧中现真情，如诗如画的月亮带给人们无限的遐想。编创团队还多次借用影视剧中比较常见的闪回、幻影、聚焦、变焦等表现形式，让整部剧作的演绎跌宕起伏。

演出中有两处情景动人心魄、缠绵悱恻，第一处是桡夫子们在峡江上义无反顾地抗争直到最后英勇献身；第二处是表哥刘望去世前和江小月以动感的形式在天幕上营造出的阴阳相交意境，把多情的江小月和纯朴自然的峡江人情怀用虚拟的艺术表达手法进行了多维的呈现。同时，该剧还巧妙地以长风浩荡的峡江岸边、阴霾密布的黄桷树下、时隐时现的峡江民居、桡夫子们高亢悠扬的行船号子等情景，映衬出世世代代峡江人的朴实生活，也使得融汇了高腔、昆曲、胡琴、弹戏和民间灯戏五种声腔艺术而浑然天成的传统川剧艺术，在现代高科技成果的完美烘托下焕发出勃勃的生机。

刘平（中山大学博士在读）：

印象最深刻的人物是演员杨小龙扮演的刘望，他是全剧中前后变化最大的人物。他不像潘文建扮演的水老大，从出场到结束，都是英雄的形象，令人仰慕，亦不似演员李菊斌扮演的丘八，自始至终都是一个仗势欺人、趁火打劫的小人，让人恨得咬牙切齿。刘望一出场，含胸驼背，身系围裙，拿着毛巾，俨然一副店小二的样子。他暗恋江小月，但面对陈家三叔公的权威、丘八的人多势众，显得唯唯诺诺。即使江小月被刁难和欺负，他也不敢和这些掌权者起正面冲突，不能像水老大那样，为救伤员奋不顾身。不过，刘望的胆小懦弱并不是一成不变的，他目睹水老大的豪情仗义后，不再只是嫉妒江小月对水老大的一片深情，而是放下心中嫌隙，愿意陪江小月夜闯峡江，寻找水老大。他明白了江小月之所以仰慕水老大，是因为水老大的一片深情，水老大不仅苦苦等了江小月十二年，还愿意继续等她十二年，更在家国危难之际，不顾自己的性命安危挺身而出。

刘望知道江小月喜欢这样的男性，后来，在江小月被丘八再三勒索时，他不听江小月的劝说，接过水老大曾经用过的唢呐，以此为战斗武器，要挟丘八，最终他为此付出了生命的代价，获得了江小月的好感。刘望临死之际，江小月对他的情感也发生了变化：一开始二人互相帮助，江小月对刘望只有兄妹情，战争开始后，刘望舍身相伴，江小月无以偿还，崇敬之情油然而生。是爱情让刘望发生了变化，他一心护"月"，其气可谓浩然。

川剧《峡江月》所呈现的地域文化为战时背景下的情义江湖锦上添花。首先，撞击观众鼓膜的是方言，所有演员都说四川话。必须承认，川剧的唱词既通俗又蕴含地域文化，凸显了地方性。川剧，乃至地域文化应以怎样的方式存在和存续？《峡江月》提供了一个样本。通过极具地方特色的川剧唤起人们的文化乡愁亦不失为一种妙法。尽管《峡江月》提供的地方性是过去时态的，但因为历史足够厚重，情感足够深刻，这种地方性会穿越时空，由言入心，直击时人的心灵，带来情感共振。此外，方言不仅增强了《峡江月》的现实感和真实感，亦是一种姿态，是对某种单一化、模式化、规范化的语言形态的反抗。不仅如此，选择一种语言便是选择一种身份，选择一种思维方式。《峡江月》的人物使用四川话，在表演过程中，不同的人物说话的方式各异，或仗义执言，或唯唯诺诺，或大放厥词，或颐指气使，呈现出不同人的身份差异。《峡江月》保存了方言的母语特征，呈现出语言的复杂和多样，这是

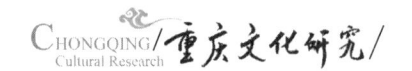

对川剧质量和规格最有力的捍卫方式之一,使其不至于被更为强势的意识形态同化和规训。

林永蔚(重庆市文艺评论家协会):

其一,本剧剧情跌宕起伏,剧中人物的心理自然而然地发生了变化。在本剧第三场中,在三叔公和族人的威胁下,江小月从"我们各自走好"的决绝,到"今日里痛痛快快爱一场"的以身相许,心理发生了截然相反的巨大转变。这一场中的大段唱词虽然表现出她和水老大的深厚感情,但却没有充分表现其对美好生活的强烈期盼和对族权恶势力的蔑视。这就有点儿让观众感觉后面的"交碗而饮,红绸裹身"情节来得太突然,中间似乎还缺少一点由此及彼的心理依据。此外,"男二号"刘望前卑后亢的性格转变过程在剧中的交代也不太明朗。前半部分中刘望表现得醋意满腹,萎靡猥琐,这与他后面见义勇为的行动形成了巨大落差。建议适当删去刘望的"这个不收钱,那个不收钱。就怕抗战没打完,客栈先垮杆""我不像,有人像"之类的台词,把他改造成一个暗恋表妹,但只是自惭形秽、缺乏自信的人,后来被水老大迎难而上的壮举所感动,终于幡然醒悟,奋发图强。为了突出他的转变,此时能否加上一段内心独白,让他也能在表妹面前挺起胸来,大声喊出"我也是堂堂七尺男"? 愚以为这样才能合理地解释他后来的作为,水、刘二人的艺术形象也才不会产生太大的落差。

其二,我们常说"无丑不成戏",没有奸诈刁顽就无以彰显正气,反面角色在舞台上的作用也是举足轻重的。此剧中的三叔公和四寡妇都很有戏,可那位代表敌特的丘八就有点儿脸谱化了,至于后面的丘副专员更是概念化的表演居多。再说,他身处保密局副专员的高位,早就是"掌阴教"的幕后黑手了,怎么能亲自到街头巷尾、茶房客栈来抛头露面呢?

其三,大团圆的结尾虽说有点儿落入俗套,但却会给善良的观众以心理的满足。本剧结尾时的高潮似乎不太突出。江小月在那风雨如磐的四十来年的生命历程中既失去了丈夫,又失去了"我爱的人"和"爱我的人"。人们期盼着"清辉满地人间情"的理想境界,我们多么希望她能在旭日东升的霞光映照下,精神抖擞地走向新的生活哟!

赵勇(重庆邮电大学):

《峡江月》中有爱情之悲,但不撕心裂肺,有爱情之媚,但不无病呻吟,因为这一切和大历史、大山水有关。所谓大历史指的是,故事中的悲欢离合,是小人物在历史航船中的颠簸。大山水指的是在峡江地区生活的人们有一种天然的战山斗水的顽强生命力。在抗日战争和解放战争期间,万县都是连接江汉平原和四川盆地的战略交通重镇,全国各地人员往来频繁,在此落脚生息。江小月经营的茶馆和水老大从事的码头航运,都是非常典型的巴蜀公共空间。江小月的丈夫死于日本大轰炸,而水老大冒险转运抗日物资,为国牺牲,既是爱国也是爱家,他对江小月守望十二年。江小月喜欢铁骨铮铮的汉子,称水老大为真男人,既是一种两性之间的情爱流动,也是对慷慨赴国难的英雄的爱慕。解放战争爆发后,茶馆老表刘望成了有待"成长"的角色。刘望胆小怕事,他自知无法入江小月的眼,但依然默默守护茶馆这个"家"的完整性和可持续性。在他看来,只要茶馆这个物质基础在,生活就会继续,家就没有散。所以茶馆凋敝,他不离开,茶馆被卖,他竭力反对。刘望把这个望江茶楼看成是他与江小月"相守"的见证。当反动势力丘八威逼江小月说出刘望的下落并强抢茶楼的时候,刘望在完成护送船帮孤儿的任务后回来了,并最终为救江小月死在丘八的枪下。在那一刻,他听到了江小月对他的赞美,成为了真正的男人。编剧郑瑞林曾在成都举办的川剧创作与评论研讨会上作了关于"红色题材的诗意表达"的发言:"红色题材剧作不一定全部聚焦于革命领导者或者声名显赫的人物,普通百姓的历史及命运,同样具有动人心魄的力量。"这些小人物的革命光辉,并不完全是出于"天下为公"的家国意识,而是有一种底层视野下的私人情感在内。他们将革命化为一种温暖的注视、情感的守护和相互之间的恻隐之心。比如水老大和刘望这两个男人"一明一暗""一里一外",前者满嘴"黄腔"大胆表达,保护小月不被欺负,后者"酸溜地"说话,小心翼翼地照顾小月。这种爱情不是建立在自私自利的嫉妒和占有上,而是一种朴素的古礼之美。还有来自上海的小茉莉,被江小月收留,原因之一自然是江小月的抗战意识,因为江小月知道小茉莉寻亲的对象是一名抗日战士,更重要的是她对底层姐妹的同情和关爱,因为她们同是天涯沦落人。

  水老大等船工在运送战略物资时遭遇日军大轰炸壮烈牺牲,这一场景让人印象深刻。这一段将川江号子的"喜剧"精神融入悲壮的历史语境中,从容传达出水老大等中国底层人民的英雄主义气概。川江号子用四川话演唱,演唱富于激情,发音硬挺洪亮,吐字清晰有力,强调字头喷口,音色坚实,节奏自由而又符合劳动节拍。船工号子由号工领唱,众船工帮腔,号令而歌。我们能感受到在滔滔江水和高空盘旋的日军飞机的轰炸中,这些船工们一鼓作气划桨向前冲锋的场景。水老大领唱"峡江儿郎血满腔""闯得过去地久天长""闯不过就如梦一场",其他船工以"哟呵呵,嘿咋"跟随帮腔,要求大家同仇敌忾、不畏生死。这种一唱一和、急速推进的声浪,在一声剧烈的爆炸中戛然而止,这是一种自我力量的超越,也是率性而为的男性气质表达,具有非常震撼的阳刚之美。川江号子高亢粗犷、婉转悠扬、风趣幽默。水老大在生死时刻,想起了婆娘,想起了江小月,这时,他唱到"家乡亲人如想我",然后大家集体喝酒,紧接着众船工一起唱"各人都有心头肉"。用非常俏皮的语言,讲出牺牲者内心的不舍和迎接牺牲的达观。

钟传胜(重庆市文艺评论家协会):

  在九幕现代原创川剧《峡江月》中,戏份最重的当数江小月的扮演者谭继琼了,她对剧情发展理解深刻,角色情感把握准确,形象展示鲜明生动,加上她扎实的基本功,几十年练就的唱做念打已臻佳境,尤其是凭借非凡的唱功,博得现场观众连连喝彩。在剧中,江小月以峡江女性的坚韧不拔的性格,承担了常人不能忍受的多次命运的打击。国难当头,三次丧失爱人,继而丧子,还要面对封建礼教的束缚、地方恶霸的欺凌。该剧情节跌宕起伏、悲喜交集,恰如鲁迅所言"悲剧将人生的有价值的东西毁灭给人看,喜剧将那无价值的撕破给人看",该剧将川剧的喜悲特色表现得淋漓尽致。

  川剧具有巴蜀人的语言特征和音乐风格,契合着巴蜀人的审美情趣和艺术欣赏习惯。巴渝水土养育了重庆人,大江大川、大开大合,是重庆川剧的特有气质。在《峡江月》剧情演进中,重庆川剧特征同样表现得淋漓尽致。亲切的乡音乡情,声声入耳。在声腔方面,除传统川剧五大声腔之外,《峡江月》中还融入了吹吹腔、安庆腔及江南民歌小调的元素。随抗战移民来到望江客栈的小茉莉和李半仙,除演唱了民歌小调外,还多次演奏了与川剧同期列入我市首批非遗项目的万州"四川竹琴",这也是剧中锦上添花的神来之笔。

剧中的桡夫头子水老大的演出也很出彩,在观众心中同样留下了深深的印象。他的剧情设计合情合理,笔者是老民生公司船员的子弟,自幼在长江边上长大,看到过不少与水老大相似的江上船工。开幕时吼出的川江号子,是那么的遥远而亲近,一下子就拉近了观众与舞台的距离。看到水老大在1938年"东方敦刻尔克大撤退"中壮烈殉国一幕,想到民生公司在民族存亡的关头,对国家民族的重大历史贡献,站在历史唯物主义立场,应该承认这是丰碑永存的。

张志全(重庆师范大学文学院):

如果说《桃花扇》是以"扇"作为"穿云入雾"之珠,那么,《峡江月》则是以"月"作为总揽全剧之魂。"月"首先是自然物象。《水经注》云:"(三峡)重岩叠嶂,隐天蔽日,自非亭午夜分,不见曦月。"独特的自然风貌,使峡江月的清辉,显得弥足珍贵。剧本名之曰"峡江月",是编剧有意将"峡江之月"的物象特征加以抽象,并以此引入戏剧的叙事结构。"最是皎洁峡江月,清辉满地人间情",于是,"月"化身为饱含深情的"意象"之月。"月"是爱情的寄寓之物,也是情感的升华之境。作为峡江之月的人格化构型,剧中的女主角江小月,既是水老大的"心中之月",也是其表兄刘望毕生守护的"生命之月"。江小月虽然遭逢乱世,早年守寡,但她的勤劳善良、深明大义、历经劫难而无所畏惧,一如月之清辉惠泽万川。她承受着常人所无法想象的痛苦:"九五惨案"中丈夫的惨死、抗战之中恋人"水老大"的牺牲与儿子的以身殉国、解放战争之中挚爱她一生的男人离世。桩桩件件,非但未能打垮这个平凡女子活下去的勇气,反而铸就了她坚韧不屈的意志。她的觉醒是自发的,也是义无反顾的!表面看来,《峡江月》只是浓墨重彩地刻画了"一个"峡江女子的"侠骨柔情"与"大义凛然",然而,编剧有意将"弱女子"与"大时代"相对应,以此形成张力,无形中拓展和深化了戏剧之主题。在这样的大时代中,江小月显然不只是个体的存在,江小月变成"江小月们",成为一个群体的象征。她们是平凡的,生前不曾名世,身后亦不曾留名。她们又是最不能被遗忘的,她们在不平凡的年代里,以质朴的行为,成就了一片清明,赋写了不屈的生命之歌。

围绕以上戏剧结构,《峡江月》的主创团队致力于舞台设计上的探索。作为新编现代川剧,《峡江月》的舞台道具自然已非传统的一桌二椅可比,现代技术手段为戏曲舞台的多元审美提供了可能。就全剧来看,舞台布设在一定程度上显现出实景化倾向,比如望江客栈的布置:方桌、条凳、茶客、伙计、被炮火打断的黄桷树、青石香炉,以及客栈壁上"国家有难,匹夫有责"的标语。比如峡江浪涛的背景、木船与码头,以及日机轰炸时震耳欲聋的爆炸声……写实与半写实的画面和声响,带给观众沉浸式的视听体验。当然,如果只是一味追求实景化效应,必然背离戏曲舞台的美学原则,为此,主创团队极力营建写意化的审美空间。既然"月"是剧作的核心意象,如何将"剧中之月"转化为"舞台之月"自然成为舞台设计的重中之重。在现代技术辅助之下,伴随剧情的发展,舞台之月时而圆如银盘,时而缺如弯钩,形成天上月、人间月与心中月的相互映衬,实景之月由此转化为虚拟的符号,呼应着故事的演进与情感的律动。在舞台演绎之中,"月形"的舞台设计还承担着表演场景界分、表演区划定等功能。比如,第一场中水老大驾乘木船驶进码头,唢呐声起,客栈内的茶客与伙计皆循声望向窗外。此时,本为背景的"月形"幻化为客栈临江之窗口,与客栈内的场景相对应,很自然地赋予舞台画面以纵深感。这一前后景的电影化构图,为水老大这个核心角色的出场,铺设了足够的排场。"月形"之内,是舞台展演中特定的表演区,戏剧的开场与结尾、江小月与水老大的"码头之会"、水老大与船工们"炮火连天闯峡江"、江小月与刘望的"白绸之舞"等,都放在"月形"表演区之中。这一表演区的设定,使戏剧舞台自然形成前后表演区与前后景的界分。舞台表演中,两个表演区或连成一体,或相互分离,各自承担着相应的表演功能。其中,"月形"之中的表演区,侧重于载歌载舞的动作表演,这在一定程度上形成"远虚近实"的舞台效果。可以说,主创团队深谙"月"意象在中国文化中的深层意蕴,以"月"之生动气韵,为戏剧的诗性表达赋形。故此,"逼真"的"舞台之月",化身为内涵丰富的"人文之月",为《峡江月》成为"诗剧"提供了可能。

江虹、米玉（重庆师范大学）：

"月"是整部戏的戏眼,连着《峡江月》,系着江小月。苏轼有云:"人有悲欢离合,月有阴晴圆缺,此事古难全。但愿人长久,千里共婵娟。"月亮最富浪漫色彩,自古便是人们寄托情感、发挥想象的景物,圆月象征美好、圆满,残月则预示离别、悲凉。《峡江月》借用人们对月亮的喜爱,活用月亮形象,将月亮变成剧中的意象和形象符号。

江小月与水老大真心相爱,水老大上门提亲,却触犯了封建宗法势力的权威。在族长三叔公的逼迫下,在众人的轮番指责下,江小月挣扎、悲伤、绝望,不得不找到水老大退回聘礼。这时舞台正中的月亮为巨大的弯月,好似锋利的镰刀,无情切割两人的情谊。而在水老大的深情挽留之下,两人诉说着各自心里面的"坎",身后的月亮在两人的情感变化之下,已悄无声息地变成了一轮圆月,好似两颗心的结合。第九场,刘望为救江小月而死,江小月为刘望圆梦,以谢他一世情,用白绸将自己与他系在一起,在想象中两人翩翩起舞,此时舞台的月又化作一轮冷月,浪漫中透出阵阵凄凉,正如唱词道:"绸如雪,系缘分,月作证,情意深。"在历经劫难,几番痛失爱人后,江小月在月光清冷雪纷纷中唱道:"盼峡江,云开雾散尽,盼明月,清辉照彻天地明!""月"再次被赋予美好的寓意。

女主人公江小月将对生命中联系最紧密的三个男人的感情寄予在"黄桷树"上,可以说,江小月的爱情始于望江客栈,终于黄桷树,而又在黄桷树上"重生"。在《峡江月》中串联剧情的是位于前景中的一棵巨大的、根茎繁茂的黄桷树。江小月先是将一根象征去世丈夫三哥的绸带系于黄桷树上,那是有恩于她的人,在"九五惨案"中死于非命。在水老大去世后,她又把象征水老大的绸带系于树上,那是她爱之人,在抗战中为国献身。逝去的刘望也"化为"绸带挂于黄桷树上,那是爱她的人。黄桷树被赋予多重使命,不但承载着装饰舞台的任务,也幻化成为一种精神寄托。

至于编剧为何选用黄桷树这一物体,值得我们思考。川剧源于川渝本土,黄桷树是重庆市树,深

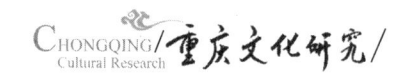

受重庆人喜爱,众多地名黄桷坪、黄桷垭等都以黄桷树命名,可以说它早已融入重庆的市井生活。黄桷树生长在石坎上、城墙边、石崖缝隙中,根系深深扎在丰腴的泥土中屹然而立。在重庆人眼中黄桷树枝繁叶茂,象征生生不息,在文人笔下它是倔强地活在夹缝中的孤勇者,象征自强不息,勇于拼搏。该剧中江小月命运多舛却拒绝向命运低头,与族长抗争追寻真爱,与丘八周旋保护桡夫遗孤,恰似在夹缝中顽强生长的黄桷树,用整个生命舞动,舞出一番新天地。

肖寒(西安市艺术研究所):

该剧在以感人的第五场形成全剧的高潮之后,后续的书写与前面相比,显得逊色不少。窃以为,如果作者将笔触停留在江小月这位峡江女子凄美的命运轨迹上,将剧中那些可有可无的人物或删除,或丰富,对那些不太合乎逻辑的言行进行必要的梳理,以更为丰富的情节、多变的层次对男女主人公的两情相悦给予更加详尽的描述的话,这出戏将真正成为一曲既有家国情怀又有真挚爱情的感人乐章。可惜,剧作者似乎还有太多的话要说,又在第五场之后续写了四场戏,使整部戏显得拖沓、冗长。

究其原因,首先是剧中描写的外部环境由抗战转入解放战争,矛盾的另一方发生了变化,矛盾形成的原因发生了变化,女主人公的个人感情也发生了变化,使其不得不在结尾处完成情感的"位移"——从对水老大的怀念中"抽身",以"示爱"方式来表达对表兄刘望的感激之情。无论是江小月在最后讲出的"你愿意做我的男人吗?""刘望哥,我做你的女人!",还是她与刘望跳的一段此前与水老大跳的几乎完全相同的双人舞,都使得剧作介绍中的"大爱"未能体现出其"大",未见其"博",仅见其"专",仅将观众的情绪引向对两人爱情的认同。这些内容及情感上的变化,使前面几场的舞台呈现所形成的"势"有松懈、失重之嫌,由于第五场已使前面所有的"引而不发"化作"离弦之箭",此时,为了新的戏剧高潮的涌起需要重新蓄积力量。而且,这些变化也迫使观众要在很短的时间内接受新的矛盾冲突带给自己的视觉及心灵上的冲击,需要在不长的时间内迅速"屏蔽"刚刚震撼了自己心灵的江小月与水老大的情爱,而尽快与女主人公江小月的新的感情"同步"。然而,因先入为主而催生的情感认同并不那么容易被"替换",势必影响观众对女主人公新的感情的接受,也影响到全剧戏剧高潮的自然生成及其感染力。

其次,中国戏曲从来注重"以情动人"。个体生命的情感抒发得越充分,其心理变化描写得越透彻,人物塑造就会越成功,剧作也就越发感人。在这里不妨比较一下该剧的第二场和第七场,看看"情感"的揭示在剧中所表现出的决定"成败"的巨大作用。在第二场中,水老大贸然前来下聘,江小月不得不面对族人的责难,在这样一个特殊的环境中,作者根据其身份、个性、与他人的不同关系,分别以打圆场、诉委屈等不同表述,多层次地塑造了江小月这一特定人物形象:面对三叔公的责难,她从解释到顶撞,再到无奈服从命运的安排;面对族中的四位年长寡妇的指责,她更多的是在对具有同样悲惨命运的"同类人"充满同情的基础上进行的情感沟通;面对想爱而不能爱的水老大,她由劝到责,再到驱赶,观众能够从这些层次的变化中感受其充满无奈的内心世界……这多层次、多角度、多冲突对象的情节变化、情感表露所形成的舞台画面,始终是以"情"为轴心的,在多层次的情感表述中,江小月的内心世界被完全"打开",外部冲突和内心冲突交织在一起。而冲突的另一方,或怒或悲,或暴躁或无奈,尽是"情"的流露。观众因此或吃惊,或震怒,或同情,或流泪,台下的心被台上的情牵引着。在第七场中,遗孤被抓,江小月在设法营救之时,遭遇丘八的漫天要价与步步紧逼,江小月的态度呈现较为单一的状态——无论怎样也要救出遗孤!与丘八的对手戏更多的是正义与邪恶的对抗,由外部冲突引发的人物内心的更大冲突以及对内心世界的揭示明显弱于第二场,观众更多看到的是一位"平民英雄"颇有"毁家纾难"意味的言行,更多的是感受到其"可敬"而非像第二场那样因情节的丰富、开掘的充分而深受感动。

重庆文化和旅游研究系列评论
——重庆芭蕾舞团的"引领"和"担当"之一

【编者按】国有文艺院团作为繁荣发展社会主义文艺的中坚力量,是培育和践行社会主义核心价值观的重要阵地,也是舞台艺术作品创作生产、提高文艺原创力的生力军和"领头雁"。2022年6月,重庆市文化和旅游研究院组织文艺评论工作者走进重庆芭蕾舞团,对重庆芭蕾舞团发展现状、艺术创作、艺术教育等方面进行深入调研。这些文艺评论工作者在此基础上,主要从剧目创作、艺术教育等角度对重庆芭蕾舞团进行了深入探讨。

促进国有文艺院团改革,发挥艺术普及培训引领作用
——以重庆芭蕾舞团为例

吕霖枫(重庆市文化和旅游研究院)

艺术普及是国有文艺院团社会效益评价考核的重要标准,是国有文艺院团积极参与公共文化服务活动的重要内容。国有文艺院团开展艺术普及活动,有利于引领艺术培训规范有序发展,有利于提高大众对专业艺术的认知和鉴赏水平,有利于培养广泛的艺术群众基础。国有文艺院团拥有专业的艺术人才、便利的艺术场地、完善的设施设备,在艺术普及培训上具有得天独厚的优势条件,应当充分发挥文艺院团的艺术普及功能,引领艺术培训规范有序发展。

图1 艺术培训场景——芭蕾舞

2019年,中央宣传部、文化和旅游部、财政部、人力资源社会保障部共同印发的《国有文艺院团

社会效益评价考核试行办法》将"普及"作为与"创作"和"演出"并列的一级指标。这一指标设计当时颇引人关注,意味着国有文艺院团必须将艺术普及作为自身的"必备技能"。2022年,中共中央办公厅、国务院办公厅印发了《关于深化国有文艺院团改革的意见》(以下简称《意见》)。《意见》明确文艺院团的功能定位,即国有文艺院团是繁荣发展社会主义文艺的中坚力量,是提供公共文化服务、发展文化产业的重要力量;建立健全把社会效益放在首位、实现社会效益和经济效益相统一的文艺创作生产体制机制。为贯彻落实《意见》,深化国有文艺院团改革,重庆芭蕾舞团积极推进艺术普及培训工作,创建了"重芭艺培"这一艺术培训品牌,以美育为办学指导思想,以普及推广高雅艺术为办学宗旨,以"沁润心灵,品格升华"为办学理念。

一、美育教育是艺术培训的基石

当前,艺术培训市场繁荣。而在繁荣的背后,一些艺术培训机构也存在着师资力量良莠不齐,缺乏科学系统的培训训练,盲目追求艺术培训考级、考证、升学等问题,忽略了艺术培训中的美育。这损害了青少年的艺术兴趣,对青少年的艺术成长,乃至人格发展都会产生负面影响。亟须改变当前艺术培训的环境,一方面,需要提升广大青少年家长对艺术培训的认识水平;另一方面,则需要有社会责任感的企业或机构发挥引领作用,引导艺术培训健康发展。国有文艺院团作为艺术领域的"排头兵",作为公共文化服务的重要力量,应该承担树立正确艺术教育观念,引领艺术培训正确方向的社会责任。

"重芭艺培"作为重庆芭蕾舞团旗下专业的芭蕾舞艺术培训品牌,以美育教育为办学指导思想,以美育人,以美化人,以美培元,促进舞蹈培训健康发展。

"重芭艺培"开展了一系列的美育"大师课"。如"优雅人生,茶话芭蕾"刘军艺术讲座,以如何欣赏芭蕾舞剧为切入点,普及芭蕾舞剧赏析技巧,通过芭蕾舞演员现场示范,理论结合实践演示,让观众真正能够看出芭蕾舞剧的

图2 "重芭艺培"

"门道"。再如"用真心热爱芭蕾"大师课,邀请到了舞蹈家赵龙,为舞蹈热爱者普及芭蕾舞艺术。他强调了"舞蹈给人们带来快乐,能够快乐地跳舞才能够让人有坚持的信念和动力"的快乐舞蹈理念。舞蹈培训并不是将孩子培养成只会标准动作的"舞蹈机器",而是让每个孩子在舞蹈中享受快乐,埋下一颗艺术种子,生根发芽。通过学习这些大师课程,舞蹈热爱者有所收获和成长。

"重芭艺培"重视美育教育,以极具前瞻性、开放性、可塑性的方式引导学员认识芭蕾、热爱芭蕾,充分拓展学员的成长空间。对艺术成长规律有着充分的认识,是文艺院团在艺术普及培训教育方面的优势。

文艺院团有责任、有义务承担艺术普及工作,弘扬美育教育,引导艺术培训朝着健康、科学的方向发展。

二、科学训练是艺术培训的保障

科学健康的芭蕾舞蹈学习,能够在健美、塑形等方面为青少年的成长提供很大的帮助。芭蕾舞对速度、方向、旋转、跳跃、支撑等都有很高的要求,需要专业教师循序渐进地帮助学员提高基础能力。从基础训练到高级训练是一个漫长的过程,需要教师科学健康地引导。青少年处于生理生长的关键时期,在培训过程中更需要专业教师的合理引导。

图3 "重芭艺培"网页宣传图

"重芭艺培"在舞蹈培训的专业性上是毋庸置疑的,其任职教师均来自国内专业芭蕾舞院校和芭蕾舞团,拥有丰富的舞台演出及教学经验。"重芭艺培"结合最新的芭蕾教学理念和各年龄段学员的特点,创立了有自身特色的科学的芭蕾舞教学体系,专业、系统的教学使课程的安全性和科学性得到了保证。

很大一部分艺术培训在课程设置上有较为明显的缺陷。如在教材的选择上、教学方法上、教学进程上都没有统一的规范,而主要由授课教师决定,有较大的随意性。主要原因是师资力量薄弱,教师的流动性较大。而文艺院团旗下的培训品牌具备学科建设的优势条件。首先,拥有一批舞台经验丰富、专业能力强的教师。其次,教师的流动性相对较小,有充分的时间、精力去建立学科体系。

"重芭艺培"在培训中采用世界先进的教学方法,建立了自己的舞蹈教学课程体系,针对不同年龄阶段的学员,打造了不同的课程规划,以适应青少年不同阶段的学习、成长。"重芭艺培"开设了线上"少儿芭蕾公益课堂"系列课程,通过重庆有线电视导视频道、"重芭艺培"公众号对外发布,进行线上教学、回课,建立芭蕾公益分享群,开展芭蕾打卡季等活动。

三、兴趣培养是艺术教育的动力

兴趣是最好的老师,只有培养浓厚的兴趣,才能让学员实现独立自主学习。"重芭艺培"为了让大众走近芭蕾、喜欢芭蕾,开展了一系列的亲子活动。如"《胡桃夹子》主题亲子舞会"活动,为孩子们打开了芭蕾童话世界的一扇大门。《胡桃夹子》中的"王子"和"公主"带领小朋友们展开了一场别开生面的舞会,舞会结束后还进行了芭蕾舞剧的赏析,分享芭蕾舞的一些知识。通过寓教于乐的方式,引导孩子们对艺术产生兴趣。

艺术教育的关键是给予孩子更多舞台展示的机会,这样的展示才是真正将"快刀往石头上磨",不展示、不演出是无法实现美育育人的效果的。"重芭艺培"拥有丰富的舞台资源,让孩子在学习专业基础的同时增加艺术表演的机会。如2018"重芭艺培"圣诞汇演活动,让学员有机会在重庆国泰艺术剧院为市民带来一场精彩绝伦的表演;2019"与梦共舞"年度芭蕾汇报演出,让学员家长能够真切感受到学员的成长和进步;2021"舞动山城"少儿芭蕾艺术节,以芭蕾500年发展史为脉络,在光影璀璨的舞台上生动地呈现了不同时期、不同主题的芭蕾舞代表作,让学员和家长深入了解芭蕾文化,了解芭蕾的发展历程。从专业教学到登台演出,"重芭艺培"多维度、全方位地提升孩子的艺术修养,让孩子沉浸在浓厚的艺术氛围中,收获艺术成长的喜悦,增强艺术学习的兴趣。

图4　重庆芭蕾舞团剧照

"重芭艺培"在芭蕾基础训练中融入了芭蕾经典剧目的介绍,让学员了解经典剧目的历史背景,学会塑造人物形象,增强了学员学习的积极性。

"重芭艺培"走在了重庆艺术普及教育的前列,发挥了文艺院团的优势,承担了普及艺术的社会责任。"重芭艺培"通过普及教育,建立观众社群文化,为院团培养了一批忠实的"粉丝"。此外,艺术普及培训也为院团的人才建设注入了活力,有利于院团的人才梯队建设。国有文艺院团应当转变思想,开拓创新,丰富艺术普及教育形式,拓展艺术普及教育的深度、广度,发挥国有文艺院团在艺术培训教育中的引领作用,引导艺术培训教育健康发展。

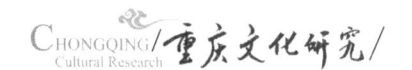

拥有人间烟火气的高雅艺术
——观芭蕾舞剧《动物狂欢曲之童梦奇缘》

周嘉怡（重庆师范大学）

2012年成立的重庆芭蕾舞团至今已走过十年时光。2022年，重庆芭蕾舞团推出十周年特别企划——《动物狂欢曲之童梦奇缘》。该舞剧讲述了一位善良美丽的邻家姑娘Belle在森林中采蘑菇，累了便睡倒在清香的草丛中。睡梦中，她变成了一只穿TuTu裙（芭蕾舞裙）的TuTu兔，开始了她的森林奇遇记。相较于经典芭蕾舞剧，作为一出受众为儿童的芭蕾童话舞剧，这部舞剧在舞剧剧情、角色构建和演绎形式等方面都有所创新。这使得该舞剧一经演出就受到了观众的一致好评。

舞剧《动物狂欢曲之童梦奇缘》诞生于后疫情时代。起先，突如其来的疫情给各类艺术带来了重创，但随着疫情形势的好转，后疫情时代又为各类艺术带来了转机——新型演艺空间的出现。新型演艺空间指的是除了剧院以外的表演艺术的空间，例如产业园区、办公楼宇、旅游景点，甚至游船等。对于从国外传来的舶来品——芭蕾而言，新型演艺空间的出现更好地拓展了芭蕾舞剧的演绎形式，拓宽了芭蕾舞剧的演出空间，并且激发了芭蕾舞剧创作者们的灵感。重庆芭蕾舞团十周年特别推出的芭蕾童话舞剧《动物狂欢曲之童梦奇缘》便受益于此。其突出特色便是在后疫情时代，精准定位自身特质，融入本土元素，力图打破传统的镜框式舞台的限制，加强与观众的互动，强化受众的在场感。整部舞剧不仅结构清晰、观众互动度高，更将芭蕾舞知识与舞剧有机融合，给观众带来了一场精彩纷呈的视听盛宴。

一、融合舞剧传统元素，打造新型叙事

为了贴合目标受众的年龄阶层，更好地达到艺术的辐射效果，舞团在前期选择舞剧角色时就将极具中国特色、拥有普遍受众基础的熊猫融入其中，并打造了舞剧的专属叙事符号——TuTu兔，真正做到了去高深化，将高雅艺术趣味化，激发儿童兴趣，引领他们走入艺术的世界。TuTu兔的创作缘起与芭蕾紧密相关。TuTu裙是芭蕾舞者的演出服，为了贴合目标受众的认知范围，将此知识具象化于角色中，再以TuTu裙为其命名，便有了念起来琅琅上口又巧妙地与"2022"英语发音吻合的TuTu兔。正是得益于叙事符号的精细设计，视听现场才可以呈现得如此美轮美奂。在舞剧演绎现场，观众可以看见身着白色TuTu裙，头戴兔耳朵，脸点腮红的TuTu兔迎面走来。她时而活泼好动，几个小碎步，高高跃起，轻盈地落至舞台的另一端；时而稳重安静，乖乖地坐在舞台外围欣赏着熊猫们的诙谐舞姿。同时，观众还可瞧见身着颜色各异的TuTu裙的熊猫们站立在舞台中心，手牵着手跳着经典的《四小天鹅》。其中有一只格外特别，总和其他熊猫"唱反调"，不是跳错步伐便是跟错节拍，惹得台下观众捧腹大笑。在一片欢声笑语中，会跳舞、圆滚滚的大熊猫和活泼好动的TuTu兔瞬间成为《动物狂欢曲之童梦奇缘》的新型叙事符号，令人记忆深刻，带给大家欢乐和幸福。

图1 《动物狂欢曲之童梦奇缘》剧照1

图2 《动物狂欢曲之童梦奇缘》剧照2

此外，该舞剧还巧妙运用众人皆知的经典形象以唤醒受众的共同记忆，达到共鸣的传播效果——大灰狼和小红帽。同时，该舞剧完整保留经典形象的童话语境，以此为基础融入新型叙事符号——TuTu兔。譬如在舞剧的第四幕，TuTu兔和小丑目击到大灰狼正在追逐小红帽，TuTu兔勇猛上前，一把从大灰狼手中夺过小红帽。不料用力过重，使得小红帽原地转了个圈后又回到大灰狼的手中，最终经过TuTu兔的不懈努力，小红帽终于被成功解救。不难发现，创作者在保留经典童话语境的同时内嵌了一些"奇思妙想"，让现场观众欢笑连连。虽削弱了经典童话语境的几分严肃，但不失为一种"意料之外、情理之中"的完美融合。

二、创新舞剧演绎形式，打破镜框式舞台

自15世纪镜框式舞台剧场于文艺复兴时期的意大利发展起来，各类写意风格的舞台艺术纷纷被搬上镜框式舞台，它逐渐成为观众欢迎的世界剧场的主要形式。镜框式舞台的创作初衷是便于舞台演员在帷幕后进行舞台调度，呈现最佳视觉效果。然而这种表演区与观众席间的分离成为阻碍观演关系的一堵墙，观众始终是墙外人，陌生地观望围墙内的一切。受疫情的影响，新型演艺空间出现，各类艺术不再局限于传统的剧院、剧场，而是选择图书馆、商场内部等符合演出规格的场所进行艺术表演。舞台的置换也带来了演绎形式的创新，打破传统镜框式舞台成为《动物狂欢曲之童梦奇缘》的又一创新点。

图3 《动物狂欢曲之童梦奇缘》剧照3

《动物狂欢曲之童梦奇缘》分四幕演出,设有两轮互动环节,以问答为形式,气球为胜利果实。在每场的互动环节中,舞蹈演员都会走到台下,与观众亲密接触。他们手拿各色气球,宣布比赛规则,充分利用游戏元素激发儿童们的胜负欲。设置的问题不仅囊括芭蕾舞基础知识,还蕴含价值导向的变相输出。现场,TuTu兔就舞剧的情节提问,以问答的形式间接地将芭蕾舞演员的服饰知识传授给在场观众。结束基础问答之后,TuTu兔现场教学表示"我爱你"的芭蕾舞动作,并鼓励在场小朋友们同随行的家长做出这个动作。这不仅拉近了表演区和观众席之间的距离,更借助游戏元素潜移默化地影响了孩子们价值观念的构建。

　　《动物狂欢曲之童梦奇缘》除了互动环节极具特色,还充分利用各种细节打破镜框式舞台。在这出舞剧中,观众不仅可以看到主角们纷纷下台同他们一同互动,还能观察到一对猫咪夫妇、一只TuTu兔和她的小跟班小丑坐在剧场舞台的前端。猫咪夫妇会互相低声谈论,或将手握拳做爪子样挠挠耳朵。TuTu兔会在黑天鹅忘情表演时,脸上浮现如痴如醉的神情,更会在大熊猫出错时"无情嘲笑",侧身招手示意观众也来旁观。

　　此时的舞者不只是舞台剧目的演绎者,更是赋予角色灵魂的存在。透过此种灵性的角色,舞剧不再"高高在上",而是在一次次与观众的互动中,弱化了严肃性,注入了几分生动与活泼。表演区和观众区不再被看不见但界限分明的墙所阻隔,舞者和观众的身份关系开始弱化,两者在欢乐的互动式情节中变为一个整体。这愈发强烈地刺激着观众的感官,令观众产生沉浸式的视听体验,达到事半功倍的效用。

图4 《动物狂欢曲之童梦奇缘》剧照4

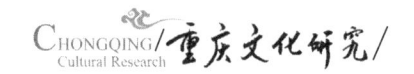

三、立足本土，打造动态博物馆

一部质量上乘的文艺作品需要经过创作者们不断打磨、反复推敲。若想要文艺作品经久不衰、获得业界一致好评，必须在得到大众认可的同时输出立意、树立良好的价值导向。作为舶来品的芭蕾，想要适应国内市场，更应立足本土，进行本土化改造，利用艺术手法确立作品立意，输出核心价值观。重庆芭蕾舞团深谙这一点，在保留传统舞剧的童话模式的基础上，采用童话剧的叙事手法、芭蕾舞剧的哑剧手语以及儿童易接受的动物角色进行演绎与讲述。舞剧通过动物角色之间的相互打斗、玩乐等，让孩子们在欣赏美、感受美的同时鉴别美与丑、善与恶，培养孩子们乐于助人、勇敢无畏的精神品质，进而引导他们构建正确的价值观，达到寓教于乐的教育目的。

那么芭蕾最重要的现实意义究竟为何？笔者以为，对内：经过本土化改造，肩负下一代艺术传承的责任。对外：成为输出中国文化、对外沟通交流的媒介与桥梁。艺术本就是一座鲜活、灵动的动态博物馆，能够以各色的艺术形式传达不同的文化内涵。而重庆芭蕾舞团正是运用各种艺术形式，打造出易被大众接受的芭蕾舞剧，将艺术性同现代性有机融合。重庆芭蕾舞团团长刘军认为：芭蕾舞是一种殿堂级的高雅艺术，但它同样也适合大众欣赏，重庆芭蕾舞团也一直在做高雅艺术大众化的尝试，让大家在通俗易懂的表演中也能得到极致、唯美的艺术享受。笔者想这便是《动物狂欢曲之童梦奇缘》受到广泛好评的根本原因：扎根本土、立足受众、打造鲜活的艺术博物馆，让高雅艺术也拥有人间烟火气。

芭蕾艺术的通俗化呈现
——浅析芭蕾舞剧《动物狂欢曲》

朱雯琳（重庆师范大学）

通常都说芭蕾为高雅艺术，高雅为何？即高尚雅致，不通俗。这便意味着，贴着高雅艺术标签的芭蕾艺术在一定程度上是为小范围人所欣赏的，甚至是筑于高台之上的。早在1998年便有学者指出，大众艺术的健康发展乃至艺术整体的新的进步，是高雅艺术的俗化。此种俗化并非粗俗化，而是指平民化、大众化、通俗化，让高雅艺术的丰富内涵以通俗的方式为人所接收，以此达到潜移默化地提升大众文化素养的功用。《动物狂欢曲》从受众需求出发，打破常规地在内容编排中加入童趣化、亲切化等元素，一改舞剧呈现形式，使得常被视为高雅艺术的芭蕾走下高台，以童趣化的形象步入寻常观众的视野中，以轻松化的方式将芭蕾文化内涵传递给观众。《动物狂欢曲》无疑是重庆芭蕾舞团进行的一次成功地将芭蕾艺术通俗化的创新。

一、借力新型演艺空间，破除传统演艺镜框感

人与人的交往空间距离，会影响人的心理距离。因此，当演员与观众的空间距离越近，观众越有身临其境之感，越能与演员共情，越能融入表演中。传统舞台所打造的是单一镜框式的演艺空间，

观众的座位与舞台保持一定距离,导致观众的视距多为中景或是全景,随着观众席空间的扩大,全景视距的观众就越多。在单一全景视距下,舞台上的表演者如同被矩形镜框围住,观众与舞台被明显分隔开来,观众仅能看到平面的舞台表演,如同欣赏一幅二维的图画。且不说这样的镜框舞台带来的镜框感阻碍了芭蕾舞立体美感的呈现,最突出的问题就是观众与演员的疏离感。疏离感将阻碍表演情感的传递,增加高雅艺术通俗化的困难。然而《动物狂欢曲》的演艺空间并未遵循常规选取传统的剧院,而是借力当下的新型演艺空间,表演在图书馆和艺术中心等空间中展开,虽然座位间隔带来的视距差异依然存在,但芭蕾舞剧中的演员与观众的距离被拉近。在这样的演艺空间中,舞台上表演者的一举一动都是立体生动和鲜活的。正是由于这种距离感的拉近,剧中小红帽被大灰狼追赶时的紧迫感才得以传递,熊猫在学跳天鹅舞时的童趣化才得以体现。此时,观演二者距离被拉近,镜框区隔被打破,情感得以传递。

新型演艺空间意味着观众与演员互动机会的增多。《动物狂欢曲》在编排时加入互动环节,借助互动与立体化的演艺空间,给观众带来一种沉浸式的观感体验。整场舞剧共设置2场互动,穿插于表演之间,互动主要形式为问答。主人公TuTu兔以主持人身份提问,舞台剧中的小猫扮演者赠送礼品,并保持舞剧角色神态与观众互动,创造一个奇幻森林中的每个角色都真实存在的氛围,让人沉浸其中。此外,互动内容皆从舞剧内容出发,比如主人公身穿的芭蕾裙叫什么,表演环节的小动物是什么。与剧情相关的提问将推动观众投入更多注意力,沉浸式角色互动将打造更为真实的演出空间。在整个互动过程中,芭蕾演员不再是高高舞台上带着距离感的人,而是带着鲜活特点的角色,成为有生命力的存在。如此,镜框感被完全打破,芭蕾艺术得以通俗化呈现。

图1 《动物狂欢曲》剧照1

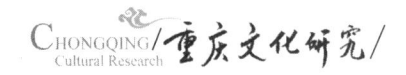

二、熟悉角色陌生化，打造本土芭蕾角色

芭蕾并非中国本土艺术形式，作为一种舶来艺术，它于20世纪初在中国萌芽。虽然目前芭蕾在中国已被广泛接受，但是大众脑海中的芭蕾形象依然是国外芭蕾舞剧所打造的形象，例如提及芭蕾便想到天鹅，提及芭蕾舞剧就是《天鹅湖》。芭蕾的非本土化特质，影响了它在中国的通俗化发展。观众知道芭蕾这种艺术形式但却并不了解其舞剧文化，并将芭蕾视为与大众文化不同的高雅艺术。要做到芭蕾艺术通俗化，第一步就是要吸引观众，此后才能让观众在观看表演中理解芭蕾文化。《动物狂欢曲》利用熟悉角色陌生化的创作方式，赋予芭蕾剧中的角色新特性，成功打造了本土化的芭蕾角色。熟悉角色陌生化，即布莱希特所说的"对一个事件或一个人物进行陌生化，首先很简单，把事件或人物那些不言自明的，为人熟知的和一目了然的东西剥去，使人对之产生惊讶和好奇心"。通过陌生化艺术创作，舞剧将从新的视角、新的角度发掘出自身所蕴含的力量，将熟悉化为新奇，为观众带去感官的刺激或是情感的震撼。

《动物狂欢曲》中熟悉角色陌生化创作采用了两种做法，第一种即以新的角色形象取代熟悉的角色形象。比如结合芭蕾舞中的TuTu裙，创造一个名为"TuTu兔"的新形象，创造专属于《动物狂欢曲》舞剧本身的角色形象。这一角色本可以采用芭蕾中常见的天鹅形象，但天鹅形象在西方芭蕾剧中的塑造已然成熟，并不能成为中国本土化的芭蕾形象，且天鹅形象已为大众所熟悉，在新奇性方面效果较差。将主角形象设置为TuTu兔，既结合了芭蕾舞裙名称以增加记忆点，又创造了新的角色以带来新鲜感。再比如熊猫学跳天鹅舞部分，将在西方芭蕾舞剧《天鹅湖》中的四小天鹅置换成熊猫，熟悉的舞曲加上陌生的形象会带来新鲜感，外形萌憨的熊猫取代身形优雅的天鹅跳起芭蕾舞，趣味

图2 《动物狂欢曲》剧照2

十足又富有记忆点,而作为中国家喻户晓的动物明星,熊猫形象更易被中国观众所接受。由此,芭蕾艺术与广大观众的距离被拉近。第二种方法则是将熟悉的角色从熟悉的故事空间中抽离,置于陌生的故事空间中加以组合,以打造熟悉又陌生的感觉。《动物狂欢曲》将当下芭蕾舞中已被成功塑造的小红帽、大灰狼、王子、小丑等角色形象置于故事之中,使其在主人公Belle的森林奇幻游记中接连出现,在陌生的场景看到熟悉的角色,给观众带来惊喜感,进而使观众对剧情产生兴趣并投入其中。

三、以舞为媒,呈现本土文化优势

不可否认的是,任何舶来艺术要想被观众广泛认可,本土化都是其发展的必经之路。芭蕾这类带有高雅艺术标签的舶来艺术形式,在中国的通俗化呈现也离不开本土化创作。当舶来艺术加入中国本土文化元素时,才意味着它拥有了中国观众可以理解的意义。正如国外观众面对芭蕾舞剧《梅兰芳》中陌生的艺术元素所受触动较小,而中国观众因为已有梅兰芳相关的文化积累以及对中国水袖等元素的了解,所以受舞剧触动较大。如果仅是将舶来艺术原封不动呈现出来,它将继续被置于高台之上,通俗化呈现便较为困难。《动物狂欢曲》不仅保留了芭蕾艺术本身所塑造成型的黑天鹅和王子这类形象,还将中国本土的熊猫形象完美融入其中,并且结合芭蕾本身的文化创造出了一个新的本土角色TuTu兔。这样既保留了芭蕾本身根植于西方的组成元素,又将中国本土化元素置于其中,不仅能够拉近芭蕾与中国观众的距离,也能让外国观众在观看时不会觉得突兀。

图3 《动物狂欢曲》剧照3

无论是对外传播还是对内传播,当芭蕾被加入本土化元素时,文化便开始传承。这种传承要获取更大的效果,便需要接触更多的观众,因而在本土化中,通俗化、大众化必不可少。只有将芭蕾这种高雅艺术以通俗化的方式呈现出来,以舞传承文化的效力才能得到最大的发挥。重庆芭蕾舞团无疑是考虑到了这一点的,因此,当观众在看《动物狂欢曲》被熊猫们所跳的芭蕾舞所吸引时,独属于中国的文化元素被潜移默化地送入观众脑海中,散发自身的独特魅力。在这种"润物细无声"式的文化滋养中,芭蕾舞所传承的文化便为更多人所接受。

图4 《动物狂欢曲》剧照4

艺术不应该被束于高阁之上,也不应囿于一席之间。艺术应当是鲜活的、开放的、有生命力的。因而,芭蕾不应被固化于其高雅艺术的标签之中,艺术创作者应当看到芭蕾舞背后传承文化的价值,寻找将其通俗化呈现的形式,让芭蕾舞本身成为一种连接人与人之间共通情感的桥梁,成为媒介,传承文化。

"读写实验(第一季)"展览系列美术评论

【编者按】"读写实验(第一季)"展览于2022年10月25日在重庆美术馆开幕,展出美术作品21件(组)和美术评论文章65篇。展览基于美术批评的写作教学实践与实验,试图呈现新生代美术史论、艺术教育等专业学生对视觉艺术作品解读的思路、方法与路径。展览以"读写实验"为主题,同时展出美术作品与评论文章,将评论者的观点呈现于展览现场,希望这种一加一的叠加展示方式能取得大于二的效果。

画中人、青年与孩子
——朱小坤的视觉回路

屈波(四川美术学院)

昏暗的空间,灰色的人群,阅读,一册大书,书翻到一半,有人沉思,或者打盹? 有人苦苦思索,有人正襟危坐,前排两个孩子手端着书,心已经游移其外——在想象中,他们的手已经伸向邻座,后排有个孩子洞若观火,斜觑这一切……

这是朱小坤近作《出境之三》描述的情境。这是怎样的情境? 按照艺术家的自述,作品在"隐喻一种集体意识下自我的无意识和潜意识"。如果循此思路,或许可以提出一个有几分玩笑意味的问题:画中的哪一位,是朱小坤自己?

有一种艺术心理学的观点认为,艺术家创造的人物形象,往往与艺术家自身有几分神似之处,尤其是那些正面的、有着某种美质的人物,往往与艺术家本人在形象和气质上都高度相似。这往往被归结为一种投射机制,艺术家将自我形象或者说一种美化的、理想化的自我形象表现于作品中,从而达到自我肯定与自我欣赏的目标,或者,获得一个自恋与自怜的通道。因此,这个问题,在玩笑中又有几分严肃。

但是,用这一观点来分析朱小坤的这一作品,实在又很不易厘清究竟画中的哪一位才是他自己。或者,前后两排形成钝角三角形结构的那三个孩子——两位游离者和一位观察者,都有他的影子? 又或者,其余的孩子,不管认真者还是打盹者,都是他自我的投射?

朱小坤曾经画过数百张表现主义风格的自画像。那批作品中人形的瘦削、动作的乖张,让人禁不住将其与艾贡·席勒那些总是充满内在紧张的人物相比较。只是，朱小坤作品的背景是黑色的，这一方面是因为水墨特有的效果，但那一层一层渲染而成的黑，也是一种茫然的象征。他早期的《试飞》中，人一脚腾空，一脚微踮，双脚似乎已经坚定了飞行的动作；但背与肩肌肉紧张形成的上提甚至略后退的身体态势，又在否定这一意念；手臂处于半放松、半麻痹的状态，头部前倾——不是因为头部自身的重量，而是因为思考。身体各部分的矛盾，恰与思维的矛盾同构。身体周围的数层淡墨，是青年重叠的、晃动的影子，或许，他已经无数次地执意飞行，又无数次地折返原地。青年必定要从现在走向未来，但是前路是如此不明朗，因此才会有"心似双丝网，中有千千结"般的纠结。这真是朱小坤的自画像吗？从他的过往经历观察，或许算是。但是，这又岂止是他个人的自画像，那是任何一位青年都会有的心理画像，在一个需要独自上路的年龄去面对茫茫前路时的一时决绝与一时彷徨。

青年系列之后，朱小坤有一个转向，他将视点主要聚焦于儿童题材。一个原因是这一期间他作品中的模特儿变成了自己的儿子；另一原因似乎又与彼时中国社会的流行语"萌"有关，那些画中的孩子是萌的，暗合了流行文化。但是，在那些孩子的清秀中透出的忧郁和感伤，又让作品与萌文化保持了一定的距离。《共生之十五》中有三个在帷幕后倒立的孩子，他们在苦练基本功，这又何尝不是朱小坤对自己的曾经和当下的一段自传性书写。《入境之四》中，滚铁环、玩弹弓、捉迷藏、"斗鸡"、"拍官儿"、"摸瞎驴儿"等80后才熟知的儿童游戏一应俱全，很明显地提示了这是朱小坤乡愁式的怀旧，而非当下儿童世界的实写。其中裹床单的"摸瞎驴儿"游戏，按照朱小坤的自述，"既是对自己的一种保护动作和心理安慰，有时也可以跑起来带风模仿飞起来的感觉"。但那两位披一红一绿床单的小孩，却极易使人联想起小飞侠彼特·潘的身材和超人克拉克·肯特的斗篷。这个被反转了的小飞侠与超人的合体形象，落寞地蹲坐于围墙之上，像落入凡间的天使，与四周的环境若即若离。而围墙上的标语"只生一个好""少生孩子多种树""少生优生为国立功"虽然是对一段社会历史的描述，却不是朱小坤关于自身的回忆，因为他出生于一个"家里男孩太多"的家庭。

朱小坤成长于一个典型的中原小镇。镇上的居民有自己的门面房，可以做些小生意；镇上也有全民所有制或集体所有制的供销合作社门市和家属院。镇上的人同时还经营着自己的一小片自留地。镇子旁边有河，河边有大片的槐树林。无论从何种意义上观察，这都是典型的中国小镇。它一方面保留了费孝通先生描述过的传统小镇因为处于农村与城市之间的特殊空间位置而固有的经济及文化特征，和每次集市结束后"黄昏时节，只剩下一片荒场"的潮汐性特点，同时也有时代赋予其的特定色彩。这种大时代特有的空间混杂性，也许在某种程度上暗示了朱小坤画作特征的某些时空源头。

当然，朱小坤作品中母题和意义呈现出的暧昧不明，也可从艺术史的脉络进行分析。就母题而言，青年并不是或并不主要是中国传统绘画的表现对象。无论是专门的人物画，还是山水画中的点景人物，中年男性和老年男性占了绝大多数——中年意味着成熟和睿智，老年意味着潇洒和旷达。晚清任熊的《自画像》中略显神经质而精力充沛的形象可视为传统人物画廊中一个突出的异类，也预示了中国人物画变革的新时代即将来临。而徐悲鸿批评中国传统人物画的弊病——"无论童子,一笑就老。无论少艾,攒眉即丑",在20世纪美术变革的大潮中终得纠正,人物画也因其社会功用而一跃成为最受重视的画科。刘文西的《祖孙四代》、卢沉的《机车大夫》、王玉珏的《买花姑娘》等作品中塑造的一代代新人形象,具有一种外向型的人格,充分凸显了新人的"新"。从朱小坤的老师刘庆和这一代艺术家开始,一种转捩开始出现,种种不同的青年形象——内向的、反思的,调侃的、波普的,激愤的、倔强的,被大量塑造出来。而到了朱小坤这一代青年艺术家崭露头角之际,社会转型带来的新的文化思潮,奇特地将青年亚文化置于文化版图的主要位置,无论是网络文化,还是超女现象,以及80后青春文学,都悖论性地使亚文化赢得了不亚于主流文化的关注度。城市成为多数青年创作者实际或者精神意义上的故乡,碎片化的、个人化的、私语化的,返回"内在的城堡"的写作成为主导趋势。朱小坤属于这一代人而又略有不同:这与他使用的媒材有关,也与他的成长经验相连。他在写自己,也在写他人,自我与他人之间的逡巡,个体经验与社会隐喻之间的粘连与疏离,使他画中的青年在普遍中呈现出几分特别。至于儿童,在中国传统画史里更多是作为一种象征而非完全的主体被塑造出来,成为门庭兴旺、福寿多子等概念的形象化转译。而20世纪中国文艺对儿童的发现,使儿童获得了一种完全主体的地位,不过,和青年形象一样,儿童形象在不同历史时期的阶段性差异亦非常显明。至于当下的儿童图像,在动漫和网络图形符号中使用颇多,在水墨领域里则远比20世纪下半叶少,朱小坤将其塑造为混合童年记忆与青春怀旧形象的方式则更为少见。在青年与孩子的视觉回路中,画中人在朱小坤想象和塑造的过程中因为多种因素互动的复杂而显得意义多歧。

朱小坤的近作中有一件《迷墙》。画中有许多孩子在墙边做游戏。墙的成色还新,却剥落了大块的粉皮,尽管铁门紧锁,但墙壁上的破洞和窗户却足以让孩子翻进翻出,而铁门的栏杆居然也成为翻越借助的工具之一。孩子们分为多组,但依然有茕茕孑立者或坐或卧,即使游戏团队的旁边,亦不乏冷眼旁观者。同其他作品一样,朱小坤这件作品依然呈现了自己纠结难解的困惑,以及自身与时代纠结难解的关系。

朱小坤曾经画过一件名为《时间》的作品。画里表盘正中有一个面目模糊不清的孩子攀在树上,向观者张望。这个钟表更像一面标有时间刻度的镜子,提供给观者一个"揽镜自照"的机会:在时间的川流中,我们都是或曾经是儿童,都是或曾经是青年;我们的心里,会一直住着一个孩子,住着一段青春。作品让观者有一种很强的代入感。

朱小坤《临时关系》140 cm×90 cm
纸本水墨综合 2022年

朱小坤的近作草图中，依然有大量的孩子和青年，在那些混沌的画面里，蕴含着丰富的可能性，这让我们充满着期待……

"是什么让今天的物质如此美丽"：王朝刚的波普与批判

颜开（四川美术学院）

艺术家的创作都逃离不开他所生活的时代。而在当代艺术中，观念和思想尤为重要。

赫胥黎曾写过一部长篇小说——《美丽新世界》。书中构建了一个物质十分丰富、没有硝烟战争、科技高度发达的未来世界。在这个世界里，人人从还是一个细胞开始就接受社会的精心照顾——统一的出生、统一的教育、统一的生活安排……每个人都安分守己地服从安排，完成自己的使命，就如同书中的那句世界国的格言：社会、本分、稳定。在这里，整个人类生产被极端标准化，宛如流水线上的商品，从还没出生起就已经被指定好了未来，不合格的被定为废品销毁，合格的则分门别类地被摆上货架，等待完成消费的使命，带动社会运转。整本书就是一个巨大的反讽，讽刺工业文明对家庭、个性、情绪、自由和道德的否定。人性在工业机械的面前被磨灭殆尽，不许存在。而王朝刚老师的《是什么让今天的物质如此美丽》与这部小说有着异曲同工之处。画中描绘了在蓝天白云下，一堆色泽鲜艳的水果被水平摆放在一张铺了衬布的台面上。而衬布之下的台面却不知道是什么，只有一排条纹从衬布下透出。整个画面果蔬占据了将近三分之二的面积，而衬布及底下的条纹只占了三分之一左右。

而画面中那个藏匿在衬布下只微微露出两角的条纹元素有点特别，很像现在衣服上流行的彩色条纹图案，也很像商品背后的条形码。而这种平面符号在王朝刚老师的其他系列中也频繁出现：有的是条纹，有的则是方块格，比如王朝刚老师的《后庭——捕鱼者说》。再看王朝刚老师以前的系列，如《山海经》《中国式花卉》都还没有这种平面的符号出现。这种创作风格的转变发生在2006年王朝刚老师到欧洲游学后，他受到了欧洲的一些文化和艺术创作的影响，这种平面的符号开始出现在了他后续的创作中，是一种现代工业科技文明的象征。在这幅画中，隐藏在衬布之下的条纹，似露非露，或许是因为构图的原因，抑或是其他，给人的感觉像一种遮掩不住，不知何时会完全浮出水面的危机。

这件作品是王朝刚老师水果系列的其中一张，而这个系列可以说是王朝刚老师山水系列后的一个衍生。他的山水系列便是通过色彩的鲜艳和对比形成强烈的视觉效果，塑造了一系列艳丽却光怪陆离、不甚真实的山水，以揭露和讽刺消费社会下的物欲横流和物质膨胀。因此，作为衍生系列，《是什么让今天的物质如此美丽》也是对社会现实进行批判的一件作品。

画面中果蔬的色彩饱和度和明度都被特意地提高，让它们达到一种像是用于广告中的摄影效果，来诱发消费者的消费欲望。但这种鲜艳却不能长久保持，因为没有保鲜措施，长久暴露终将使它们变质直至消亡。

作品给人这种类似广告的视觉效果，与波普主义相似。这件作品的名字的灵感就来源于"波普艺术之父"汉密尔顿的代表作《究竟是什么使今日的家庭如此不同、如此吸引人》。在这件作品中，汉密尔顿利用了当时社会上流行的杂志中的元素加以拼贴的方式,创造了一个理想中未来家庭的模样,展现了当时消费社会的特征。而在王朝刚老师的这幅画中还有两个特别的存在——杰夫·昆斯的"气球狗"和草间弥生的"南瓜"。草间弥生的"南瓜"在当时是以折合人民币约0.52亿高价被拍卖,而昆斯的"气球狗"更是以5840.5万美元被拍卖,它们都是奢侈品的象征。王朝刚老师通过波普主义对当下社会进行批判——经济发展迅速,人们对物质的追求不断提高,拜物之风悄然盛行。

同时这件作品的画面构成感让我想到早期关于丰收的年画和宣传画——一堆饱满的、色泽鲜艳的果蔬充斥整个画面,背景简单,有时就是蓝天白云。它们都在表现对物质的追求,只不过前者是讽刺,后者则是寄托。画面构图很满,以一种填塞式的方式堆积果蔬,还特意将果蔬的体积放大,形成一种强烈的视觉效果和压迫感,让人不得不去注意。而这种填塞式的构图,也能让人联系到当今的"快餐文化"。当下人们生活节奏变快,很难再细水长流地去消化接触到的信息。

除此之外,这幅画与尼德兰画派博斯的经典三联画《人间乐园》的中间部分"人间乐园"也有点相似。同样是蓝天白云的映衬,只不过一张是鲜艳的果蔬,一张是在草地上嬉戏纵乐的人群,并且看上去好像都无比美好祥和却又透露出一丝丝古怪违和。"人间乐园"也有许多暗示:在"乐园"中人们纵情声色、嬉戏玩耍,没有束缚,不知愁苦,一切美好的幻想都集中在了这里,但这份美好下却暗藏危机——纵欲无度、贪婪享乐等,从而导致人们最后堕入地狱。所以所谓的"乐园"也不过是一时的假象。王朝刚老师的这幅画中也有着一些隐喻:转基因技术的成熟与推广,使得果蔬变得越发优良、色泽鲜艳,甚至还出现了一些奇异的新品种,但却使我们感到有些陌生和畏怯;互联网的发展,使得通信更加便利,但随之也产生了"低头族",人们的视线被屏幕锁住,忽视了生活,淡漠了人际关系……科技改变生活,却也在无形地改造我们。

王朝刚《存在的光芒》 300 cm×200 cm 布面油画 2022年

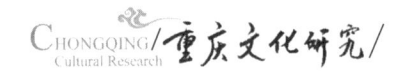

物性与结构的"交互"
——对唐勇作品中隐含社会性反思的阐释

刘泽宇（四川美术学院）

虚拟，每天在无声息中进入城市人的中枢系统，时代与你我的眼，距离实物，多了层隔阂。电子，无形无味的存在，宇宙中的"隐士"，在智人构建的城中，亦将他们消融。

生态，流变的"能"，从未停止过传输与接收。此在运转的机器，噪声连绵不竭，我们何时才会用第三只眼去注视它，何地才会作为旁观者去关注它？

唐勇的作品，便是为上述这些问题而拟定的一个个更具体的问句。不仅如此，这些问句还能够毫不掩饰地冲向观众，并引起观者近乎一致的准确反思。其作品呈现出这种气质，或许是提炼了某种读者接受的共性所致。如果说作品从根本上讲注定是为这种接收者而创作的，那么读者反馈形成共性，或许就是作者把握了某种社会给予人的同构心理，使读者形成了集体性的"期待视野"。的确，观众面对他的作品时，个体的感知被普遍唤起，精准地指向同一处的不安，即社会性。此刻，问句中蕴含的个体困惑与社会困境便化为一处。

作为"问句"的作品与读者的共性感知能够呈同一方向的"力"，这中间应当存在着作者与读者建立共情的秘道。回到作品来看，唐勇的作品有两个特点能够给人以独特的气质，即物性与结构。在我看来，他作品的物性，总是携带着社会属性，具有社会含义的物质被袒露，在某种意义上得益于他对材料的敏感性及直接性；而他作品的结构，总是构成富有哲思的组织形式，往往指向社会中的多重矛盾，是一种多重时代媒介与嬗变观看空间相结合的结构。

铁丝成卷、塑料白管、建筑钢管、电焊灯光……这些无疑被认为是具有现实性的物质符号。单就材料而言，此类材料也是当代城市文明的物质生成过程中的典型。唐勇准确地把握了当下人们对于"城市"的时代共性感知，这种时代共性恰巧是一种对观众本身携带的"熟悉与陌生"的唤起。"熟悉"或许来源于集体潜意识作用的社会产出，那是众人共有的、抛开个体主题性的、不假思索的，人们在城市里，生成，升腾，生存，迷惘；城市被人们，建造，生产，繁衍，降临；究其所有，本质是物质的迁移，物质的重组。城市的人们之所以对城市有感知，想必是以生命经验中对这些构建城市的物质载体保持了活跃敏感度为先行条件的。作品中那城市到处可见的材质，未加粉饰地裸出，当城市人面对这些城市生成的物质载体时，潜意识的熟悉便不会撒谎，与之面面相觑时，继而再一次地被熟悉了。

诚然，唐勇把他对这种物性的敏感献给了观众，将社会困境与个体困惑杂糅，孕育了一种特殊的社会基因。可是，物性的实现，绝不仅限于此。

"生锈的带有刺的铁丝卷成电线状形成很长很密集的一捆"，当观众对其作品的物质进行具体描述时，便是新的答案。"生锈""带刺""密集""很长"，这些材料形式特点构成了铁丝的异化与强化处理，"铁丝成卷"在众人的熟悉中催化了陌生。从作品《消融的城》来谈，"被切割的白色塑料水管密集有序地拼接成压缩感的城市造型"亦是如此。我把这种形式的处理，暂称为"社会性提炼"形式。当唐勇作品中的物质呈现还携带"社会性提炼"的形式时,其材料的敏感也会随之被加强。这种"提炼"是将前文所讲的共性感知,有效介入社会视角,再夸张、放大、隐喻,又或是揭露、批判。从语言角度而言,当我们对其作品的材料特点进行描述时,会加入更多的形容词或副词,而这些词描述的材料特点,恰好与人们对该材料的时代共性所形成的社会感知呈现同一方向的张力的趋势,"社会性提炼"即可发挥其作用,意在指出材料的社会性质素的变化,以及其物性与社会关联的深层意图。

简言之,唐勇作品的物性特点,以一种准确的社会共性感知的唤起,再赋予与其对应的"社会性提炼"进行感知升华。其魅力是引导观众对社会性的理解更为深刻,从而构建批判后的反思。

"在经历消费社会之后,我们的精神是什么?我希望通过多种语言和媒介的突破,制造一种矛盾和冲突,强调个人对生命意义的理解。"唐勇在自述中这样说。这与我对其作品结构的本质理解所契合,即多重矛盾。不论是跨媒介艺术语言、影音互动、纪念碑性的构成,还是观众的互动参与结构,都是其多重矛盾的实现。

唐勇作品结构所传递的多重结构,一定离不开他的跨媒介艺术语言、影音互动、纪念碑性的构成等等。从2022年四川美术学院美术馆举办的"关系重塑——卢征远、唐勇双个展"中展出的唐勇作品看来,笔者认为其结构有着三层哲思。第一层是对消费社会的反思。该层的体悟最具有大众性,是一个艺术家敏锐洞察时代与社会的结果,而这种消费所产生的工业体与环境后果则是既定现象。第二层是社会中知识结构与权力结构的矛盾。该层哲思介入了社会学中,知识与权力这一古老命题的不平衡传统,尤其在当下,这两个概念在复杂互动。第三层是个体与文明现状的荒诞对抗。该层是从问题的反思和问题的挖掘走向问题的普遍,上升到每一个个体与当代社会体的关系,而这种关系以荒诞的互动仪式体现,更加强调回归每一个人。

另外一方面,其结构又体现在观众在场的参与,此处的"在场的参与"是指给观众留有更广阔的体悟空间。观众可以从声音部分参与,声音既包含传导范围又包含章程,从远近观看到时间长短观看,会得到不一样的体验;同时也可以从互动部分参与,互动可以包含反复互动,也可以包含旁观视角的互动,从足够量的重复互动感受严峻情绪,从观察不同的人参与互动感受到鸿沟与疏离等等,都会造成不一样的主体与客体间的体悟。当然,除此之外还有视频的、机械的、工艺的、造型的多层结构,从而形成一个庞大的雕塑装置综合体结构。

如果说物性在唐勇的作品中犹如其与观众的直接交往通道,那么其结构就是作品深度与观众你来我往的反复商榷。当综合的多层结构体与物性本身的敏锐度有效结合在一起,这两项创作因子就实现了"交互",使得其每件作品形成同一所指——人与当代社会,并在这个语境下传递出反思、矛盾、个体等多方面的维度。

依照上述思路,我们对《消融的城》进行细读,或许有新的体验。首先从直接性感知出发,一堆白色PVC管的堆积,引出材料本身的物性。PVC作为塑料,其物性隐含人工机械、化学元素、工业气味等等。它是人类文明阶段性的产物,服务于社会文明阶段性构建,在地球生态中是从无到有的,从有

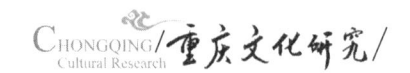

到膨胀的。随着城市系统的构建,都市的壮大与密集,其作为物的应用属性便具有社会认知的共性,而当它出现在展馆场域中,人们对其物的社会感知便会被唤起,当然也可以称为一种物的"印象",即装修的、工程的、建筑的。

将这种物性的共性感知唤起之后,紧接着就是与其对应的"社会性提炼"以及如何呈现张力的趋势。举个例子,假如这些PVC管子是被切碎的、包含裂缝的,有不规则伤口的,且较为分散摆放,整体造型呈现从高到低的坡面,那此时力的趋势可能是人们对工程建设的破裂,更加有脆弱感、萧条感,甚至"结束"感。而唐勇用的是密集有序的、具有建造工艺的、组合拼装的手法,且有着结实的方体整体造型。所以唐勇"社会性提炼"是对其物性的准确唤起。这是一种材料走向社会性质素的加强,更加倾向现有现实、现象的情感陈述,而不是上述举例般对其物性的反向张力,形成超越现象而出现的主观的理解与社会性反讽的表达。

倘若从结构走入该作品,从空间层次而言,可分为远中近、站立俯视、蹲坐平视等。从互动轨迹而言,则有正、侧、环绕等。就远景进入空间形成第一观看印象为例,当观者在远处进入时,倘若有观众正在观看,那么视频中噪音的层次与视频的音效是融合的,你看到的不仅是作品,还有正在与感应装置互动的观众,而这些与作品本身同时构造着你对其的初印象,一个充斥混合气息的城。从搭建而言,则有造型隐喻、管孔朝向、管面标识、高低组合等特点。管孔朝向是一个需要耐心去品味的特点。首先,所有的管孔不是封闭的,而是走向电视,走向外界,到处存在孔向外的结构。该结构传递出一种此"城"与外界空气与水源的连通性意义,它是与自然界时刻产生物质交换的隐喻,正如城市的真实写照,城向乡野扩散温室气体,乡野净化空气回流向城,颇有现实主义味道。更为细节的是,虽然管子结束的每个位置都是外露的孔,但是每个孔却无法形成空间维度上的重合,也就是说它们全部都是错位的孔。而这种状况给人以一种无法自我闭环,而必须与城市外界的自然气体交换的无奈。城的浑水涌动向山,山的清泉流抵回城,对物质交换中"城"与生态的现状形成批判。管面标识存在一个巧妙的细节,经过反复确认,我暂且主观地认为管面标识的"合格""公司授权""无铅"等字样有意地向内展露,尤其是作品中心的低处,大量的标识聚集在内部。管子是圆的,而最朝向内部的那一管壁,却标满了该管子本就携带的物性属性。这是直接与环境产生联系的明示信息,作品的结构将其置于暗处,回味无穷。也许此处是我的过度解读,但我更相信这是唐勇隐藏着的结构考量。从参与时间角度而言,则有视频观看固定节奏、跳跃节奏、比较节奏等等。就比较节奏猜想,细读是会反复参观视频内容的变化的,那么在时间线上必然会有更为节奏性的停留。20秒一个的视频之间相隔2秒的观者位移,A面6个视频,则会出现较为规律的时间与观看运动,相对有规律性。而B面6个视频,视频线的逆向排列,会使不同观者对第二遍B面的6个视频,造成不同的速度节奏,当发现A、B面视频排列具有逻辑变化的时候,此时对比关注产生,那折叠回到A面的关注又会形成新的观赏时间线。倘若再结合观者对视频内容的反应,产生规律的、非规律的、线性的、折叠的参观时间线将会成为相当复杂的互动模式。

当然，我们要想细读一个作品的结构，以上仅仅是一些出发点，而其中每一种结构与观众所形成的互动形式都包含了音频、视频、造型等多重变化。比如蹲下时音频与整体是何种关系，站立时视频俯视的观看与整体是什么样的感受，中间裸露的少数钢管结构与大量PVC管是什么样的考量，老电视作为承载环境题材的播放载体是怎样的表达，视频内容中固、液、气态是否有组织逻辑，不可摧毁般的制高点为什么在整个作品中部，等等，从而形成立体的有多种互动结果的结构层次。

物性和结构始终密切契合，物性在结构中处处流露社会性，而构建结构的多重时代媒介与嬗变观看空间又反复把社会反思回溯物性本身，前者作为观念所指，后者作为观念路径，路径即是所指的开关，所指更是路径的源泉。这种路径与所指的更替循环过程便是唐勇艺术作品指向人与当代城市多重矛盾的解读密钥。

城市中，大气内，宇宙间，也许物永恒。而艺术之思，生命之求，人类的寂寥，社会性反思，难道尽。好在艺术让物质与生命之间多了种批判美的可能性。结构，是理性定式还是未知神秘力量的法则？艺术作品的结构，或许是艺术家方法论的选择结果，又或许仅仅是艺术家创作过程中不曾重点关注的内容，亦可能是偶然间某一观众的共情乍现与心意交融。不论如何，艺术的结构总是读者进入意识世界的有效之门。而唐勇的作品，不论是《消融的城》还是《建造者》，抑或是《看你能不能动？》，都以物性与结构双重能量输出着对时代、城市、人类世界发展的关注。这样的双重能量来源不是单线的物性与结构的叠加，而是以"社会性提炼"的物质态势与"多重矛盾"的哲思结构反复交互而成的成果。这里的"交互"本质其实就是个人与社会的互存，社会与城市的互存，城市与生态的互存，

唐勇《消融的城》　pvc水管、钢管、电视机、感应设备　1050 cm×130 cm×205 cm　2021—2022年

生态与文明的互存。在这些交叉错综的个人、社会、城市、生态、文明互相依赖、互相索取、互相转换的过程中,唐勇艺术的能量——社会性反思,便足够清楚明白了。

柴米油盐包裹着的天龙八部

刘立（四川美术学院）

长跪读素书,书中竟何如?
上言加餐饭,下言长相忆。

第一次读到《饮马长城窟行》这首乐府诗时,就惊叹于其将诗歌的文学美与人间烟火气平和自然地结合在了一起。与"长相忆"相对的,不是什么"长相思""长相守",而是"加餐饭"这样质朴拙实的文字,一下就把人拉进了家人在你耳边唠叨着要多吃饭多添菜的日常场景中,平凡又温暖。这是生活与文学的结合,堪称完美。而如今亦有这样一位艺术家,他的油画作品描绘的内容尽是茶馆中的人生百态,道尽了平民百姓间的家长里短,但他的画却并不"俗",反而以一种别样的韵律与美给人心灵最深处带来震动。

铁笼里的八哥,老旧的电视机,被磨得包了浆的木桌木凳,幽暗却又不昏沉的光线,耳边此起彼伏的说话吆喝声,是这桌的象棋下到了白热化的时候,看热闹的人比下棋的人还着急,还是那桌打牌已经分出了胜负,赢的人、输的人与观战的人表情各有各的精彩。这便是交通茶馆了。只此一家,别无分号。用陈丹青的话说,是色浓味咸。

交通茶馆在如今现代化的社会里如同一头蛰伏在黄桷坪的老兽,它是重庆唯一保持着20世纪七八十年代风格的茶馆,艺术家陈安健则与这座茶馆有着千丝万缕的联系,和解不开的缘分。

陈安健是四川美术学院77级油画系的学生,是土生土长的重庆人,他毕业后先在涪陵艺术馆短暂地待过一段时间,之后又回到了重庆。

茶馆在川渝地区是司空见惯的,与川渝人闲适的生活节奏适配,堪称完美。它们如同荒草一般野蛮自由地生长,因此这里的人们几乎不曾刻意地去注意茶馆。陈安健也不例外,尽管交通茶馆就在他家附近,但多年来他都对这家茶馆熟视无睹。据陈安健说,他是在40岁上下才真正"发现"了它。

但好景不长,90年代末,茶馆不景气,对于不断发展的社会来说,它逐渐显得陈旧腐朽了,更是不断传出要关门的消息。一年后,茶馆被一个想投资网吧的商家看中,陈安健思前想后,经过了一些曲折,最终把茶馆承包了下来。

作为茶馆老板的陈安健告诉我们:"茶馆里只能喝茶,吃饭是不允许的。因为吃饭会吃很久,你让后面喝茶的人没位置得嘛。还有一个,菜汤油水倒在桌上,好难得打扫嘛。"随即又补充了一句:"吃面可以。"之后我在茶馆里闲逛时,看到茶馆斑驳粗糙的老墙上开了一个窗口,窗口上横放着一个纸板,上面写着肥肠面16元、牛肉面16元云云,让人不由得一笑。第二圈逛到这个窗口时,一个茶客走了过来,说了声:"一碗牛肉面。"便干脆利落潇洒地离去,那通身的气派,像极了事了拂衣去,深藏功与名的江湖游侠。

就如同发现了一座取之不尽、用之不竭的宝藏,陈安健的油画创作与这家20世纪70年代遗留下来的"活化石"碰撞出了激烈的火花,从此便一发不可收拾。陈安健说,他要把茶馆系列打造成他的艺术名片,他也确实做到了。

陈安健的茶馆系列是安静的热闹。一幅画是绝无可能发出声音气味的,但看陈安健的画,你却觉得,烟味与茶气兜头兜脑地往你脸上拍打过来。这还不止,当锅碗瓢盆的撞击声、菜下油锅的爆裂声在你脑海中回荡时,你便意识到不对了,这是茶馆,怎么会出现这些声音?画的内容是茶馆,茶馆里那些被油烟气包裹着的世间百态,又生发出更丰富的联想。茶馆系列作品,不仅调动了观者的视觉,也调动了听觉与嗅觉,让你追溯过往。在他的画里,时间在寂静地燃烧。

人们都知道,《红楼梦》中有金陵十二钗正册、副册与又副册。但是据周汝昌先生考证,《红楼梦》应有九品,每品十二人,从正册到副册、又副,再到三副、四副……一直到八副,统共一百零八位女子。这一百零八位女子,不是人人都是林黛玉薛宝钗,曹雪芹奇就奇在,他笔下的红颜众多,却没有一个性格重复,各有各的鲜妍,各有各的呆与痴。陈安健笔下的众茶客也是人人各自异,种种在其中。不同的人各有特点,绝无雷同。从中便可看出作画者的勤恳用心,只要稍微怠惰一下,画中的人便都是一个调子了。

到陈安健的茶馆里,喝的是茉莉花茶,来之前以为就像许多茶馆里一样,茶水盛在玻璃杯里。而在交通茶馆,当茶被送到面前的老桌上时,才发现是三才碗,盖、碗、托一样不少,揭开茶盖的过程仿佛是在打开藏宝库的大门,里面是色彩浓郁的一碗茶汤,一朵纯白的茉莉花盈盈漂在茶汤中央。那白色确实亮眼,可也没有关注太久,我的注意力随后便转移到其他东西上了。之后在茶馆里闲逛,看到一幅描绘女子喝茶的画,第一眼便注意到了茶碗中沉浮的茉莉花,再看一眼画的名字:小星星。真是绝了。这大概就是艺术家,仅仅挑出了生活中的几个瞬间,却为我们展示了整个人生。

这便是陈安健作品的神奇之处了,还请君细思细品。

说起茶馆,陈安健如数家珍。他说:"交通茶馆一共有四层,原本是黄桷坪运输公司的食堂,那个台阶其实也算一层。"笔者在这家茶馆转了几圈,它的空间说大不大,说小不小,长条板凳老木桌,随意地被摆在那里,竟也有一番别样的韵律与节奏。人一多便略显局促,可神奇的是,在这里,局促才让你觉得自然。陈安健的作品就诞生于这样的四层舞台上,一年三百六十五天,这里天天上演着不同的故事,数个三百六十五天过去,便有了人世间的悲欢与离合。

陈安健的茶馆系列,一开始觉得是在画人,后来觉得是在画生活、画尘世,过一段时间后回想琢磨起来,还是觉得在画人。

老茶馆像是个江湖,又像是江湖里的龙门客栈,各方英雄汇聚于此。从前,这里老人居多,随着时间的推移,因为陈安健的茶馆系列油画和茶馆本身的历史感,这里竟成了重庆的"网红"打卡地,年轻人、外地游客甚至是明星这样的公众人物也会来这里坐一坐。在茶馆里，你能看到下象棋、打长牌的老年人，也能看到打扮得光鲜亮丽充满现代气息的年轻男女，芸芸众生似乎都会聚在了这个茶馆里。用陈安健的话说，老年人是来这里寻找回忆，年轻人则是抱着猎奇的心态来到这里。但这也成就了茶馆这个天然的舞台，它巧妙地将重庆人的生活浓缩在了这一方小小的天地。

这就让人想起了金庸的《天龙八部》。

"天龙八部"出自于佛经，是指阿修罗、迦楼罗等八种非人的怪物，金庸借用这个名词，是为了象征他小说里的一些人物。金庸说，佛经中的天龙八部，虽是人间之外的众生，却也有着尘世的欢喜和悲苦。一进茶馆，一出茶馆，就像在两个世界之间来回穿梭。茶馆里面，是另一方天地，这里面，便是被柴米油盐包裹着的天龙八部。

陈安健像是一个浪漫的剧作家，又像是一个兢谨慎重的史家。他在茶馆里如同古老的采诗官一样搜集着灵感与素材，并结合自己的绘画语言、自己的想象制造出一个个故事。这些故事串连起了茶馆的历史，而通过这些故事，人们看到了茶馆，看到了人世，看到了自己。

现在，我不再纠结陈安健画的是人还是尘世，因为人即是尘世，尘世即是一个个的人。

好的文艺作品都是在描绘众生相，《红楼梦》是发生在大观园里的众生相，陈安健的茶馆系列就是发生在茶馆里的众生相。

我问陈安健，为什么要用照相写实的手法来绘制茶馆系列作品？陈安健说，这种方式更容易被大众接受。简单的一句话，令人思潮涌动。他没有选择故作玄妙的作画方式，而是用大家都能看懂的绘画语言创作。虚荣让人们用精巧与机敏来装饰自己，陈安健则刚好站在这一切的反面。甘于守拙，是他与他的作品无限魅力的源泉。

当被问到对未来的创作有什么想法时，陈安健干脆地将自己几幅新的创作拿了出来。而这"新风格"，也大有说头。

交通茶馆虽然老旧，却也是有三两个"包间"的。一个包间用来堆放杂物，另外的包间则是字面意义上的包间，为茶客提供一个与大厅稍微割裂开来的空间，拥有更好的私密性。而其中一个包间里面还连通着一个房间，一进去，才发现是别有洞天。里面摆着一个画架，画架上架着油画框子。旁边是一个木桌子，同样很有年代感了，桌面被油画颜料、调色板和画笔满满当当地覆盖着，一旁斑驳的墙面上用图钉钉着一张白纸，白纸上是用加粗宋体印刷的几个大字：请茶友在陈安健作品上自由涂鸦。没有多的装饰，没有常规意义上的"艺术感"，却与接地气的交通茶馆达成了一种平衡。说回这几个字本身，没错，陈安健的目的，就是让当地的、五湖四海的，旧面孔、新面孔的茶客们在画框上留下自己的笔记。"自由涂鸦"意味着题材不限，画什么都行，陈安健就在这些涂鸦的基础上再经过自己的加工，最终形成作品，这就是陈安健的新尝试。用陈安健的话说，是"用业余的手法，达成专业的效果"。这样出来的作品，随机性很强，所以不是每一幅都能最终成为作品。"像这一幅就没办法再继续画了。"陈安健指着摆在画架上的画框说。

陈安健探索新风格的作品，跟他以前的照相写实风格大相径庭，而一脉相承的，是拙。

陈安健是个很"拙"的人，但他并不刻意掩饰自己的"拙"，相反，他任由自己"拙"的一面在众人面前展现。

我成不了陈安健那样的人，只能敬重他的勤劳与纯粹。

陈安健说他的新作系列可以概括为：新交通茶馆——画了再说。

陈安健是土生土长的重庆人，而茶馆则是他潜意识中过去的一个象征，尽管他四十岁之前可能没有刻意注意茶馆，可那些老茶馆就如同水面的反光、土墙上的浮影一般，早已成为他记忆的一部分。所以当我问他，是否觉得自己是一个怀旧的人的时候，他笑答："我也是一个展望未来的人。"他说，人生的意义在于传承，要从过去看到今天，否则会出现情感的断层。他还说，他是很高兴年轻人来这里的，茶馆要注入新鲜血液，不能倚老卖老。

陈安健说："遇到交通茶馆是我的幸运。"可就像所有的有关遇见与幸运的故事一样，陈安健之于交通茶馆，何尝又不是后者的幸运呢？

陈安健与茶馆之间存在的，是一段大多数人求而不得也意识不到的缘分。

他说交通茶馆对本地人来说，是乡愁；对外地人来说，是重庆；对外国人来说，是中国。他当初的不舍，不仅打造了重庆的一张名片，一个文化符号，也留住了这许多人的乡愁。让流淌的时光慢下来，我们正需要这样的艺术家。

他的画拨开了虚伪的矫饰，让人看了后不知不觉地一笑。他的画里质朴的众生相与烟火气，又让人禁不住湿了眼眶。他画里的人，永远都有一种饱经岁月的天真，而这又何尝不是作画者本人的写照？

他画中的情景或许没有真正发生过，但他画的的确又是真实的生活。

人一生一定要去一趟交通茶馆，来到重庆，去朝天门，去洪崖洞，去解放碑，看的是鬼斧天工，城市繁华；而交通茶馆，则为你提供看人，看岁月的崭新、独到的视角。

一碗茶，喝的是人生生老病死、酸甜苦辣；喝的是众生相，是尘世的烟火，是被柴米油盐酱醋茶包裹着的天龙八部；喝的是苔花如米小，也学牡丹开的平凡又独特的众生；喝的是让人笑着笑着就想为之一哭一叹的人间。

陈安健的茶馆故事，如一树千枝、一源万派，未完待续……

陈安健《茶馆系列——粉丝》 100 cm×80 cm 布面油画 2022年

尹代波：雕塑中的肉身之美

齐心懿（四川美术学院）

走进尹代波的工作室，首先震惊于这种"家徒四壁"的空旷感——一排排白炽灯明亮地穿透空气，四面墙壁方正高大，玻璃小窗镶嵌在墙壁顶部，平整的水泥地延展得很远，几把白色塑料椅和木质小桌放在进门不远处。扑面而来的工业感气息是灰色的，谈不上任何温馨。不同于走访的其他艺术家工作室——集工作、娱乐、休闲于一体，这里更像是纯粹的工作区。重庆的夏季如蒸桑拿，尹代波整日待在工作室创作，仿佛为了减少享受的可能性，连空调也未安装。

他的雕塑作品散落在地面上，我慢慢地转着，其中的一系列雕塑吸引了我的注意。远看很模糊，像是各种粉色的肉团、圆柱体，或像工厂电焊工人的手套，没有复杂的外形变化，也没有花纹样式的雕刻，只是简单几何形态的呈现。有些不明所以，道不出任何叙事主题，只是将颜色和形状猛然投射在观者的感受层面。稍走近一些，物体表面凹凸不平、沟壑纵横；浅粉色、青蓝色的细小血管流淌；通体遍布大小、深浅不一的孔洞，原来精准地模拟了人体的质感。而一道长约30cm的伤口笔直地劈开了粉色表皮，如同裂谷般撕裂着疼痛，分外触目。更细看，发现有几颗粉红和黑色的毛痣。它们并不是平面上的小点，像是粉色肉身原野上的山包，纤细的黑色毛发如山顶野草般有生命力，显然不是由劣质材料模拟，而是真实的毛发，给人带来极大的视觉冲击力。这种毛发并不属于"美"的范畴，甚至有些肉麻和惊悚，一下子让我联想到街市老大爷发黄的白背心、脏兮兮的凉拖和赤脚，趿拉着晃荡，方言震耳欲聋。

当我再细细触摸时,手沿着肉粉色的雕塑表面游移,感受着每一个传达到指尖的微小的起伏、凹凸,不是艺术家在说话,也不是作品在说话,而是原材料蜡在沉默地喘息。是蜡成功了,让艺术家成功地从作品背后隐去;蜡会感激塑造它的人,让蜡从自身中展现出来。一片裸露的粉,材料就是它本身,没有其他物品相伴,孤独地存在着,呈现最为原始、天真的状态。

远观时抽象的表现手法,让人不明白其含义;近看时如此具象的细节,又令人心境颤动,完全突破了我对于传统意义上雕塑艺术品"美"的固有观念;而触摸的感觉让材料本身现实地存在着,成为它自己。肉身的具体内容显得赤裸和活生生,雕塑的形式又给人原生态的、质朴的感受,我见过那么多甜美的、宏大的、精巧的……艺术作品,这不在其中。

在与尹代波聊天中得知,这他与早期的木雕、石雕、硅胶雕塑背道而驰,是他独自探索后得到的成果。他将坚硬的工业蜡熔铸,层层包裹钢板或者在崇明岛江边拾得的废弃球体泡沫等现成品,赋予"无作用"的废弃物新生,也是为这些废料代表的日常生活注入全新的艺术意义。再经过油画颜料上色等特殊处理,粘上象征性的毛痣,摸索出一种仿真肉体的效果。

这一系列雕塑的诞生与上海休戚相关,尹代波读博士学位时来到上海,居住在科技中心张江高科,巨型都市的一呼一吸对塑造他的作品风格起到显著的推动作用。尹代波在此地见过中国一批顶尖科学家,也清晰感知到时代洪流的急速裹挟,一回头间泯然众人便是常事,如何找寻到自己的道路,如何逆流而上,在持续的大浪淘沙中存活下来?尹代波的作品解释了他的回答——通过独一无二的雕塑作品来证明艺术家无可撼动的位置。

人体的血与肉,永恒地交织融合、更替轮回,像是一条生生不息的河流。古希腊毕达哥斯拉学派就提出"人是万物的尺度",人作为众生的灵长,必须充分发展人体美的神圣意义。古希腊有政治、经济、地理、人文等得天独厚的条件,人体美学的诞生和发展在此时此地起步了。古希腊人对于人体美有较早的领悟和表达,这些圭臬形塑着古希腊的身体,规约着古希腊对身体的艺术展现,创造了高度精确的人体形象。波留克列特斯在《法则》中系统地阐明了人体比例的规范化,留西波斯继承发展了这一理论,且更加精进。公元前五六世纪,古希腊极其严格的人体美学程式容不得任何扭曲变形,西方艺术史便把这些理论作为最坚实可靠的地基。

而尹代波的作品在无形中打破了自古以来艺术崇拜的这种和谐典雅的人体比例,没有塑造人的外形,不再表现绝对的美感,平铺直叙地把血肉摆在面前。没有优雅的轮廓,没有健美的肌肉,肉体只是立方体,圆柱,又或是矩形,方方正正,规规矩矩。艺术也不再呐喊人体高贵、"神人同性同形",只存续着静默。让·热内在《贾科梅蒂的画室》里描述贾科梅蒂的雕塑——"我是孤独的,因而被带入了一种必然性,反对这必然性,您就什么都做不了。如果我就是我所是,我就坚不可摧"。尊重和热爱一切孤独的存在:雕塑最本真的赤裸,去除优劣化,去除个体差异,去除我们以为的美,人没有了三六九等的皮相外衣,造就了一种全新的魂魄的回归,万物平等且相同。

尹代波的作品消解了完整的人形,表现孤立的肉身,不与大脑、思想、灵魂产生关联,即纯粹表现

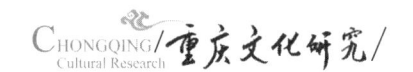

它存在于现实、生活中,作为原料的废弃物也融入进去。从另一个角度来说,生活的意义恰好在于我们不能脱离肉体去思考生活,肉身的体验是必不可少的部分。所以,我认为尹代波作品中大量肉体的独立呈现,不依附于其他,潜意识中具有21世纪现当代审美把肉体歧视从禁锢中解放出来,让肉身主体地位回归的意义。

即便东西方属于不同哲学体系,但都有否定肉身存在意义的历史渊源。中国古代儒家思想中"舍生取义"等观念都体现出强烈的否定。在西方,柏拉图灵魂观中的灵魂是不生不灭的实体存在,认为肉身是灵魂的枷锁,死亡就是灵魂摆脱了肉身的禁锢,走向真善美的真理世界。笛卡儿的二元论也把人精神的存在和肉身的存在完全对立起来……在精神与肉身的两极对立中,肉身处于绝对下风。即使启蒙运动解放思想,也无法正视肉身存在的自由,这一时期的艺术作品也只对神明裸体化,绝不涉及人的肉身。1863年马奈的《奥林匹亚》横空出世,第一次将西方艺术史裸体人像从至高无上的神转移到普通人身上,是对人肉身的正视。

肉身的孤独,材料的孤独,雕塑的孤独,最重要的是把它本身从外界中脱离,让每一个存在都向我显现出来,阻止社会性给予我的经验。当我注视着它时,这件雕塑便离开了此地,离开了周围的一切,同时它又是在场的,它唯一的意义就会涌现并堆积在深刻的细节中。我们应该拥有一种空间经验,不是关于空间的延续性,而是其非延续性的经验,因为每个物体都创造了无限的空间。

所以,当尹代波的作品呈现在我面前时,我看到了这些可能性。艺术作品传达的意思不能如字典一样清楚,甚至它本来也不需清楚、唯一,当作品具有一种极大的包容性和开放性时,每个人都能得到私人的认知,进行独特的阐述。

离开工作室之前,尹代波提到他早期用硅胶制作的写实大象雕塑卖得不错,但后来的艺术创作与硅胶大象分道扬镳,不管是探索蜡材料还是表现纯粹的形式,都是新的道路。追逐商业回报无法造就

尹代波《无尽》 蜡 130 cm×130 cm×130 cm 2021年

艺术家,勇于挖掘埋于地底的丑陋顽石,用10年甚至20年去打磨的作品必然更加澄澈,时间和思考带来的灵感永恒闪烁,公众需去等待和揣摩这些作品的深层内涵。

耿德法:自然、自在与自由

于骁涵(四川美术学院)

捷克小说家弗兰兹·卡夫卡曾说:你的意志是自由的。当它想要穿越沙漠时,它是自由的,因为它可以选择穿越的道路,所以它是自由的,由于它可以选择走路的方式,所以它是自由的。可是它也是不自由的,因为你必须穿越这片沙漠,不自由,因为无论哪条路,由于其谜一般的特点,必然令你触

及这片沙漠的每一寸土地。自由或不自由的边界似乎不清晰了,或者再说得简明一点,大概就是自由存在于束缚之中。耿德法的系列创作用此概括我认为很恰当。

初入耿德法的工作室,只得见幅幅细网、细线和点点微光相互映射的画作,站在画作前视线不由得跟随某根细线追寻另一端,后来发现每一处都是从无尽到无尽的连接。

《捕·环状物》是我曾在罗中立美术馆读过的作品。纤细的网跃于海面之上,一抹黄占据画面的中央,那网后面的海因困住挣扎的鱼而被激起涟漪稍显躁动,大概是海平线之上的微光拉扯回了宁静,让遥远而深沉的湛蓝依旧散发着自在的气息。随和柔软的细网与静谧辽阔的海洋缓缓地碰撞在一起,让人无法衡量彼此之间的冲击力量。在捕与被捕的链条里,不知道那鱼是破网而出还是困于牢笼,它的生存之道或许就是引发思考之处。

形似渔网或纱罩的线形交织与自然风景的结合出现在他的很多作品中,《相思染·挣不脱的结》中的白色细网与黄昏中的翠鸟和花朵;《归望·来路》中的线形分割与光点中的古城;《被确定的轨迹》中的红色细线与幽暗荒野中的羽毛。这时再见《捕·环状物》,与2021年初遇时的思考有了很大的差别,原以为那只是一幅孤岛式的情感迸发,现在恍悟那是耿德法思绪集合的子集。

在他的画作里,"线"大抵是占据很重要的部分。"线"能够给人传递何种情绪呢?我想不外乎对于形的规整以及对于物的束缚,由线所织成的网既有了束缚特征的表达,又在很大程度上体现出对于自由和自然的向往,对于冲出"网"的渴望,就像《捕·环状物》中黄色渔网向空中展开的瞬间得到了定格。渔网占据了空间的一半,是否隐约透露出了这种束缚和自由之间的微妙的平衡?线与风景属实是一对可以称为相对的符号,一者割裂与捆绑,另一者中和与包容,但二者之间本以为会存在的矛盾与对抗,因生命旷野的无限宽广而达到稳定,甚至平和。再将目光投向《相思染·挣不脱的结》上,黄昏的场景将静谧的空间感烘托而出,白色的线网阻止住富有生机的花朵和鸟,如果用符号学的观点来看,这两种物象在画面中似乎已经将能指与所指分离了,翠鸟——微小、快速、鲜艳,花朵——生命、繁衍、美丽,这些基本符号性的话语在网的遮罩下发生了嬗变,从而文本叙事"戛然而止"。黄昏的景象描述似乎与生俱来就有着神秘的归属感,因为黄昏的不持久,总是会向夜晚靠近,耿德法像是为荒原行走之人送去了慰藉。他在无人之境中寻找着属于自己独有的平衡与安稳,这样私密的安逸让人不愿用世俗的潮流去打扰。

"闭上肉体之眼,那么你将会首先用精神之眼看到图景,这将给你在黑暗中看到的世界带来光明并从外表感染心灵。"自然的情感,宏大的场景,哲思的蕴含都让我想到德国浪漫主义画家弗里德里希。与耿德法不同的是,弗里德里希是将宗教信仰与自然风景结合,他赋予了风景画神秘的象征与对岁月、古典的精神寄托。而在耿德法的笔下,似乎神秘的象征感依旧存在,只不过没有困囿于宗教的哲思之中,而是对自我的审视。弗里德里希《橡树林中的修道院》中断壁残垣的哥特式建筑被赋予了更为黑暗绝望的氛围,渺小到模糊的黑衣僧侣抬着棺木缓缓前行,那条路像是能追随到世间的尽头,灰暗的大地看不出一点生的气息,乱舞的枯树在淡月下更添鬼魅。在历史的遗迹面前,将消逝的光明,已逝去的生命,终究经历生老病死的人类便是那无助与渺小的存在。寒冷潮湿的早晨,海边冰冷的黑夜,日出之前的暗淡黎明,晚春时节被洪水淹没的田野,这些隐隐流露伤感之处是弗里德里希所向往的,是能让他简单发现基督教神学家在福音书里才能体悟到痛苦、爱、折磨和救赎的地方。孤独被他看作一种可以探索内心深处奥秘的一种状态,《云端漫步》中,他更像是云端的旅行者,无论下一步迈向哪里都能踩到柔软的部分,给自己带来虔诚的回馈。

弗里德里希似乎也更偏向以"光"的质感来表现他所认为的世界,我想这点与耿德法有共同之处。耿德法在近些年诸多的作品中,对于光影的表现独具匠心,观者似乎很难从中获得对于时间性的把握。是白天吗?似乎不是,因为黑色的光晕笼罩着地平线以上的部分;是黑夜吗?似乎也不是,暗色之中似乎孕育着光的诞生。平衡——在风景画中对于多种元素的平衡:束缚与自由,黑夜与光明……是他的思考纬度。

在每一次再创造的无限自然中,我们得以窥见耿德法的兴奋或是恐慌,再或是灵魂之中的不羁与自由,每一笔表达都饱含着诗意的自我疗愈。风景在他看来既是一种寄情的告白,也是一种精神象征的图式。平静、稳定的画面在笔者看来是耿德法近年来一贯的绘画风格,十多年间自我表达的持续也让他找到了专属于自己的特质痕迹——内敛、含蓄的笔触。

"在自在景观中去追寻人内心的思量,让自然为人疗伤,用他的力量冲淡人内心的恐慌忧郁而非悲伤,冷静而非绝望。"耿德法以其富有张力的描绘,准确细腻地传递出一种超然的情感,让我们不停地思考当下与自然的种种关系。

耿德法《捕·帜》 100 cm×160 cm 2017年

大众审美与抗战图像
——抗战中的救亡漫画宣传队[①]

黄剑武

(重庆市文化和旅游研究院)

【摘要】救亡漫画宣传队是抗战时期大后方最具特色的美术宣传团体之一。漫画家们在深入农村、军队和战场的同时,作品逐渐受到广大群众喜爱,他们的漫画以现实主义的手法,旨在揭露日本帝国主义侵略罪行,唤起全民团结抗战的意志和决心,发挥宣传抗战的积极作用。救亡漫画宣传队的漫画既丰富了大后方抗战美术的内容和形式,也对中国现实主义美术的形成起到了重要作用。

【关键词】抗战时期;大众;统一;漫画宣传;审美普及

救亡漫画宣传队是抗战时期大后方最具特色的美术宣传团体之一。宣传队的不少核心人员在政府机关、学校或新闻出版等多个机构兼职,具有多重身份,具有高度的凝聚力和影响力,且流动性大,所到之处皆为宣传阵地,或街头,或车站,或乡村,其开展活动十分灵活,也非常频繁。相比其他美术团体来说,救亡漫画宣传队抗战宣传的通俗化与大众化程度更高,更深入群众生活,传播范围更广,更符合抗战宣传的需要。宣传队在抗战宣传中体现出的时效性和流动性的新闻特征,进一步促进了抗战时期漫画创作短小精悍的图像语言、辛辣讽刺的视觉效果、群众喜闻乐见的艺术形式的形成。救亡漫画宣传队的漫画既丰富了大后方抗战美术的内容和形式,也对中国现实主义美术的形成起到了重要作用。在艰苦卓绝的抗战历程中,漫画家们充分发挥漫画的审美教化作用,以达到鼓动抗战的效果,他们坚信漫画给予日本侵略者的精神打击作用:中国能够战胜日本,不仅是靠武力,也还需要政治的宣传,所以绘画给予日本帝国主义的打击是和飞机大炮给予的打击一样重要的!

一、形式多样和流动宣传——救亡漫画宣传队在抗战中的相关活动

木刻、漫画是抗战中普及审美和动员战斗的最佳选择。以漫画宣传抗战的形式多种多样,除了常见的为当地的报刊作稿以外,救亡漫画宣传队还制作巨幅宣传画,悬挂于重要地点;举办抗敌漫画

[①] 本文为重庆市社会科学规划项目"抗战时期重庆美术作品与民族形象研究"(2020YBYS193)阶段性研究成果之一。

展览会;举行抗敌漫画游行会;编制壁报;出版小型石印或木刻刊物;利用现有材料,如油漆广告牌、货物包扎纸、房屋墙壁等,绘制抗敌图画。高质高效的木刻、漫画印刷品自然成了抗战宣传的有力补充,通过人手分发和出版发行等多种形式扩散。

漫画和木刻一样,在抗战中具有较广泛的群众基础,以美术团体活动的方式发挥着宣传抗战和普及教化作用。抗战美术团体以中华全国漫画作家抗敌协会和救亡漫画宣传队最具有影响力,尤其是救亡漫画宣传队的宣传方式最具特色,其活动频繁,流动广泛,影响深远。"八一三"事变后,叶浅予等人成立了"上海漫画界救亡协会",并组建漫画宣传队在全国巡回工作,称为"军事委员会政治部漫画宣传队",此即救亡漫画宣传队的前身。1937年7月进入全面抗战,救亡漫画宣传队成立,后活跃于抗战大后方,全称是"上海市各界抗敌后援会宣传委员会、漫画界救亡协会漫画宣传队第一队"(简称:救亡漫画宣传队),其成员大都是原《救亡漫画》杂志的编辑和作者。主要队员有叶浅予(领队)、张乐平(副领队)、特伟、胡考、梁白波、陶今也、席与群等7人,后随着战争形势的变化和大后方战场的转移,先后增加了漫画家廖冰兄、张仃、宣文杰、陆志庠、廖未林、黄茅、叶冈、陶谋基、麦非、章西厓、周令钊、叶苗、丁深等人,前后共计有漫画家20人参与其中。

救亡漫画宣传队和其他美术社团不同,其宣传活动目的明确、范围广,具有较强的鼓动性、煽动性。宣传队主要辗转于敌后进行抗日救亡宣传,所到之处,群众备受鼓舞,效果明显,反响强烈。黄茅曾经归纳宣传队的任务:"一、分途使各地民众明了抗战救亡的意义;二、鼓动前线将士杀敌情绪;三、唤起并组织各地漫画界,负起同样使命。"

救亡漫画宣传队于1937年9月离开上海向南京挺进。到达南京时,正值"九一八"纪念日,宣传队日夜创作,在南京新街口大华戏院举办了第一个漫画展览——"抗敌救亡漫画展览会",前来参观民众每日均在两万人以上。《民报》为此出版专刊《抗敌漫画展巡礼》,《国民公报》也对画展作了深入报道。1937年底,宣传队随叶浅予等抵达武汉,此时的武汉抗日形势高涨,漫画队队员们筹办了"救亡漫画展览",后又在四川、贵州、广西、广东巡回展览。该年11月,江西抗敌后援会主动邀请漫画宣传队来南昌举办展览,陶今也率队前往。"抗敌漫画展"如期在南昌百花洲省立图书馆举办,观众如潮。

1938年初,国民政府军事委员会政治部第三厅成立,由周恩来主管,郭沫若出任厅长,第三厅实际上是团结著名文化人士一致抗日的堡垒。救亡漫画宣传队隶属国民政府军事委员会第三厅,故亦名"军委会政治部漫画宣传队"。宣传队在郭沫若和第三厅的领导下,以流动的形式揭露日本侵略罪行。1938年3月,救亡漫画宣传队组织漫画参加在苏联举办的"中国抗战漫画展览",6月在莫斯科展出。随后,在汉口、武昌、汉阳等地举办街头和车站漫画展览多次,以庆祝台儿庄大捷、武汉保卫战。这些展览随着战争形式的变化,根据战时需要,配合歌咏、戏剧、演讲、电影等宣传形式鼓舞民众。抗日漫画形式多样并且生动活泼,推动了抗战情绪的高涨。黄茅曾对当时的漫画宣传队开展的工作感慨道:"大量的墙头漫画绘制于武汉及其外围,布幅漫画陆续向四乡流动,并且和歌咏、戏剧、演讲、电影队合作。漫画宣传队在中央公园展出，为汉口首次盛大的露天展览会，跟着又举行抗战建国纲领的窗橱漫画展于江汉路至中山路，开中国窗橱漫画展的先河。这期间他们还派员到皖的休宁、万安、屯溪、祁门、渔亭、岩寺，浙江的淳安、遂安、开化、华埠、常山、衢县、兰溪，赣的玉山、上饶，以及台儿庄，徐州，大冶煤矿厂，湘潭，衡山，衡阳，长沙等地，用不同的方式使漫画和民众打成一片，并旁及推动当地漫运的任务。"

1938年冬，国民政府放弃武汉，漫画队随第三厅撤退到长沙，日军继续南下，宣传队在紧急关头仍然在车站街头办展，其中以壁画的宣传效果最佳。宣传队达到桂林后，分为两队，总队为叶浅予。一队由张乐平、麦非、叶冈组成，由张乐平领队前往东南战地，一队由特伟、黄茅、陆志庠、廖冰兄、宣文杰组成，由特伟领队留在桂林。其

图1 救亡漫画宣传队街头创作漫画

中特伟在桂林的宣传工作颇有特色，他一方面协助原军委会政训处宣传委员，时任桂林行营艺术班教官的梁中铭创办"战时绘画训练班"，另一方面与全国木刻界抗敌协会、全国漫画作家协会合作办刊，如《漫画木刻月选》《漫木旬刊》，以及与全国木刻界抗敌协会桂林办事处、军事委员会行营政治部"工作与学习社"合编的杂志《工作与学习·漫画与木刻》。廖冰兄主管教务工作，特伟、沈同衡、汪子美、刘元等漫画家参与教学，培训进步青年参与漫画创作及抗敌宣传，培养了一批优秀的漫画创作骨干及后备力量。

特伟分队在1939年初从桂林辗转到了重庆，落脚南温泉一个小山村，来渝后队员陆续增加，计有叶浅予、陶谋基、张乐平等15人。在生存极其困顿的情况下，宣传队还是克服重重困难，于1939年3月26—29日在中央公园球场举办漫画展览会，由孩子剧团团员任讲解员，开幕之日观众近万人，展览结束后又去江津、白沙等地进行抗日宣传和街头展览。《中央日报》曾对此进行了报道："军事委员会政治部漫画宣传队陆志庠等由桂来渝，发动漫画工作，并携带大批连环漫画、木刻举行展览，其中尤以反汪漫画三千幅最为精彩，闻昨日起已在小龙坎、山洞、歌乐山、磁器口、北碚等地，依里程远近，次第举行，明年元旦拟在本市举行大规模展览。"1939年12月重庆市育才学校成立，美术组由陈烟桥、张望、刘铁华和王琦任教，也成为进步美术活动的一个据点。

1940年1月1日至5日的"新年抗战漫画巡回展览会"是救亡漫画宣传队主要队员正式到达重庆后举办的第一个展览,展出作品200余幅。画展首先在重庆市区两路口、都邮街等街头举行,6日以后到市郊的南温泉、北温泉、山洞等乡镇流动展出。展览作品中,《中日对比图》《陈大富悔之莫及》和《从军乐》等有故事情节的连环漫画很受民众欢迎。《中央日报》于1月3日对这次展览作了报道:作品约二百余幅,多为通俗之连环画,《中日对比图》及讨汪单幅画,参观者极为拥挤,予民众以深刻之印象。随后,漫画宣传队又携全部展览作品赴重庆江津县展出。1940年11月,由救亡漫画宣传队主办的《抗战漫画》因通货膨胀、经费发放困难而停刊,漫画宣传队难以开展活动,随后解散。

救亡漫画宣传队从成立到解散,历时三年多,其先后在南京、武汉、长沙、桂林、重庆、屯溪、上饶等地进行宣传和劳军活动,举办展览近百次,编辑出版刊物多种,绘制宣传画近千幅。救亡漫画宣传队是抗日民族统一战线的产物,它以通俗易懂、喜闻乐见的审美接受方式进行流动宣传,在抗战宣传中发挥了不可估量的作用,有力推动了抗战形势的发展。

二、漫画新闻和战事传播——救亡漫画宣传队在抗战中的出版发行

抗战时期,各大报刊开办漫画专栏颇为时兴。国民政府西迁重庆后,全国各类美术家也相继积聚于山城重庆和四川等地开展活动。国共两党分别在各自的机关党报开设美术专栏和漫画专栏,漫画一度成为最普及最受欢迎的宣传形式之一。如《新华日报》的副刊《文艺之页》,《中央日报》与《扫荡报》合办的副刊《艺林》《学海》《中央》等。《国民公报》办有4个副刊:《木刻专页》《木刻研究》《国民副刊——美术之页》和《星期增刊——漫画版》。漫画宣传队编辑的《国民公报》副刊《漫画版》半月刊出版,该副刊共出6期,从1940年1月21日开始,共历时4个月。《商务日报》副刊《星期漫画》由星期漫画社主编,从1945年6月3日出刊至1946年2月5日停刊,共计35期,每周1期。《时事新报》副刊开辟"学灯"和"青光"栏目刊载美术作品。漫画宣传队还曾负责编辑《时事新报》的副刊《漫画双周刊》,该副刊自1939年12月10日创刊至1940年6月23日停刊,共出14期,前两期为《漫画周刊》,第三期开始改为《漫画双周刊》,刊载内容有文章、漫画、木刻和素描。《新蜀报》开办有副刊《蜀道》和《七天文艺》,相继报道漫画展览和活动动态,并刊载大量木刻和漫画作品,其中大部分漫画是由救亡漫画宣传队队员创作完成的。这些作品跟进战事战局,具有艺术性和新闻性双重特征。

图2 1940年1月21日《国民公报》第1版(漫画版)第1期

救亡漫画宣传队在抗战时十分活跃,积极参与了各种刊物的专栏创作和编辑出版工作,以会刊《抗战漫画》最具影响力。会刊《抗战漫画》的前身是上海出版的《救亡漫画》(1937年9月—1937年12月),是全面抗日战争爆发后,国内出版的第一份具有全国性的漫画刊物。1937年12月上海沦陷后,许多漫画家离开上海,《抗战漫画》出版12期后不得不停刊。原上海漫画界救亡协会中的骨干成员叶浅予、张乐平、特伟、胡考等7人,撤离上海后组织了"上海市各界抗敌后援会宣传委员会、漫画界救亡协会漫画宣传队第一队",也就是后来的救亡漫画宣传队。救亡漫画宣传队在武汉创办的会刊《抗战漫画》,也是当时全国漫画运动的中心刊物。

救亡漫画宣传队以会刊《抗战漫画》开展抗日宣传工作和审美普及活动,报道抗日救亡宣传动态。该刊共出版15期,武汉12期,重庆续出3期。《抗战漫画》于1938年1月创刊,漫画宣传队编辑出版,特伟主编。16开本,每期24页。1至12期在汉口出版,1938年10月武汉失守,特伟领漫画宣传队来到重庆。漫画宣传队克服各种困难,利用各种关系继续出版《抗战漫画》,在重庆出版的第13—15期(终刊号),是《抗战漫画》的"尾声",1940年11月停刊。1940年第三厅改组,郭沫若遭到排斥,经费随之停发,作为第三厅附属团队的漫画宣传队也最终解散。

《抗战漫画》的创办目的与《救亡漫画》相同,在其创刊词《〈救亡漫画〉的第二个生命》一文中可以见漫画家们一如既往的抗战决心。创刊词中写道:"为继续扩大战时漫画运动,必须贯彻奋斗到底,所以不管《救亡漫画》能否再挣扎它的生命,我们决以漫画宣传队为中心,集合留汉同志,培养一个新的生命,来刺激全国同胞的抗战情绪,和敌人的恶宣传作殊死之战。"刊物所刊载的漫画大多是抗战题材,激励民众奋起抗战,反映战况以及揭露日本侵略者的侵略罪行。该刊物每期设有"漫画界消息""编辑室谈话""工作通信"等栏目,报道全国各地漫画家的抗日活动。同时,刊物除发表宣传队成员的漫画作品外,也刊载全国各地抗日漫画家自由投稿的作品。经常在刊上发表漫画的作者有:叶浅予、张乐平、胡考、梁白波、陆志庠、江敉、刘元、廖冰兄、邹雅、陶今也、许超然、丁聪、特伟、陶谋基、鲁少飞、张仃、高龙生、宣文杰、张谔、汪子美、张文元,宣相权、丰子恺、黄茅、黄苗子、王朝闻、秦兆阳、周令钊、陈执中、钟灵、江栋良、黄伟强等。

《抗战漫画》不仅发表大量的抗战漫画,同时还注意刊登漫画评论,和漫画交相呼应、互为补充。其中主要的文章有:黄茅的《展开绘画界的救亡运动》、鲁少飞的《抗战与漫画》、赖少其的《漫画与政治认识》、吕蒙的《慎重题材》、黄苗子的《漫画表现的方法》、胡考的《关于漫画大众化》、丰子恺的《漫画是笔杆抗战的先锋》、黄鼎的《为反侵略,漫画是一个尖兵》、廖冰兄的《谈漫画》、朱天马的《漫话和漫画》、艾青的《木刻和漫画》和许超然的《农村漫画宣传》等。其中第8期为"全美术界动员特辑",叶浅予在《写在特刊前面》一文中号召全国的美术界人士"携起手来,怀着最大的热情争取民族的独立自由平等,培养我们新的美术生命,漫画界更愿站在最前,负起袭击敌人的任务"。

关于全面抗战爆发以来中国绘画的成绩,耕夫在1940年的《抗战画刊》发表了评论文章,其中特别谈到漫画宣传队。他概述

图3 《抗战漫画封面》,叶浅予设计,1938年

了漫画宣传队在抗战时开展的主要活动,并高度肯定了其取得的成绩。他撰文写道:"至此,我想有速写一下'漫画宣传队'的必要,因为它是自抗战始至三年来的现在,无日不在奋斗着的,并且在抗战宣传上树立了绝大的功绩。这团体由多数漫画家集合,成立在上海,接着分散在广州、武汉等处工作,退出广州、武汉后,即散居在桂林、重庆及各战区。他们的宣传方式有下列几种:一、印行刊物,二、训练人才,三、街头展览。在这几种继续不断地工作的结果,无论是前方后方,穷乡和僻壤,大批发现了些漫画宣传人员,这也不是什么奇迹,而是他们努力的影响所致。"

三、大众化和批判性——救亡漫画宣传队漫画作品的图像审美特征

文艺工作者要推动抗战宣传,不能完全依靠满腔热血和奔走呼号,还需要发动群众、教化群众,民众的力量才是无穷的。漫画的大众化审美导向是符合抗战需要的,是时代的选择。首先,漫画是战斗的艺术,漫画家既是画家又是新闻记者,可以深入到战时社会生活底层,反映现实、揭示现实,创造出符合民众审美认知的形象,及时反映战况。其次,漫画作为宣传的艺术,其生存空间巨大。那个年代,中国农民占全国人口百分之八十以上,其中不识字者达百分之九十,漫画短小精悍和通俗易懂的方式有着广泛的群众基础,恰当发挥了作用。1938年叶浅予在《连环图画的内容和形式》一文中曾讲漫画的审美对象有三:一、文盲大众;二、一般的知识分子;三、国际宣传。漫画在表现手法与取材上要顺应战争形势、适应宣传对象。漫画家必须以"有趣的故事去吸引他们,用通俗的手法暴露给大众看""对所实施工作的地方一般情形有所了解而有技巧地进行漫画的宣传,以期顺利地收到工作的效率""用最易看懂的漫画配合目前伟大时代的现实"。

漫画宣传队的宣传方式为漫画实践和理论动员相结合。他们在《抗战漫画》上刊载了许多理论文章以促进漫画创作,解决抗战漫画图像宣传的审美分歧,深入推进漫画的大众化和通俗化。针对有些艺术家批评漫画缺乏"艺术性",忽视"大众性"作品的创作,赖少其在《大众化并不是取消艺术》一文中对"为艺术而艺术的"观点进行了批驳:"我们是反对'艺术'么?不是的,我们以为凡是一件能打动人心灵的艺术品,它一定是艺术的作品;当然,我们反对那欺骗民众,以民众看不懂为最高的所谓艺术,我们是以艺术为手段,使之传达我们的情绪,如无线电的音波一样打动观众,不是以'艺术'为目的,也即是说:不是艺术的本身为至上的。"同时他也反对只要民众看得懂,不必什么艺术的"艺术取消论",他认为大众化与艺术并不是对立的,而是统一的:"'大众化'是艺术的一种手段,要感动大众还是需要真正的艺术的!艺术不能取消是当然的事!"黄茅也指出:"大众化并不是离开艺术,事实已明确的给我们以证明了。"漫画家和理论家在抗战宣传目的上有分歧,在经过一番争论之后,逐渐达成共识,使之能更好地为抗战宣传服务。

为了让群众能广泛接受,获得较好的宣传效果,漫画家们提出"漫画作家要彻底改变生活","到民间去,到战场去,到敌人后方去"。漫画需反映现实生活和抗战局势,扩大群众基础。漫画家们在深入农村、军队和战场后,创作出来的漫画作品中的通俗化、大众化图像审美功能自然就呈现出来了。这样的作品被老百姓理解和喜爱,有效达到了抗战宣传的目的。如《抗战漫画》上刊载的李可染漫画《是谁杀了我们的孩子》、谭弼漫画《禽兽主义的"皇军"》、叶浅予漫画《我们不愿做"造粪机"》等作品,反响强烈。其中1937年10月15日出版的《救亡漫画》第六期封面刊载了丁聪的漫画《日本强盗任意蹂躏战区里的我同胞!》备受关注,此作品以简略的线条概括出处于黑暗房间的中国老百姓的无奈、气愤,和在青天白日下日军抓捕和蹂躏民族同胞的猖獗的行为,两者形成黑白语言和情绪一张一弛的强烈对比。内容通俗易懂,艺术表达精炼明朗,非常能激发人的审美情绪和爱国情怀,激起广大百姓对日本侵略者的仇恨。

从某种意义上说，漫画是揭示现实、批判现实的，是高度凝练的现实主义。宣传队漫画以现实主义精神揭示汉奸的丑恶嘴脸、日本军队的侵略罪行，讴歌军民抗战，刻画士兵形象和军民生活，反映日本国内困境等，宣传日本必败，打击摧垮日本侵略者的战斗信心，增强中华民族抗战到底的斗志。王琦在1944年9月发表的《绘画上的现实主义》写道，现实主义绘画描绘现实……现实主义是叫画家去抽出现实的重要部分而抛弃那些琐屑的不必要的部分去描绘，它是需要一个中心的鲜明的主题，而着重地、艺术地去描绘这主题，另外也不妨摘取一些和这主题直接有关的事物做陪衬……现实主义的绘画是以不歪曲原来的形象，而且把它表现来比原来事物更高级的东西：不仅表现出原来事物表面的形似，而且还要表现出它内部的实在感来……现实主义的绘画是要戳穿现实本质

图4 《日本强盗任意蹂躏战区里的我同胞!》漫画　丁聪,1937年

的侧面，把被蒙蔽了的现实的真实的一面暴露出来。张乐平的漫画《将来我们所看得见的结果》，根据抗战形势和抗战现实，用带有讽刺性、抨击性和批判性的艺术形式表现了日本侵略者的悲惨下场，揭示了抗战的正义性和必胜的前景。军民抗战的洪流已势不可挡，如同锋利的钢刀插进了日本侵略者的心脏，侵略者最终四脚朝天、仰面死去。漫画家梁白波的作品《站在日军前面的巨人——游击队》用夸张和讽刺的艺术手法，将游击队员身形比例放大，日本侵略者比例缩小，以此体现民众的乐观主义精神，宣扬中国人民必胜，日本侵略者必败的主题。

其他还有发表在《抗战漫画》上的具有现实主义批判性的作品有陆志庠的《京沪线上所见一列被暴敌所炸毁的客车》、张乐平的《日本人是这样杀害我们的》、张仃的《兽行》、华君武的《日本皇家空军对话》，高龙生的《汉奸脏腑图》、钟灵的《汉奸的故事》《傀儡政权组织系统图》、邹雅的《卵翼下之高调》等等。另外，反映全民团结抗战的有蔡若虹的《全民抗战的巨浪》、梁白波的《军民合作抵御暴敌》、廖冰兄的《筑起我们钢铁长城》《扩大春耕运动》、陆志庠的《青纱帐里活跃的东北义勇军》、张乐平的《三毛的大刀》、黄伟强的《保卫自己的土地》、黄尧的《后方应该更加努力》等等。向民众介绍抗战常识的有廖冰兄200多幅《抗战连环漫画》和《抗战必胜》连环画等。

图5 《将来我们所看得见的结果》漫画
张乐平,1937年

图6 《站在日军前面的巨人——游击队》漫画
梁白波,1938年

抗战时期,中国的漫画和早期木刻一样走出怡情的图像功能层面,在战斗中结合战争形势悄悄发生审美转向。它和宣传画相结合,面对现实面对抗战,突出其战斗性和教育大众的图像审美功能和作用。漫画艺术配合着救亡运动的巨流成为一种战斗的武器。

四、结语

救亡漫画宣传队是抗战宣传的重要力量之一,他们既是宣传队成员又是编辑、记者、教员,既是画家又是美术理论家或美术评论家,一人充当多种角色。他们在经费极其有限的条件下,举办绘画展览,出版刊物,教学办班、流动宣传,所到之处皆为战场。因为国民政府军事委员会第三厅的经费限制、国共二次合作的复杂性及抗战形势的变化等各种原因,宣传队最后不得不解散,但是在中华民族抗战最为艰难的时期,漫画宣传队的特色宣传增加了民众抗战的决心和信心。宣传队和木刻家们相互合作、协同作战,有力推动了革命形势的发展,影响极其深远。救亡漫画宣传队的漫画既丰富了大后方抗战美术的内容和形式,也为中国现实主义美术的形成起到了重要作用。救亡漫画宣传队解散了,但是这些队员们并没有放下手中的画笔,依然奔赴各地战场,活跃在抗战的各条宣传战线上,以手中的画笔继续吹响战斗的号角。

参考文献:

1.《中国绘画工作者同人致苏联同志书》,《工作与学习·漫画与木刻》,1939年第1期。

2.黄茅:《漫画艺术讲话》,商务印书馆,1943年2月版。

3.重庆市文化局:《重庆文化艺术志》,西南师范大学出版社,2000年。

4.《漫画巡回展览》,《中央日报》1939年12月7日。

5.龙红、廖科:《抗战时期陪都重庆书画艺术年谱》,重庆大学出版社,2011年。

6.许志浩:《中国美术期刊过眼录:1911—1949》,上海书画出版社,1992年。

7.叶浅予:《写在特刊前面》,《抗战漫画》,1938年第8期。

8.耕夫:《抗战三年来的中国绘画概述》,《抗战画刊》,1941年第2卷第5期。

9.赖少其:《大众化并不是取消艺术》,《救亡日报》,1939年3月11日。

10.黄茅:《漫画深入大众》,《救亡日报》,1939年4月1日。

11.王琦:绘画上的现实主义》,《时事新报》,1944年9月11日。

武陵山情歌研究

彭斯远

(重庆师范大学)

武陵山是我国中西部地区的一条重要的山脉，位于湖北、湖南、重庆、贵州四省市交界地带。武陵山区居住着土家族、苗族、侗族等多个民族，孕育了丰富多彩的民间文化。而武陵山情歌便是这些民间文化中的一朵奇葩。武陵山情歌虽然流行于湖南、湖北、贵州和重庆等广阔地域，但具体说来，主要集中于湖北五峰，湖南张家界、洞庭湖地区，贵州的铜仁、松桃和重庆的黔江、秀山、酉阳、彭水、石柱等地。重庆地区流传的武陵山情歌尤为丰富，这些情歌已经成为重庆市的一张文化名片。本文着重对武陵山情歌的艺术形式做些浅显的研究。

1.竹枝词对武陵山情歌中的四句子歌的影响

竹枝词本是一种广泛流行于巴渝地区的民歌形式，后经刘禹锡等文人的发展，渐渐成为一种有其特殊形式的诗体。由前文可知，武陵山情歌主要流行于湖北五峰，湖南张家界、洞庭湖，贵州的铜仁、松桃和重庆的黔江、秀山、酉阳、彭水、石柱等地。竹枝词的流行区域和武陵山情歌的流传区域有一定的重合。文化是相互影响的，受竹枝词影响，武陵山情歌也形成了一些独有特色，如武陵山情歌中的四句子歌便是在竹枝词影响下而形成的。

据宋代文人郭茂倩《乐府诗集》载，在古代渝州流行着一种叫竹枝词的民歌。《乐府诗集》中收录竹枝词最多的作者就是诗人刘禹锡。他曾被贬官至奉节，在那里生活了三年，他在那里与下层民众多有接触，吸取了当地民歌的创作方式，将文人诗歌的典雅与当地民歌的粗犷通俗结合，创作了达20首之多的竹枝词。这些作品都得到了后人的高度肯定。其中二首如下：

> 山桃红花满上头，蜀江春水拍山流。
> 花红易衰似郎意，水流无限似侬愁。

> 杨柳青青江水平，闻郎江上踏歌声。
> 东边日出西边雨，道是无晴却有晴。

以上二诗均以江边景色起兴，但前者用"花红易衰"来折射情郎感情的易变，从而倾吐女子在情感上的忧愁。这里不用红花喻少女，而用它比喻情郎，其表现手法可谓别出心裁。而第二首诗则用天气的阴晴暗喻恋人间的感情。"晴"与"情"谐音双关,运用了民歌以文字谐音表情达意的惯用手法。诗歌读起来朗朗上口,寓情于景,一位多情女子的形象跃然纸上。

就结构而言,竹枝词多为四句,而这种结构特征也影响了武陵山情歌。武陵山情歌中有大量的四句子作品,比如以下三首:

《扇遮脸》
情妹住在花草坪,身穿花衣花围裙;
脚穿花鞋多好看,扇儿遮脸望情人。

《织布歌》
妹在屋里织绫罗,哥在对门唱山歌;
山歌唱得妹心乱,织错绫罗怪哪个?

《造孽》
造孽不过郎造孽,六月汗帕黩麻黑;
两只衣袖揩烂哒,光着膀子好挨得。

以上三首四句子情歌,或通过"扇儿遮脸望情人"的细节突出情妹的含蓄和害羞,或通过织错绫罗反衬情郎所唱山歌的诱人,或通过叙写情哥的"造孽"表现情妹对情哥的关心。这三首情歌取材虽然不同,但情侣间的关怀都表达得十分真切。

武陵山情歌中的四句子歌,虽然在结构形式上雷同,但是在题材、内容构思以及语言表达上却是丰富多彩的,不同的情歌读起来有其独有的味道。即便是同一个题材的情歌,也可以因构思以及语言表述不同而别有风味,以"送郎"这一主题为例,这一题材的武陵山情歌数量众多,但是它们并非千篇一律,而是异彩纷呈,每一首都别有风味。如下:

(一)
送郎送到地坝边,手把竹竿望青天;
惟愿老天下暴雨,好留情哥耍几天。

(二)
送郎送到广柑林,手抓广柑诉苦情;
广柑好吃要剥皮,夫妻好耍难分离。

(三)
送郎送到辣椒林,手抓辣椒诉苦情;
要学辣椒火样红,别学花椒黑了心。

(四)
送郎送到柏树林,手把柏树诉苦情;
柏树千年不落叶,夫妻万年不变心。

(五)

送郎送到屋当头,手把屋角泪双流;
娘问女儿哭啥子,灰尘落到眼睛头。

(六)

送郎送到五里牌,送我情郎一双鞋;
郎送丝帕要钱买,娇送鞋儿手上来。

(七)

送郎送到五里坡,再送五里不算多;
路上有人来盘问,就说妹妹送哥哥。

(八)

送郎送到屋檐边,屋檐外头现青天;
好个青天不下雨,好对夫妻不团圆。

(九)

送郎送到五里坡,五里坡上生把火;
扯把柴草来垫坐,同哥坐到月亮落。

(十)

送郎送到对门坡,对门坡上洋槐多;
扯把洋槐来垫坐,假装包脚望情哥。

(十一)

送郎送到豇豆林,手摸豇豆诉苦情,
要像豇豆成双对,莫学茄子打单身。

(十二)

送郎送到屋檐角,风又吹来雨又落;
一手给郎撑雨伞,一手替郎扯衣角。

以上12首《送郎》诗,有的叙写送郎时望天,希望老天落雨而留郎多住些时日;有的描摹与郎分别时,恰遇风吹雨落,于是赶忙"一手给郎撑雨伞,一手替郎扯衣角",这些细节表现了对情郎的无比关切;还有的叙写送郎时怕别人说闲话,于是编造假话说自己是送"哥哥",借以掩盖其谈情说爱的事实;有的叙写与郎分别时,两人互送礼物,但情郎所送丝帕需用钱买,可女方送的鞋儿却出自自己之手……虽然是同一题材之作,但其语言表达却无比丰富,表现了送郎时或欢乐、或忧虑、或担心、或羞涩等不同的心情,非常感人。这种多样性也显示了民歌作者的丰富生活体验和高超的表现技巧。

2.武陵山情歌中有大量的五句子歌

除了四句子歌外,在武陵山情歌中,五句子歌也特别多。相较于四句子歌,五句子歌篇幅更大,因而可以表现的内容更多。此外，结构上也有变化，呈现出另一番韵味。譬如下列五句子情歌是这样刻画生活的：

《爱妹》
情哥爱妹爱得真,吃了秤砣铁了心。
捞把锄头挖妹的路,栽苑荆刺拦妹的门,
妹门不许别人进。

《缠妹》
葛根牵藤把树缠,去年缠妹到今年。
去年缠妹妹还小,今年缠妹正当年,
缠去缠来要团圆。

《娶妹》
一把扇子黄两面,心想娶妹不怕难。
不怕人穷钱财少,不怕衙门不怕官,
只要情妹她心愿。

《劝妹》
劝妹不要昧良心,水性杨花不定根。
一更起风二更息,寅时下雨卯时晴,
翻起脸来不认人。

以上四首五句子歌主题类似，均为男性表达对女性的爱意，但表达爱意的角度又有所区别，每首情歌的构思各具匠心，韵味也完全不一样。

《爱妹》中，情哥"栽苑荆刺拦妹的门,妹门不许别人进"，表现得似乎有点专制和自私，但这正是他"吃了秤砣铁了心"，对情妹"爱得真"的表现。

而在《缠妹》中，情哥则将自己比喻为葛藤，把妹比喻为树，通过藤缠树的特定情景描写，来表达自己对情妹的爱恋。

《娶妹》表现了情哥娶情妹的坚定决心，其中"只要情妹她心愿"一句道出了爱情的真谛，即情哥与情妹情投意合、两情相悦。有这个基础条件，"钱财少""衙门""官"等方面的阻碍，情哥都不畏惧的。

最后一首《劝妹》则明确表达了情哥劝情妹不要"水性杨花"，否则情哥就一定会"翻起脸来不认人"了！这首武陵山情歌暗含了武陵山男女的爱情观，即彼此忠诚。《劝妹》中的这位阿哥虽然很爱情妹，但若情妹"昧良心""水性杨花不定根"，那他一定会"翻脸不认人"。

武陵山情歌有时也会运用夸张的手法来描写男女之间真挚、深厚的感情。比如《做双鞋》这首五句子歌：

情姐亲手做双鞋,皮纸包起等郎来。

前门站成一个坑,后门踩成一条街,

情哥几时来穿鞋?

此诗叙写情姐亲手替情郎做了鞋,等情郎来穿鞋却久等不至的情形。其中"前门站成一个坑,后门踩成一条街"就运用了夸张的手法,描述情姐等待的时间之长,将情姐的焦急心情刻画得极为传神。

3.武陵山情歌中的盘歌

武陵山情歌多为独唱,前文提到的四句子歌或五句子歌均是这样。此外,武陵山情歌还有合唱、轮唱、对唱等不同形式。如武陵山情歌中的盘歌(或称对歌)的歌唱方式就是多人相互盘问、对唱。而对歌的形式也是多种多样的,有一问一答、多问多答、男女相互反复问答,等等。

一问一答的情歌虽然简单,但别有风味。如:

甲:什么弯弯弯上天?什么弯弯水中间?

什么弯弯街上买?什么弯弯姐面前?

乙:月亮弯弯弯上天,船儿弯弯水中间,

梳子弯弯街上买,眉毛弯弯姐面前。

这是甲乙两人的相互问答。甲的四句歌词就是提出问题,而乙的四句歌词是就甲提出的四个问题一一作答。前三个问题烘托气氛,引出第四个与姐有关的问题,从而暗示此系情歌中的盘歌,而非一般盘歌。末句"眉毛弯弯姐面前",含蓄有味,点到即止,有力地烘托了女主人公的美,对情歌主题予以了再现。

对歌不都是一问一答式的,男女二人唱的歌词内容紧密相连即可。比如以下这首情歌:

男:顺河走来顺河弯,砍根竹儿做鱼竿;

鲤鱼鲫鱼都不钓,专钓情哥的小心肝。

女:顺河走来顺河弯,砍根竹儿做鱼竿;

鲤鱼鲫鱼钓不上,小妹就是哥心肝。

该对歌男女唱的前二句相同,末句相互呼应。这是一对恋人以钓鱼打比方,互致由衷的爱意。

还有一些对歌是男女直接对唱,在对唱的过程中直接表达对对方的爱意。这类情歌的表达更为直白,如下:

男:隔河望见一只鹅,摇摇摆摆来歇脚;

脚踏丫枝胆子小,就像幺妹有话不敢说。

女:哥是远方一只鹅,飞来飞去落下脚;

脚踏丫枝你站稳,心中有话尽管说。

这首男女对唱的情歌中,男子以白鹅自比,羞怯地表达自己对女子的爱意,而后女子则给予男子鼓励,让其"心中有话尽管说"。

盘歌除了男女对唱形式之外,也有男子对唱或女子对唱的特殊形式。如下:

男甲:这山没得那山高,那山有棵好葡萄;

　　　心想摘颗葡萄吃,人又矮来树又高。

男乙:这山没得那山高,那山有棵好花椒;

　　　心想摘颗花椒吃,麻得摇头唝开交。

这首盘歌中,只有两位男子的对唱,虽未直接提到男女情爱,但他们想摘葡萄和花椒而又不可得的失望,向人们暗示了男性求爱遭拒的精神痛楚。所以,从内容表达来看,这首盘歌仍然属于情歌范畴。

有的盘歌内容特别充实,具有叙事诗特征,比如下面这首:

男:我远天远地来望娇,你茶不泡来火不烧;

　　端根板凳门前坐,不言不语静悄悄。

女:哥儿出门四处飘,不知连了多少娇;

　　吃罢大山灵芝草,忘了小山苦樱桃。

男:油菜开花满田黄,快到三十没婆娘;

　　早知这等苦上苦,何不进庙当和尚。

女:往年和哥玩得真,后园凉水点得灯;

　　如今和哥闹矛盾,清油点灯灯不明。

男:往年和娇去赶场,郎不喊娇娇喊郎;

　　如今和娇吵了嘴,喊娇三声不开腔①。

女:月亮出来像把梳,二十挂零没有夫;

　　早知这样孤又独,何不进山当尼姑。

男:江里无风浪不高,树上无风枝不摇;

　　山高总有人行路,水深自有渡船人。

女:桐子开花一树白,茶子开花隔年结;

　　我郎是棵茶子树,春夏秋冬不落叶。

男:天上星多月不明,地下坑多路不平;

　　江河鱼多浑了水,姐儿郎多要花心。

女:天上星星颗颗挨,百朵莲花朵朵开;

　　十个妹妹都漂亮,十个情哥个个乖。

男:高山盖屋不怕风,大海行船不怕龙;

　　有心连娇不怕苦,有手干活不怕穷。

---

① "开腔"为武陵山方言,即吭声。

女：大河涨水小河深，一边浊来一边清；

　　不怕河里两样水，只怕我郎两样心。

合：松柏树枝万年青，叶对叶来根对根。

　　两棵松柏常年茂，百年和好不离分。

这首具有叙事诗特征的盘歌，由六组男女对白和一组两人合唱组成。六组男女对白的语言通俗流畅，但又充满哲理性，表现了说话人的智慧。这六组男女对白从双方的矛盾和对对方的埋怨与指责说起，随着对话的展开，两人的矛盾一点点化解，整首情歌既有层次，又有条理。情歌的最后，两人达成了共识，于是共同唱出了"百年和好不离分"的心声。

还有的盘歌展现了女性主动求爱的大胆恋爱观。比如这首《凉水泡茶慢慢浓》的对歌：

女：妹在家中十八年，哪个叫你不来连①？

　　只有五月龙船等大水，哪有黄花等少年？

男：你大放心来小放心，大胆放心跟我行；

　　天垮也有长安岭，梁断自有柱子承！

女：高坡起屋不怕风，有心连郎不怕穷；

　　只要我俩情意好，凉水泡茶②慢慢浓。

此情歌开始，女方责怪男子不主动向她求爱，表现了武陵山女子大胆向心爱男子表白的勇气。在听了女子的表白后，男子向女子表示心意。女方听了男子表态，说出了那句点出主题的关键语句："只要我俩情意好，凉水泡茶慢慢浓。"这句话体现了女子的爱情观，非常具有哲理性。

4. 武陵山情歌的发展现状

在搜集整理和研究武陵山情歌的过程中，笔者发现武陵山情歌的发展现状不容乐观，还需要采取一些措施来弥补。

武陵山情歌总体上还比较原生态。正因为这样，许多武陵山情歌颇有生活气息，也很有原始的艺术张力。任何一种文化的产生与发展，都需要有适合的土壤，武陵山情歌也不例外。随着社会的迅速发展，武陵山情歌逐渐失去其赖以生存的土壤，因而许多珍贵的情歌也逐渐消失，像是戈壁上的河流，在流淌的过程中渐渐干涸。面对这样的现状，有志于搜集整理和研究武陵山情歌的朋友，没有一个不感到惋惜和心痛。

笔者认为，要使武陵山情歌发展和繁荣起来，就应该从业余和专业两方面入手，以专业带动业余。首先，政府和相关文化机构应牵头，组织专业力量，对武陵山情歌开展搜集、整理、研究，挖掘武陵山情歌的内在价值。同时，对一些艺术价值高的武陵山情歌进行谱曲和艺术加工，使其更有艺术

---

① "连"是武陵山方言，在此处，"连"专指男性追求女性。所谓连娇，就是男性主动追求女性。
② "凉水泡茶"：武陵山方言，"凉水泡茶"指不按常规用热水泡茶，而用冷水泡茶，多费些时间也可慢慢把茶味泡出来。言下之意，主人公求爱要有坚定的决心，不怕考验，只要付出真情，最后就能获得真情。这表现了武陵山人说话的幽默。

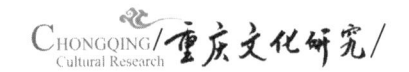

表现力和艺术感染力,并通过一些专业的舞台和专业音乐人的力量传唱这些歌曲。目前,已经有一些积极的尝试,比如由专业男女歌手合唱的武陵山情歌《我不走》和《采茶歌》等登上了中央电视台的音乐专题节目。这样的情歌表演所传达的审美意识感动了万千观众,又反过来刺激了广大业余群众传唱武陵山情歌的热情。此类尝试虽不多,但也是好的开端。而这个开端,的确是广大民众和乐于推动武陵山情歌发展的所有文艺工作者所热切期盼的。

山城旧影成记忆 巴渝文化留舆图
——舆图视角下的清代重庆城市布局与规划实践

黄玉才
(重庆市石柱县规划和自然资源局)

【摘要】地图,史称舆图,是国家主权的象征。我国地图测绘历史悠久,清代是实测地图的鼎盛时期,保存至今的不少重庆古代地图记录了大量的历史信息。这些老地图,反映了重庆不同历史时期山城的建置沿革、社会风土、政治制度、经济发展、建筑风貌等丰富的历史信息。

有几幅珍贵的清代重庆地图,特别是重庆本土画家艾仕元手绘于清咸丰年间,采用中国画散点透视构图法绘制成的《渝城图》,有重庆版《清明上河图》的美称,现藏法国国家图书馆,是海内外孤本,具有极高的文献价值。本文以《渝城图》为主要研究对象,同时参考其他几幅清代重庆地图,探讨晚清时期重庆城市布局与规划实践,品味地图里的老重庆风情。

【关键词】清代地图;城市布局与规划实践;探讨

重庆历史悠久,文化遗产丰富,独特的山形地貌,浩瀚的长江,源远流长的嘉陵江,坚韧不拔的重庆人,创造了灿烂辉煌的长江文化、巴渝文化、山城文化、城墙文化、商贸文化、宗教文化……上坡下坎的重庆山城街巷,催生了肩挑背驮货物的底层劳动者——山城棒棒,方言剧《山城棒棒军》把巴渝风情表现得淋漓尽致。

热爱重庆,源于学生时代读小说《红岩》时看到的其对重庆的描写。20世纪80年代,从石柱到重庆主城,交通不便,要两天才能到达。从石柱乘客车,在崎岖山路行驶3个多小时,到丰都县高家镇,乘当晚的"东方红"或"江渝号"客轮,溯长江而上,沿途停靠丰都、涪陵、长寿,到达重庆朝天门码头,已是第二天凌晨四五点,在船上等天明才上岸。90年代末期,在高家镇可乘水上快艇,5小时左右到重庆。进入新世纪,随着沪渝高速国道G50、渝利铁路的先后建成通车,乘动车到重庆主城仅90分钟,我经常到主城,踏访了山城的主要特色街巷和历史文化古迹。同时,收集到了不少重庆历史文献,为撰写本文提供了参考资料。加上自己亲历重庆主城的变化与发展,见证了朝天门、东水门、储奇门、通远门、十八梯、白象街、解放碑、观音桥、弹子石等的沧桑巨变。几幅清代重庆地图,更加丰富了本文内容。

地图,史称舆图,是国家主权的象征。浩瀚如海的历史长河,遗留下不少四川和重庆的历史地图,这些老地图,反映了重庆不同历史时期山城的建置沿革、社会风土、政治制度、经济发展、建筑风貌等丰富的历史文化信息。

清末绘制的重庆城图，主要有五张历史价值较高：

一是清乾隆年间，巴县知县王尔鉴编纂《巴县志》时绘制的《重庆城图》。乾隆版《巴县志·重庆城图》为时任巴县知县王尔鉴所主持修撰，约成图于乾隆二十六年（1761年）。该图主要表现范围集中在古城及周边。由该图清晰可见当时整个古城都包围于城墙之内。该图第一次完整地表现了重庆九开八闭十七座城门，以及川东道署、重庆府署、巴县署、总镇署等行政、军事机关和治平寺（今罗汉寺）、崇因寺、东华观等宗教场所，对其他信息则表现较少。这也反映出古代重庆城市偏重于政治、军事和文化宗教的功能特点。

二是《重庆府治全图》，该图于清光绪十二年（1886年）由巴县知县国璋主持编绘。图幅纵长82厘米，横长149厘米，比例尺约1∶4000。

三是张云轩手绘木刻的《重庆府治全图》，该图于清光绪十二年（1886年）至光绪十七年（1891年）间由张云轩绘制。图幅纵长78厘米，横长145厘米，比例尺约1∶4000。

四是刘子如手绘木刻的《增广重庆地舆全图》，该图于清光绪二十四年（1898年）至光绪二十六年（1900年）间由刘子如绘制。图幅纵长80厘米，横长146厘米，比例尺约1∶4000。

五是艾仕元于清咸丰年间手绘的重庆府《渝城图》，有"重庆版《清明上河图》"的美称。

城门锁半岛，舟楫涌两江。几幅古地图中的重庆两江四岸，百舸争流，千帆竞影，酒肆林立，商号如雨，人来人往，商贾云集，楼宇参差，街道纵横。江城美景，人间烟火，绘聚尺幅楮纸，耐人寻味。

特别是清代重庆本土画家艾仕元绘制的重庆府《渝城图》，直观反映出晚清时期重庆的繁荣景象。但该图的价值似乎未得到应有的重视，连2013年出版的《重庆历史地图集》（第一卷 古地图）也未录入这幅价值很高的海内外孤本地图。

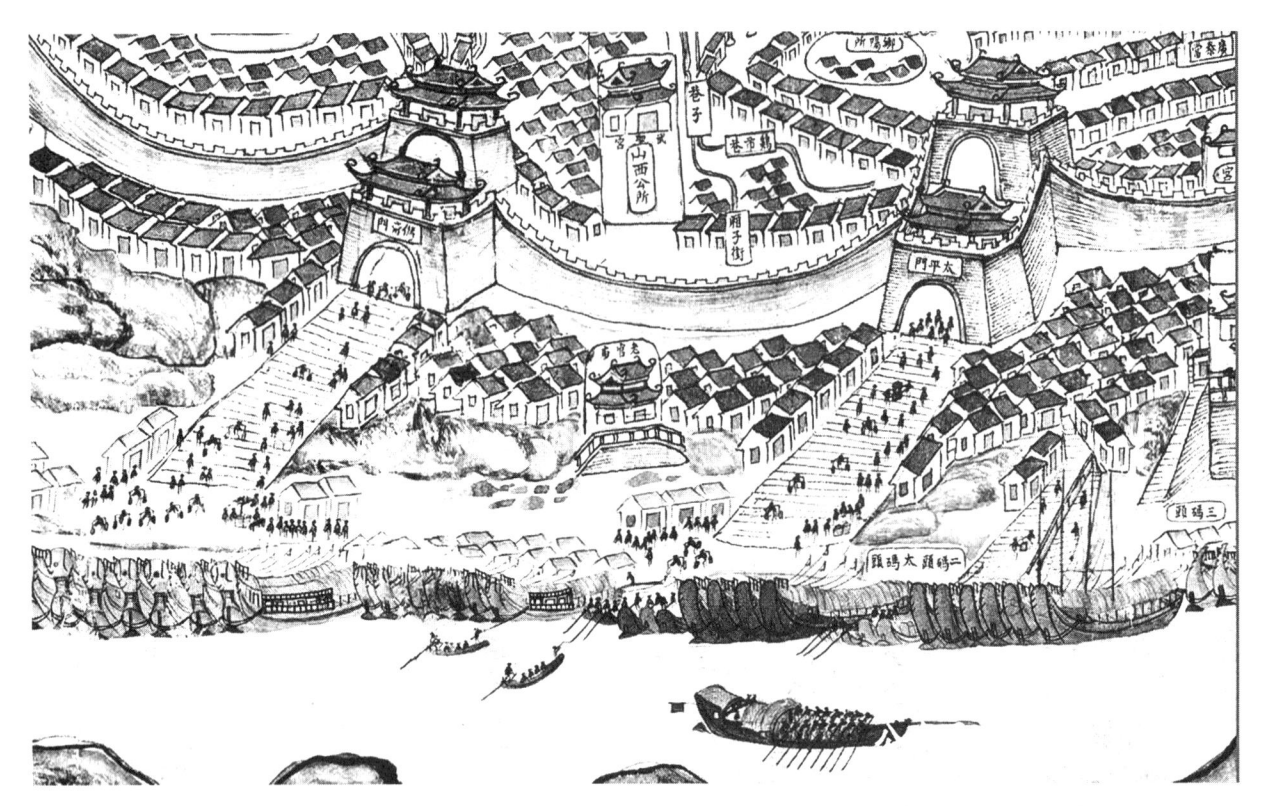

《渝城图》，纸本设色，原图长248.5厘米，宽124厘米，现藏于法国国家图书馆。画家艾仕元采用中国传统绘画散点透视的构图法，以城南"涂山亭子"为基准点，以城门、城墙为界，城内重点表现衙

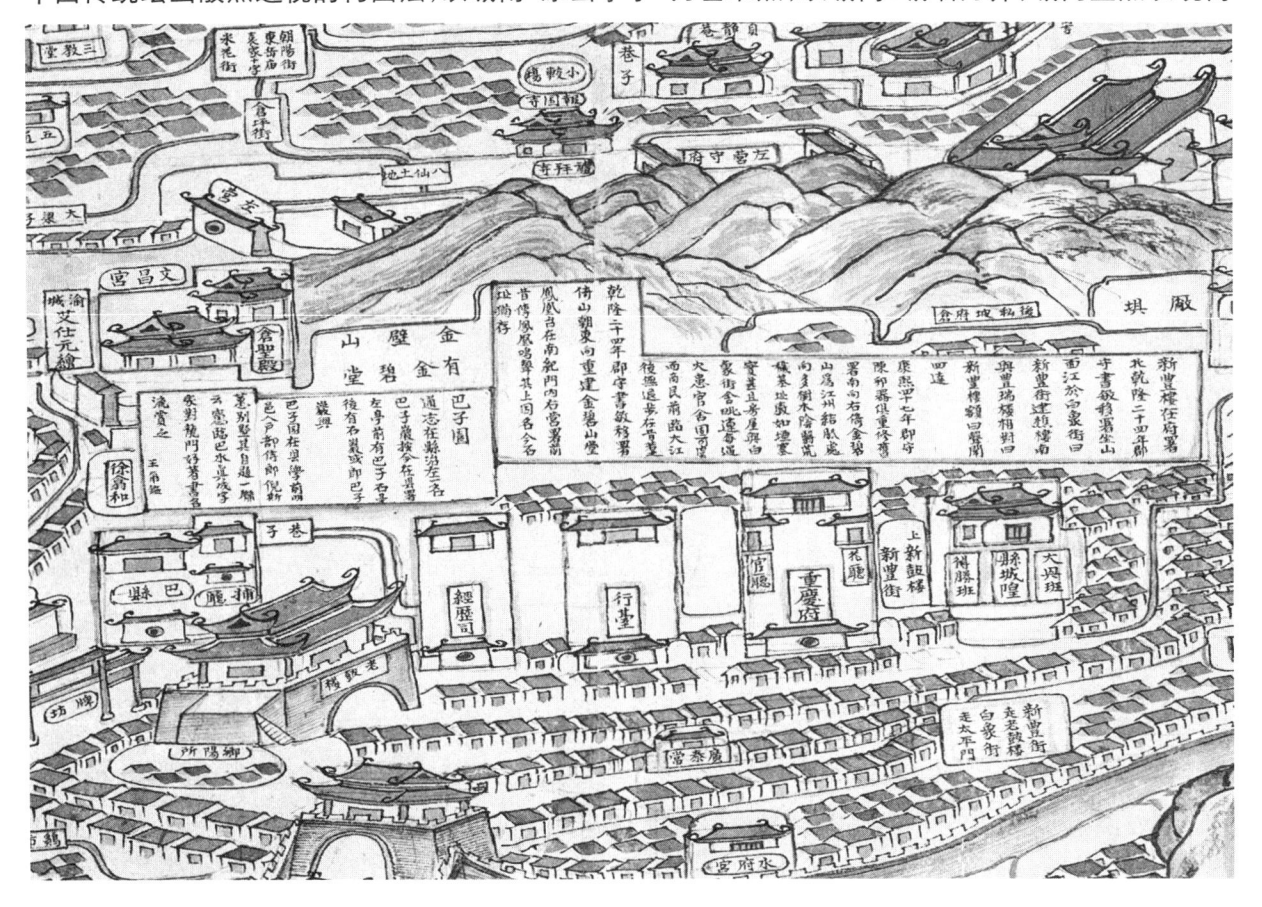

署、寺观、街道、会馆、戏班、当铺等,绘有建筑2625栋,标注会馆10家、戏班10家、当铺14家;城外重点表现人物、船只、码头、行帮、船帮等,绘有建筑752栋,各色人物1454人,大小船只339艘。该图展现了晚清重庆传统城市风貌。通过图中表现的人物、信息得知,其绘制时间的上限应在清咸丰十年(1860年),因为咸丰十年江北厅城新筑嘉陵、永平二门,而该图中已有了"嘉陵门"的标注。而其时间下限,通过对比成图于清光绪十二年(1886年)国璋版《重庆府治全图》,可推测《渝城图》绘制时间在清咸丰年间到光绪年间。

2015年11月,时任法国总统奥朗德访问重庆,热情好客的重庆人精心挑选了两幅珍贵的清代重庆老地图送给奥朗德:一幅是清光绪年间由张云轩手工绘制的《重庆府治全图》,另一幅是清光绪年间由刘子如手绘的《增广重庆地舆全图》。

奥朗德回国后不久,馆藏丰富的法国国家图书馆复制了一幅罕见的重庆老地图——清代《渝城图》,作为回赠重庆的礼物。重庆古代简称"渝",所以称"渝城"。这幅《渝城图》的范围,包括了位于今渝中半岛东端的重庆母城,以及位于今江北嘴地区的江北厅城。据考,该图绘制时间早于前两幅,史料价值和艺术价值则更胜一筹,真实记录了晚清时期重庆的大千世界和繁华景象,在重庆文化史和中国地图学史上都占有重要地位。

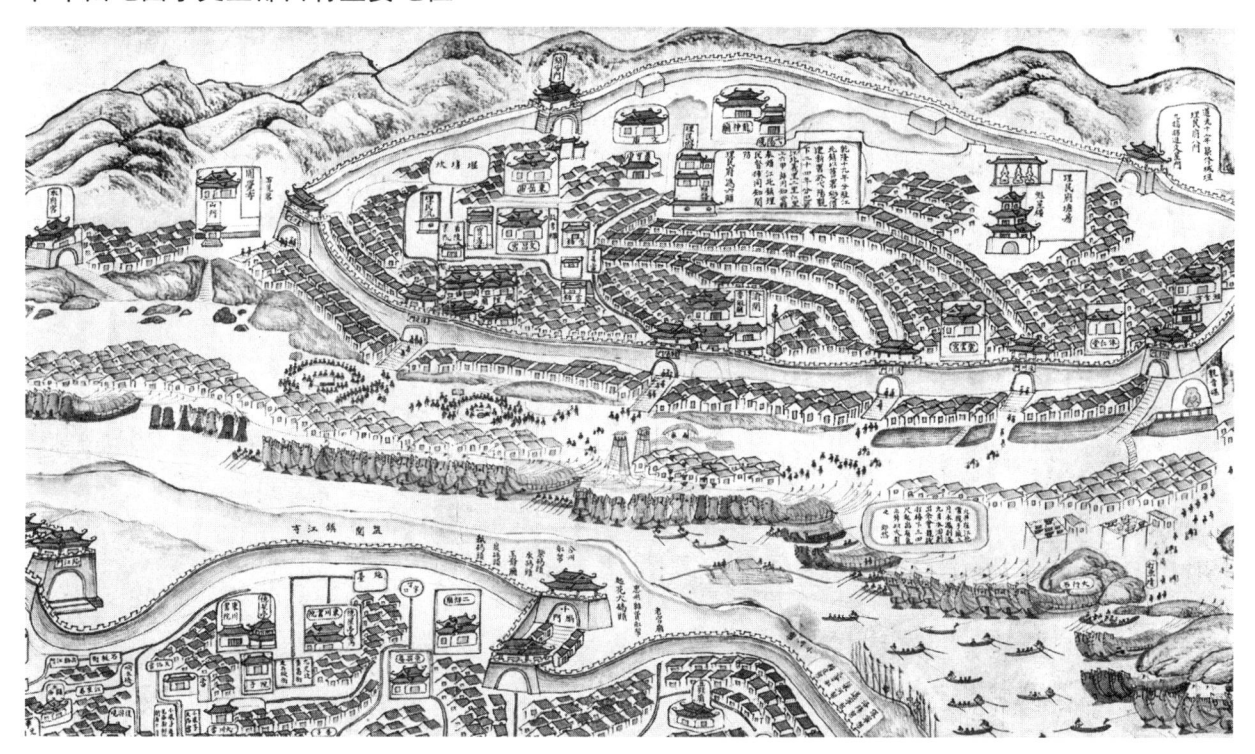

一、地图中的重庆城市布局

重庆群山环绕,长江、嘉陵江两江交汇,地势高低不平,城廓沿长江、嘉陵江两岸延伸,形成依山傍水、顺江筑城的城市布局,有"山城"之称,吊脚楼、棒棒(力夫)成为重庆特色景象。

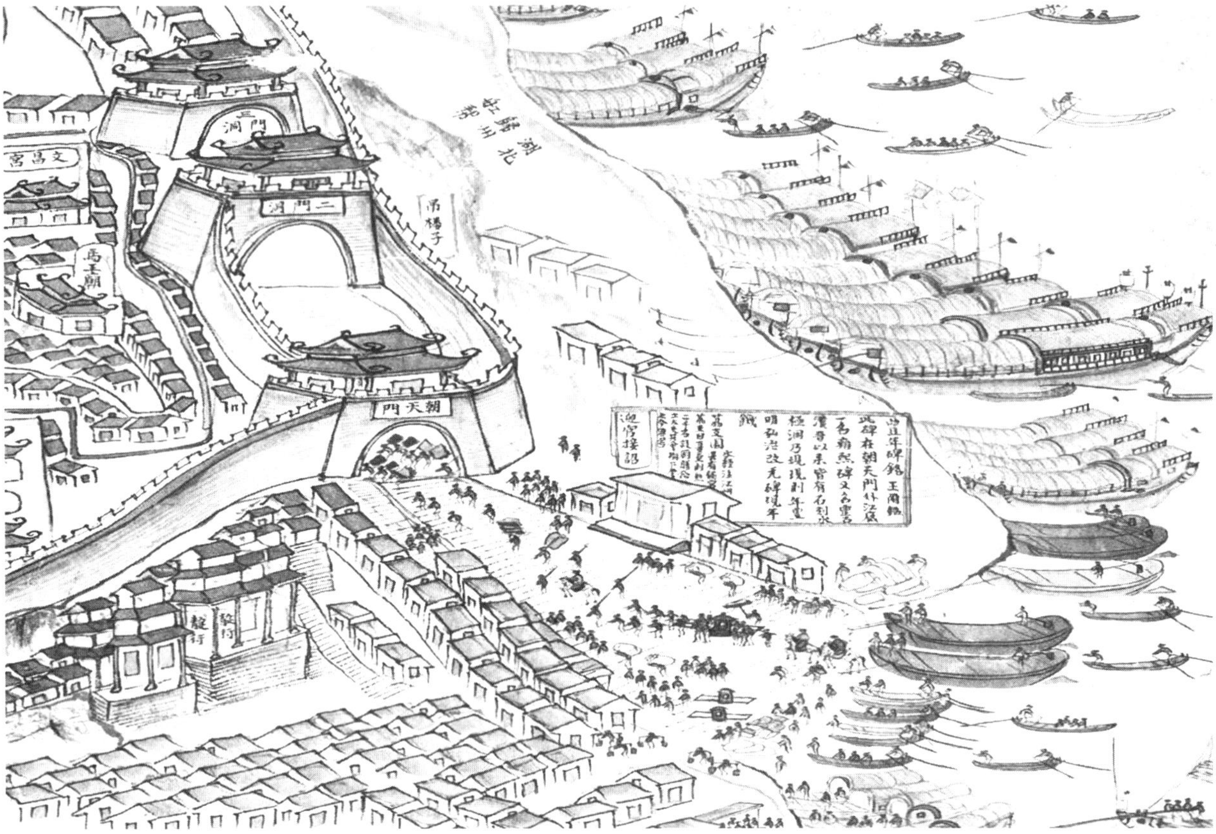
朝天門
二門洞
文昌宮
禹王廟

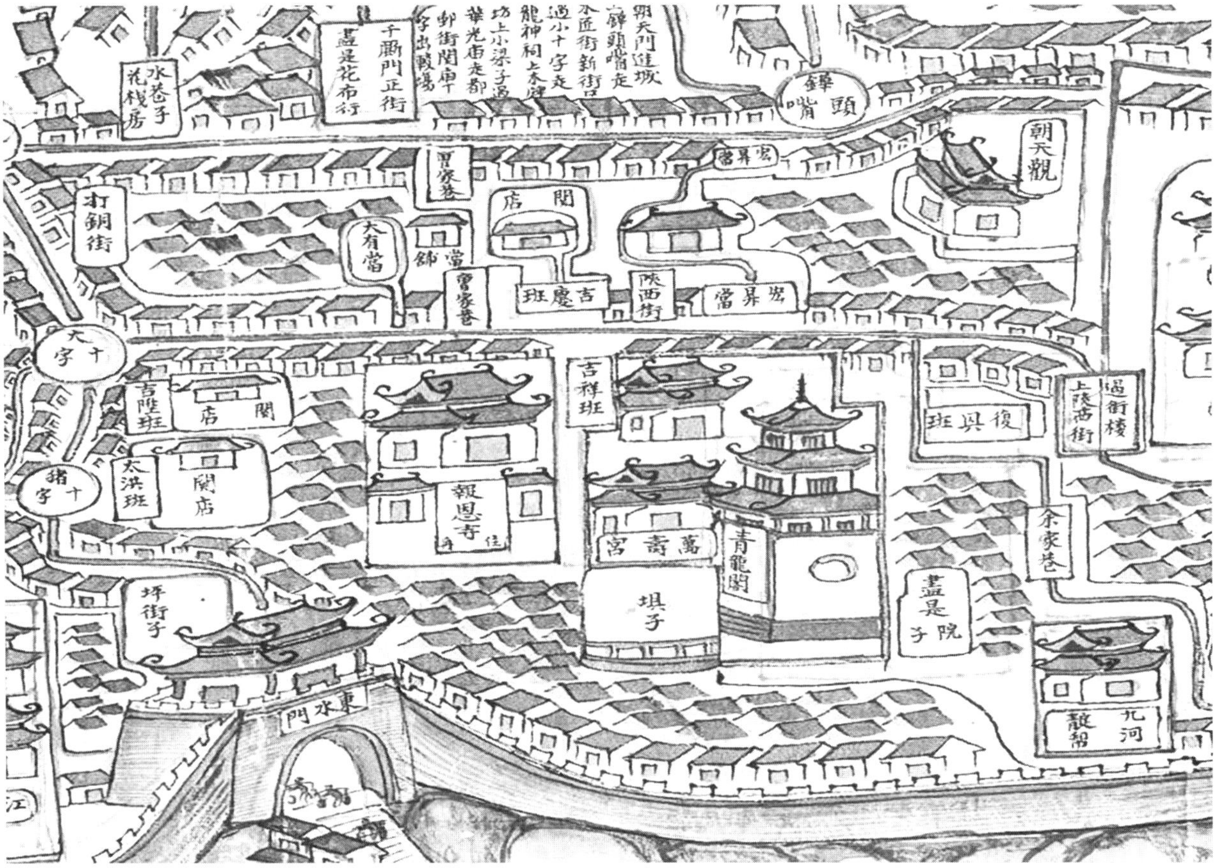
千廝門正街盡是花布行
水巷子花錢房
鐘頭嘴
朝天觀
打銅街
大有當
賈家巷
曾家巷
閔店
吉慶班
陝西街
宏昇當
大十字
吉陞班
閔店
太洪班
報恩寺
吉祥班
萬壽宮
青龍閣
坝子
盡是子院
余家巷
復興班
上陝西街
過街樓
坪街子
東水門
九河幫

自然环境决定城市布局与规划。城市选址与地理环境、城市格局与空间形态、城市建筑与广场街道等元素，直接影响城市发展中的人类活动以及生活于城市中的人们的思想观念、风俗习惯等。

作为中国古代地图的重要分类，古代城市地图绘制的内容一般以山水格局、城镇选址、道路水系、建筑布局等自然与人工地物空间分布为主，同时传达社会历史文化信息，反映其当时的社会经济、政治、文化背景。

重庆建城始于秦国灭巴后，经过"四筑渝城"奠定明清重庆城市格局。公元前281年—前277年，巴郡郡治由阆中迁移至江州，秦将张仪源于政治和军事防御的需求而建筑江州城，史称"仪城江州"。其后经蜀汉李严筑大城和宋代彭大雅扩建，重庆城城池范围已大大扩展，初步奠定了明清重庆城的基础。明洪武初年，重庆指挥戴鼎在南宋旧址之上砌筑石城，形成了重庆"九宫八卦"城市格局。清康熙二年（1663年），总督李国英下令补筑城墙。而在近代城市建设开始之前，重庆城市格局再无大的发展了。因此，清代几幅重庆地图中最为详尽的绘本，记录的景物基本反映了清代重庆城的空间结构。

1. 山水为骨的城市布局

西南山地地貌多样，山川纵横。作为山地城市典型代表的重庆选址于山水之间，长期以来延续着"一岛、两江、三谷、四脉"的山水景观格局。早期城市发展受当时的生产力水平的制约，近代以前主要局限于"一岛、两江"发展。地图《渝城图》所绘正是"一岛、两江"范围，图中详细描绘了群山环抱、两江汇流、山城交融之景，其中府城位于长江、嘉陵江交汇半岛华蓥山余脉之上，山势西高东低、北高南低，"其城壁或顺山势或沿江而筑，居高临江，孤峙江中，险厄天成"，城与山、山与河互为参

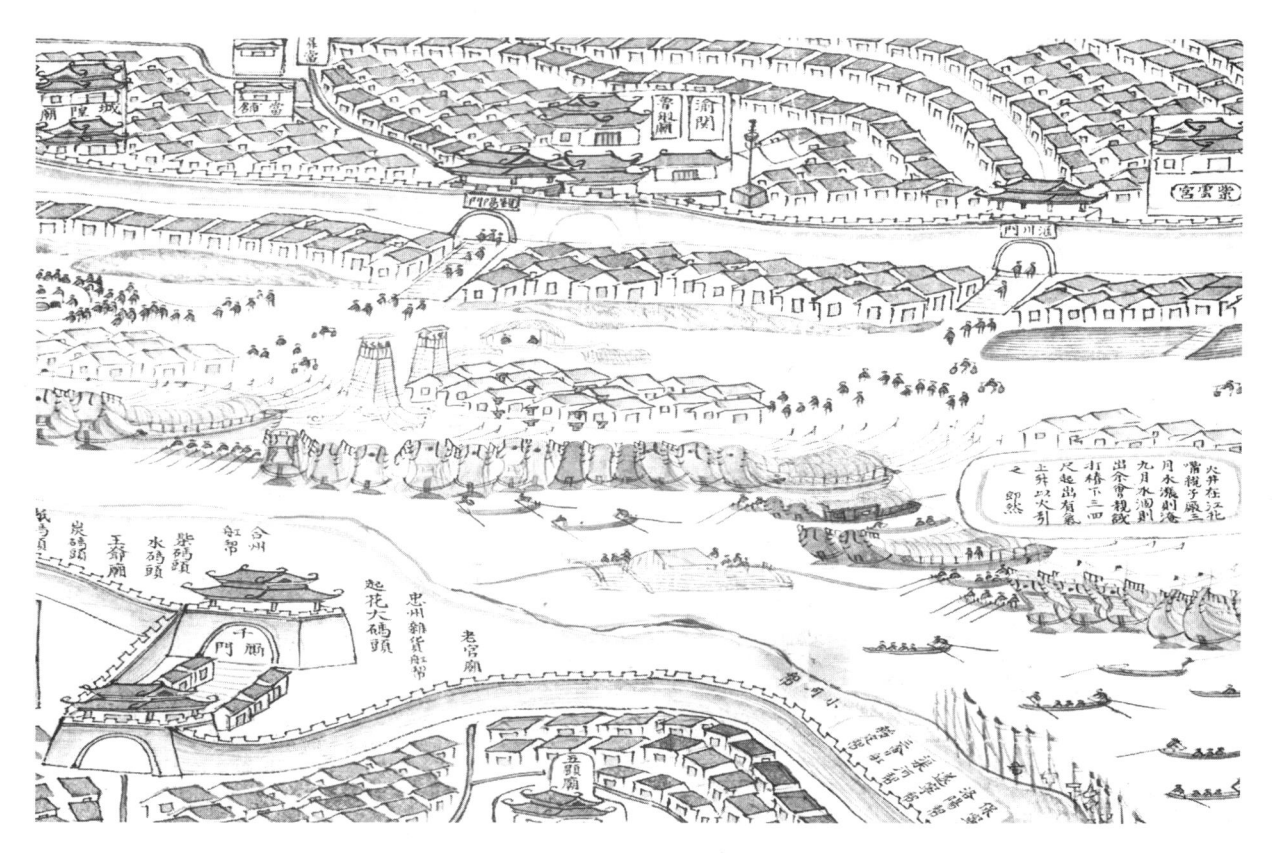

差、犬牙交错，体现出丰富的边际线景观，展示了"山水为骨"的典型特征。地图对山的描绘尤其生动，其画法以传统简约线描笔法为主，长江南岸铜锣山轮廓走向清晰，由西向东详细描绘了南坪山、涂山、狮子山等景观，嘉陵江北岸以浅丘地形为主，详细标注了猫儿石景观。城中山体以大梁子为骨架，自西南向东北横穿全城，明确绘有金碧山（今人民公园）山体景观一处，城西五福宫与打枪坝（今自来水厂高地）所在地巴山为城中制高点，通远门与佛图关之间为半岛最狭窄处，山体名为鹅项颈（今鹅岭公园）。魁星阁旁府学后为古"渝城三山"中之太阳山。

2. 上下分城布局

上、下半城主要由原始山脊线自然分隔，主要走向为由西向东，经过五福街、较场口、大梁子、打铁街、上新街至朝天门。分界线以下为"下半城"，《渝城图》中描绘的大部分军政机构汇聚于此，同时商号云集，形成城市政治、军事、经济核心功能区域。"上半城"则主要是社会生活区域。重庆府城"上、下半城"的用地格局形成于城市演进之中。建兴四年（226年），李严筑大城，考虑到水路交通便利因素，选址于江边台地，依托华蓥山余脉山体大梁子形成背山面江的狭长布局，城市面积约2平方千米。该范围基本处于"下半城"用地区域之内。"上半城"的发展要远晚于"下半城"。宋嘉熙四年（1240年），重庆知府彭大雅因城市防卫需求扩筑重庆城防，其城池范围跨越大梁子西移、北扩至今通远门、临江门一带，此次扩建将"上半城"正式纳入城市版图。明初戴鼎在宋城之上砌筑石城，奠定重庆"九宫八卦"城市格局，城门九开八闭，九个"开门"中处于"上半城"临嘉陵江的城门仅有临江门、千厮门两座，处于"下半城"临长江的城门则有朝天门、东水门、太平门、储奇门、金紫门、南纪门六座之多。明清以来，重庆作为川江航运枢纽，转口贸易高度发达，作为主要交通节点的城门附近区域，则形成各行业长期以来的活动场所,民谣"朝天门迎官接圣,通远门下葬造坟,千厮门花包如雪,南纪门菜担如云,太平门木料整理,临江门煤炭纷纷,金紫门镇台驻卫,储奇门药材回春"是该时期重庆城市沿江功能格局的真实写照。

"下半城"是重庆城的发祥地,重庆城的许多主要建筑以及官府的重要部门、机构也设置在这一区域,如川东道署、重庆府署、巴县署、重庆镇署、右营都司署、县学署、左营游击署、左营守备署和厘金局、邮政局、海关等。据乾隆版《巴县志》记载,川东道署在东水门内,重庆府署在太平门内,巴县署在府治右,同知署在白象街内城隍庙右,以旧试院为署。此外,通判署、经历署、照磨署、府教授署、府训导署、学政试院等都设在"下半城"。

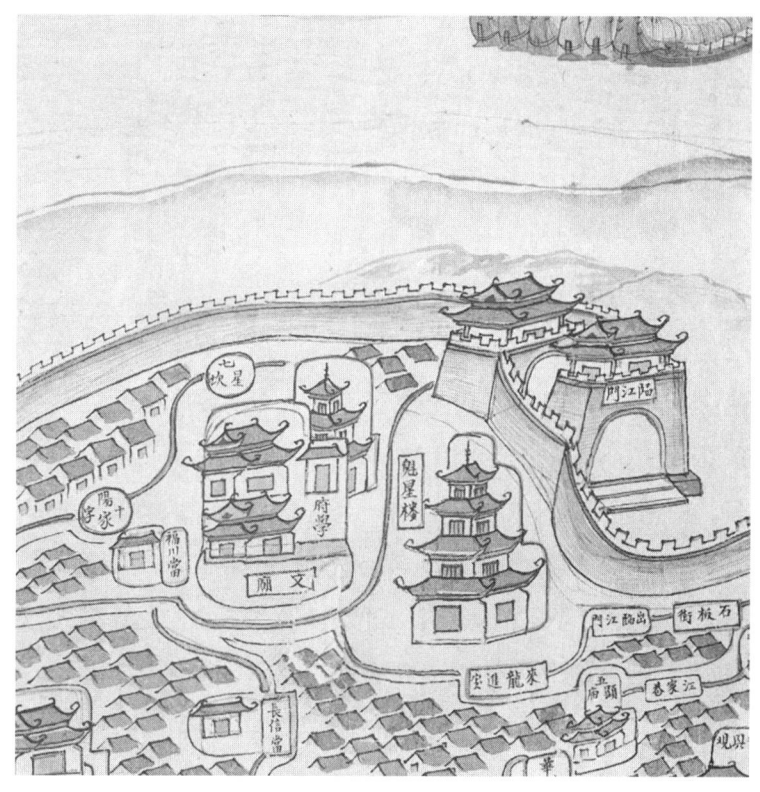

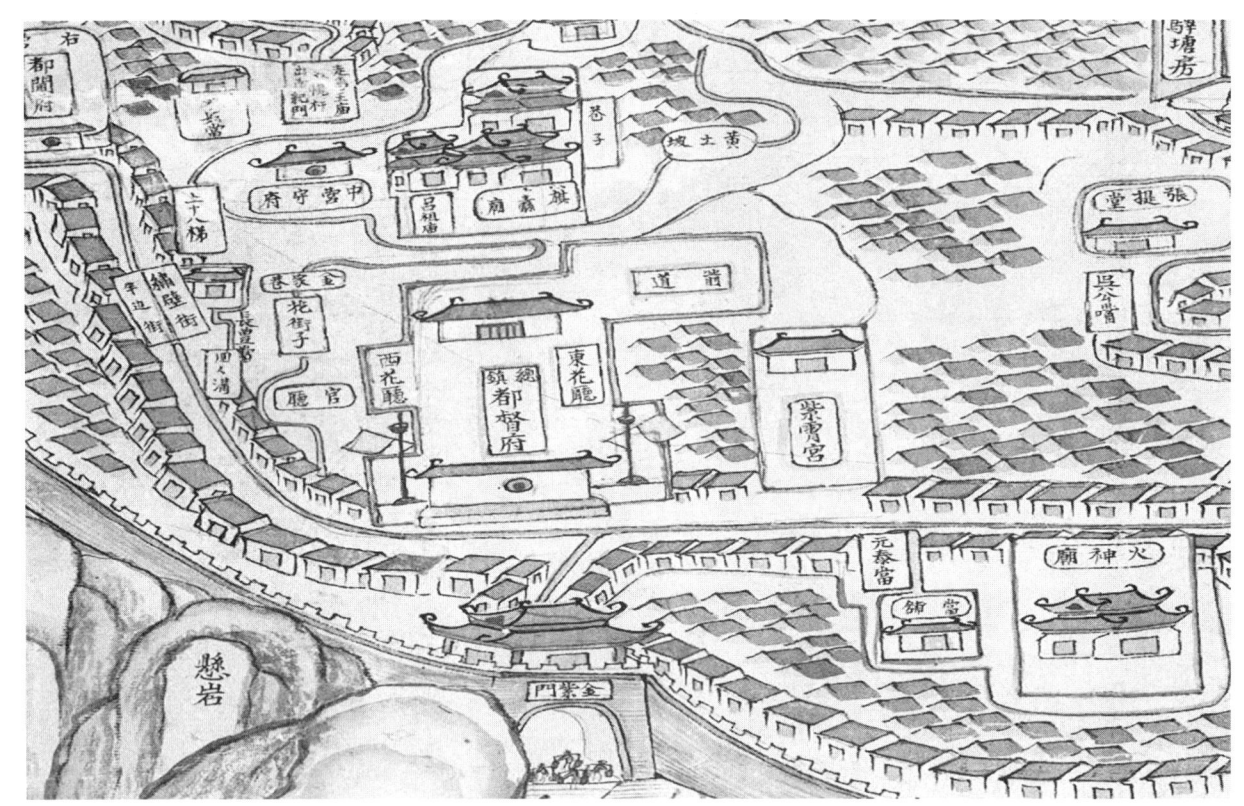

而今，在"下半城"的陕西路、解放东路、太华楼一巷、太华楼二巷、东正街、洪学巷（旧称黉学巷）、白象街、巴县衙门、二府衙、征收局巷、邮政局巷、储奇门行街等地，还保存了一些清末和民国时期的各种商号、银行、外国洋行开办的公司、各种仓库，以及一些大户人家和旧官吏的宅第。"下半城"濒临长江黄金水路，地势又较嘉陵江一侧平缓，沿江有朝天门、东水门、望龙门、太平门等重要码头，人流、物流进出都十分方便。南宋时期重庆知府余玠作七绝，对"下半城"水码头的景象作了描写："龙门东去水如天，待渡行人暂息肩。自是晚来归兴急，江头争上夕阳船。"

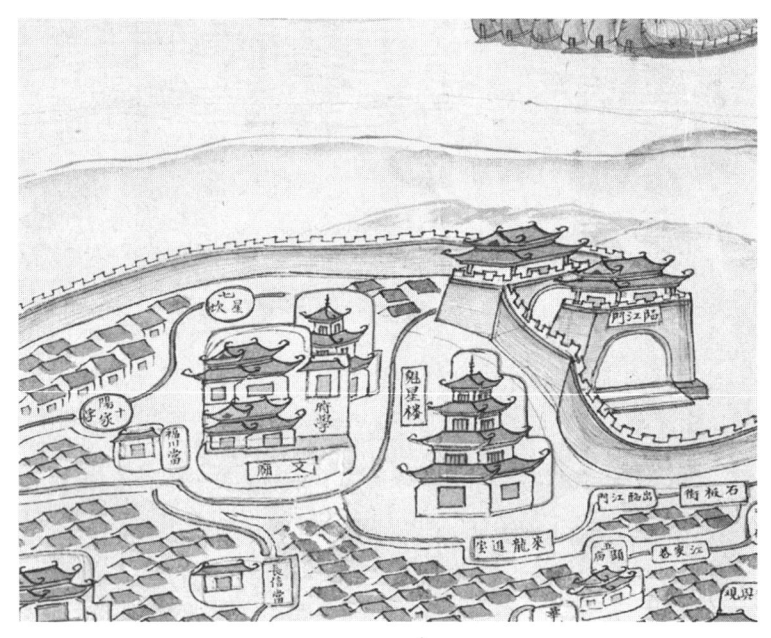

《渝城图》早于国璋府图，不同于其他地图，它突破了普通地图规规矩矩表现地物的做法，将地图对静物（地物）的表现和中国传统绘画对动物（人物等）的表现结合起来，描绘了数以千计的挑夫、轿夫、纤夫、船工、衙役，300多艘大小船只，以及轿、马等实物，对19世纪中后期重庆城的各种生产、生活场景进

行了生动的再现,让地图活了起来。同时,有别于府图类偏重于表达城市政治军事功能的特点,《渝城图》还大量表现了重庆城内城外的商帮、码头、钱庄、戏班等商业、文化设施,显示出开埠前夕重庆城市建设的统一布局规划理念,记录了晚清时期山城的繁荣景象。

以上老地图,除乾隆版《巴县志·重庆城图》外,其他几幅地图所绘半岛上的重庆古城轮廓整体相同,都是以长江和嘉陵江汇合处所形成的渝中古城为主。北面有嘉陵江北岸的江北旧城,东面和南面是长江南岸地区,西面接陆地,一直到佛图关一带。其他如长江中的珊瑚坝、江岸的码头等,都描绘得很清楚。同时,都详细绘出了被城墙包围的旧城,以及城墙上开的十七座城门,面临长江的朝天门、东水门、太平门、金紫门、储奇门、南纪门,西接陆地的通远门,面临嘉陵江的临江门、千厮门。除东水门和金紫门外,其余城门外都画有瓮城。另外还有八座闭城门,图中也都一一标出,它们是翠微门、太安门、人和门、凤凰门、金汤门、定远门、洪崖门和西水门。

3."南城北府"双城格局

史料记载,秦初筑江州城的具体地点可能位于今两江交汇处的嘉陵江北岸江北嘴一带。后期由于城市发展遵循"城廓分工"思想形成"南城北府"双城格局,城廓分置、隔江而治,其时"北府"作为政治中心,官舍也居于此,而"南城"则作为生活中心,南北二城之间以舟船联系。秦汉江州城"南城北府"建设基本奠定了古代重庆城市双城格局。清乾隆十九年(1754年),重庆府同知移驻江北城并置江北厅,重庆府治所在巴县。近城为重庆府城,对岸为江北厅,两城隔江而峙。与重庆府城隔江相对的江北厅规模小于重庆府城,居住人口接近5万人,城内建筑布局以江北理民府为中心,祠庙民居遍布其中,周围环以城墙,计有保定门、金沙门等九处对外城门。

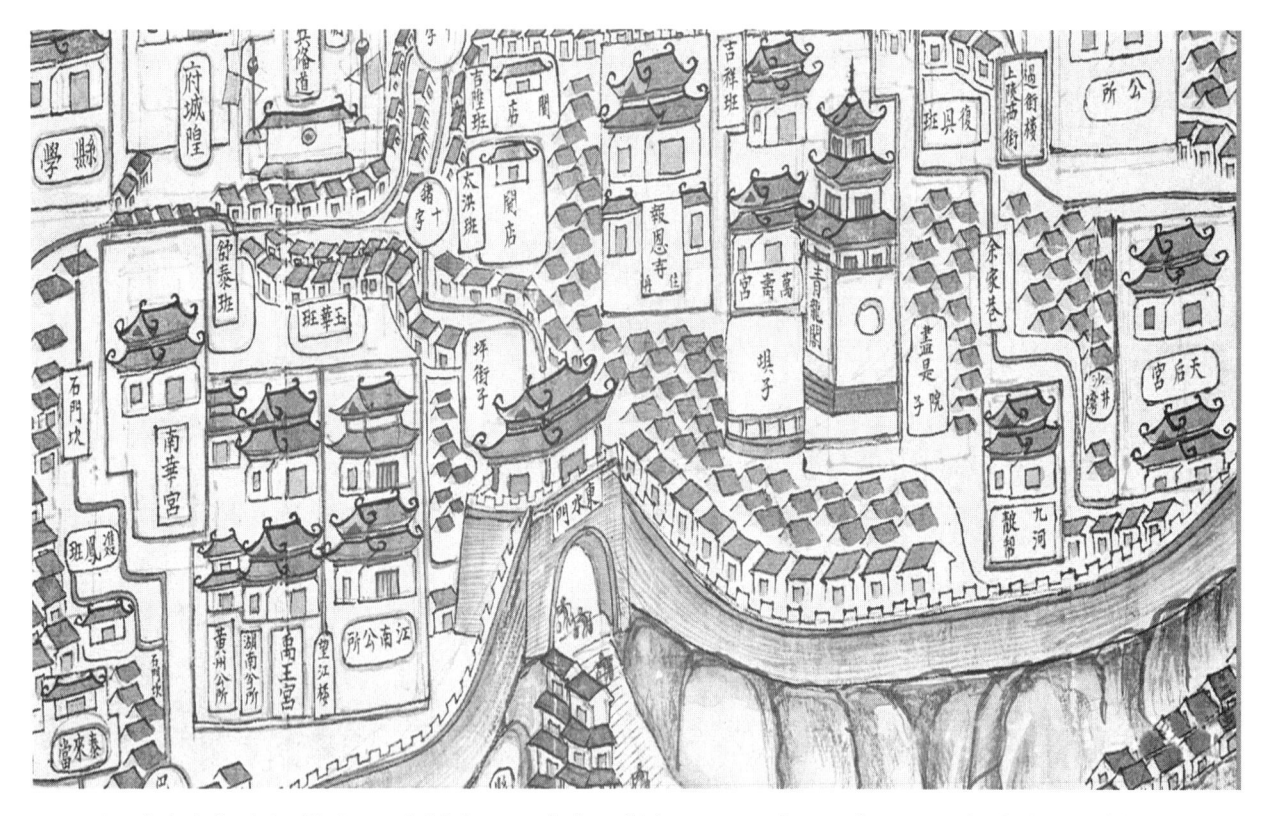

经过清中期大规模移民，府城人口至清末已增长至25万余人，城区发展突破城墙限制并在两江沿线形成大量街市及棚户区，图中多以顺城街、顺河街加以命名。地图中还描绘了南纪门外围绕码头形成的街市，多处作为居民生活聚集地，建筑结合山势，"重屋累居"旁建有观音寺、宝善寺、大佛寺、文觉寺等寺庙建筑。清末长江南岸沿线陆续有街市出现，图中仅对南岸龙门浩一处进行标注。

二、地图中的重庆街巷布局

古城内的主要干道，呈现长街纵巷的模式，街巷分布围绕大梁子和小梁子而展开，从重庆清末各个版本的府治全图都可以看得出来：由朝天门入城，直向西行，上坡为一门洞、二门洞、三门洞，过三门洞为接圣街，到过街楼西口为字水街、圣旨街、下新街口，上新街口到小什字。三门洞、接圣街后合并为信义街，小什字、曹家巷西口为上新街口，曹家巷西口、金沙岗口间为下新街口。下新街口向西下坡出千厮门标为千厮门正街，以后为千厮门行街。过小什字南行为双土地、绝龙岭，打铁街到滴水岩口，以后从小什字到滴水岩口都是打铁街。过滴水岩口为半边街、翠花街，过朝阳街口为九井街、大梁子，过苍坪街口为游府街，再向西南又是大梁子。

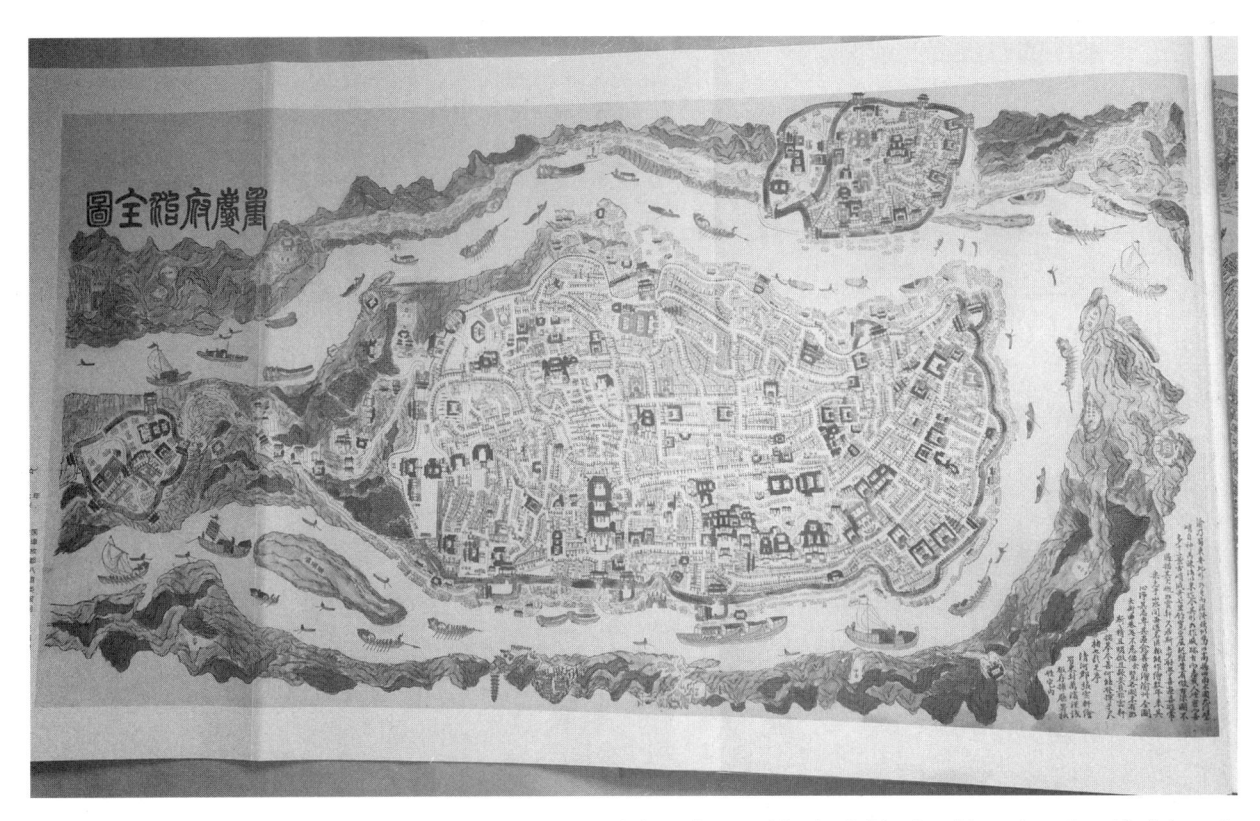

《重庆府治全图》不仅详细，谯楼、城门绘成实物，连丰瑞楼、新丰楼、朝天门、太平门、储奇门、南纪门、通远门、临江门、千厮门上面的四字题额都显示出来了。

从《渝城图》中可以看出，下半城的主干街道，自朝天门入城，转南而行为半边街，西过马王庙街口，向西南斜入凉水井，西过三元庙转向南，又西过过街楼东口，再向南为陕西街。以后半边街转并为大河顺城街，凉水井为三元庙街。当时的陕西街，大什字至曹家巷东口为上陕西街，曹家巷东口以下至过街楼东口为下陕西街。大什字至川东道署东辕门，在东辕门前东转，再转南，此一曲尺形街为莲花街，过莲花街为川东道署甬壁之外，一直向南到白象街口一段，图上未标街名，过白象街为新丰楼。过新丰楼为新丰街，就是以后的下新丰街。抵重庆府署东辕门，穿甬壁内坝子出西辕门，西辕门到老鼓楼未标街名，当为上新丰街，大街逐渐偏向西南逆长江上行。老鼓楼即丰瑞楼，过老鼓楼巴县署前，为衙门口。

许家什字至金紫门内一段未标街名，以后为段牌坊、镇守使街。此段大街内侧为重庆镇署，南向，稍偏东。署后抵上半城苏姜街、老街、韩家祠，署左（东）中腰为箭道，标为箭道衙门，出玉带街。西辕门出米市街，米市街接花街子，南口正对金紫门。过金紫门为绣壁街，已变为由东面西了。响水桥南口至凤凰台间大街未标名，北侧为右营都司署，即以后的审判厅。凤凰台街标横街，街口标凤凰台。大街向西为麦子市。南纪门内向东接麦子市一小段，向北一小段都标为门正街，当是南纪门正街。此图上下半城主干街道，至今街名一再改变，面貌也不同了，但街道的主要格局却没有改变。

三、地图中的重庆百业繁荣景象

《渝城图》记录下了重庆本土的传统文化元素。山城、川江,码头、航运,棒棒、纤夫;朝天门、东水门、太平门、储奇门、金紫门、南纪门、临江门、千厮门、通远门等九开八闭十七门……老重庆历史文化名片,都在地图中得到重点刻画。《渝城图》生动记录了晚清时期重庆的城市面貌和居民生活状况,将开埠前夕重庆城内外景象风物纳入一图,以城门、城墙为界,将渝城及江北城分为城内、城外两部分,对当时重庆城外沿长江、嘉陵江两岸的码头、行帮进行了详细的标注,码头有"大码头""二码头""三码头""新码头""柴码头""炭码头""水码头""纸码头"等,这反映出清末重庆商贾云集,已成为长江和西南地区的物资集散地。《渝城图》绘有人物、船只、码头、行帮、船帮及会馆、戏班、当铺、衙署、寺观、书院等,内容极其丰富,其中仅房屋建筑就有三千多栋,而在《渝城图》所绘风物中,最有特色的当属人

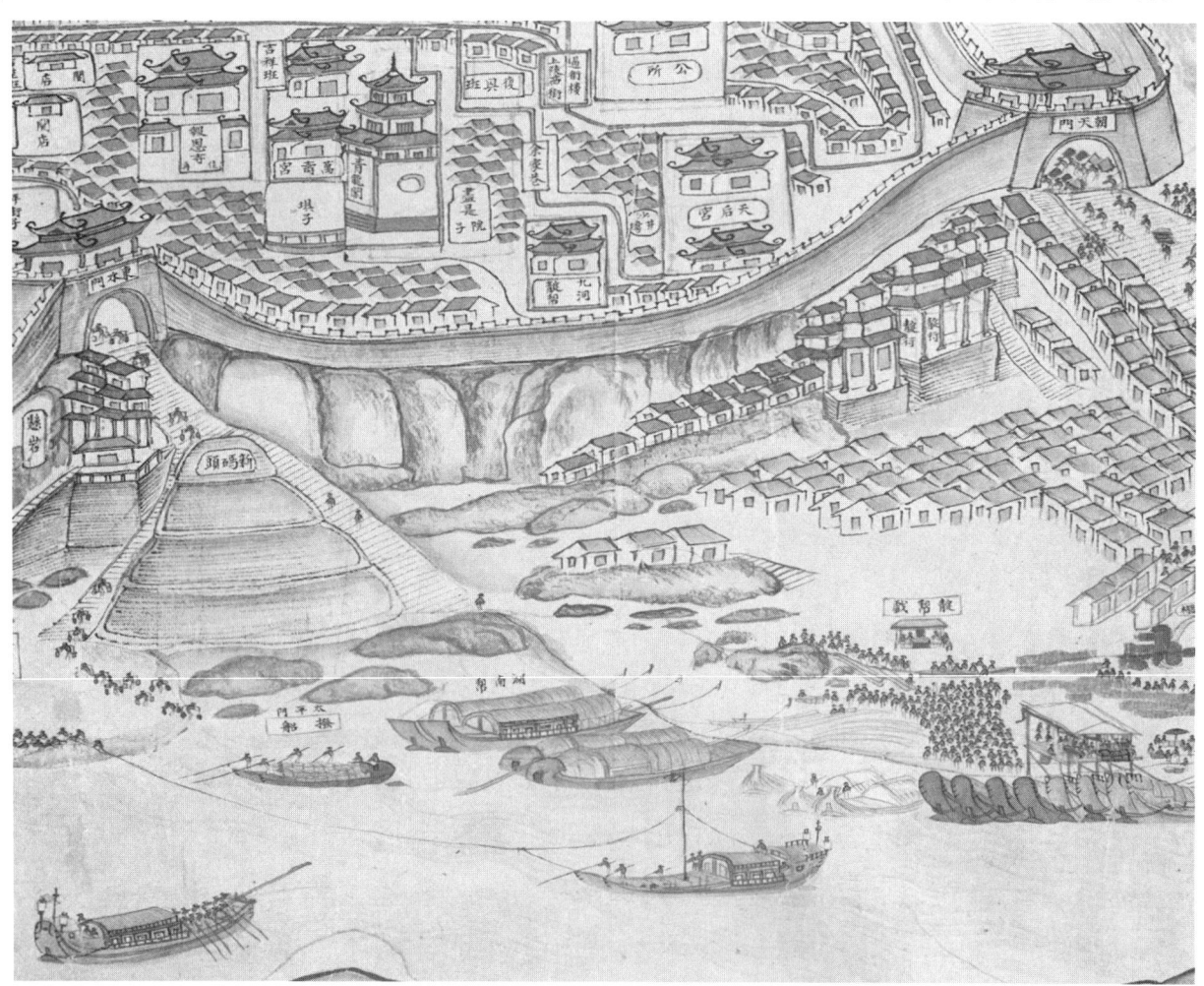

物和船只。该图聚集了从事各种职业的人物千余个,比我国四大名著中任何一部描绘的人物都要多,图中人物或三两驻足交谈,或在梯坎上行走、挑水、担货、抬轿,或在江滩制靛造船,或在岸上拉纤卖力,或于江中棹桨撑船。山城取水不便,各城门外都有大量以挑水为生的挑水工。这在图中也得到了呈现。

地图里描绘的"古渝雄关"朝天门，共有三个门洞两个瓮城。在"迎官接圣"的朝天门前，则绘有步行、骑马的兵丁和坐轿的官员，以仪仗入城，人物的衣着多为靛蓝色，构图疏密有致，虽都是寥寥数笔，但其动作各异，栩栩如生，穿插各种劳作、活动情景，笔法巧妙，入木传神，连挑水工、力夫、轿夫、船工、纤夫等职业，都依稀可辨，颇有丰子恺所画人物的风格。

在朝天门位置，还有一段关于清乾隆年间巴县知县王尔鉴的《丰年碑铭》的题记：此碑在朝天门外江底，一名"雍熙碑"，又名"灵石"。汉晋以来皆有石刻，水极涸乃现，现，则年丰。明弘治改元，碑现，年饿。

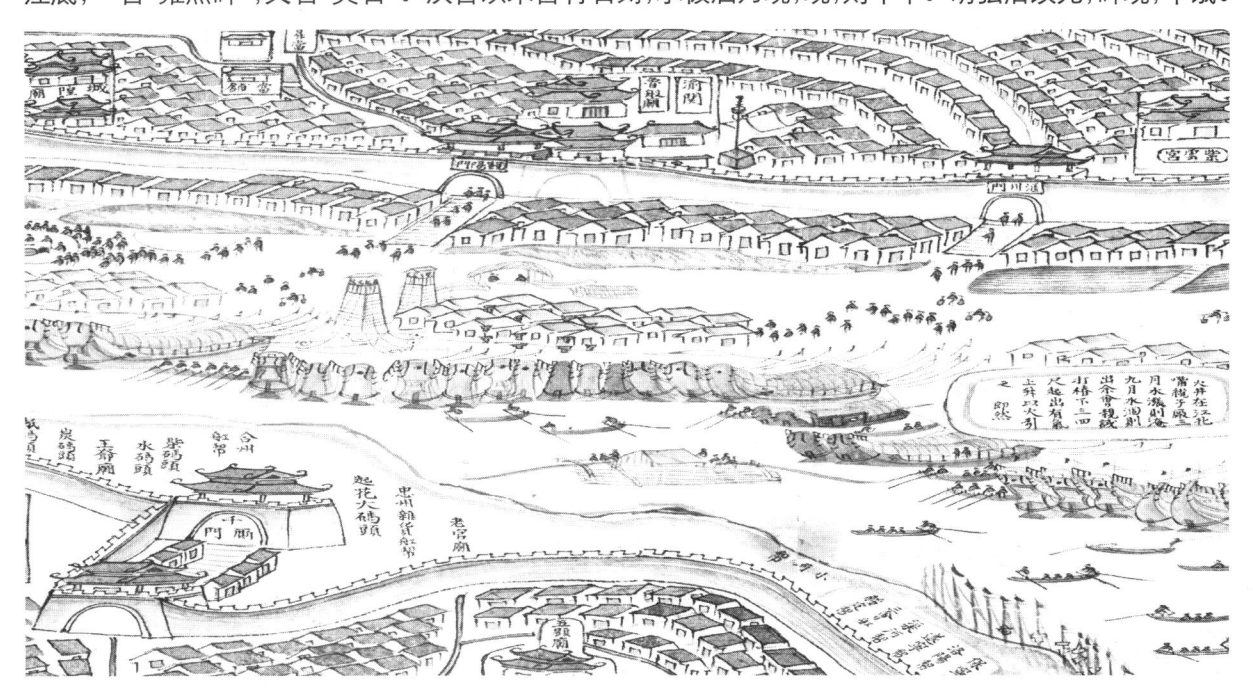

清代，长江称"大河"，嘉陵江称"小河"。与清末其他重庆老地图着重表现城内的商业繁荣景象不同，《渝城图》既表现了城内如"徐翕和"等老牌金店和打铜街、打铁街、鱼市口、磁器街等商业街巷，也对当时重庆城外沿长江、嘉陵江两岸的码头、行帮进行了详细标注，反映出清末重庆已成为长江和西南地区最集中的物资集散地，各地商贾云集，足见当时重庆经贸活动之繁荣。

渝城外两河边，停靠了来自长江流域各地的各种船只，可谓百舸千帆，《渝城图》中，就绘有各式木船339艘之多，反映出开埠前重庆的繁荣。当时的重庆，已凭借长江、嘉陵江两大黄金水道，成为西南内陆的开放高地。这些船里，来自湖南的有辰州麻秧子、辰边子、钓钩子、烧拐子、乌江子，来自宜昌的有辰驳子、南板麻雀尾、白板麻雀尾，来自云贵的有牯牛船、秋子船，来自泸州的有锅铲头、毛鱼秋、冬瓜船，来自遂宁的有千担哥、老鸦秋、阴阳合，来自嘉定的有南河船、桥眼船、扒杆船，来自合州的有毛板、贯牛舵，此外还有涪州的厚板，巫山的小辰驳子，开县的橹板，归州的鹅儿子，重庆小河的马耳朵、烟火船等。

历史上，巴县一直水陆交通便利，城区店铺林立，商贩云集，工商百业兴旺，行帮众多，如靛行、油行、酒行、布行、麻行、山货行、铜铅丹粉牙行、弹花铺、油漆铺、板箱铺、砖瓦铺、红白毡房、冰桔糖房、楚黄机房、广和帮、永生帮、烟丝帮、绸绫帮、锡帮、丝帮等。在巴县的长江水道上还活跃着大河（重庆以上长江）、小河（嘉陵江）、下河（重庆以下长江）三大船帮。巴县档案中就有大量各行帮行规和从事工商业活动的记录。

《渝城图》对行帮进行了详细记录，对嘉陵江上的船帮就标注了保宁帮、洛阳帮、遂宁帮、渠河帮、绥定帮、忠州杂货船帮、合州船帮、湖北归州船帮等，且有清晰的地盘划分，既表现出当时重庆商业活动的繁荣，也反映了行帮行规对行业从业者较强的约束力。

图中标注了9个戏班，包括吉庆班、吉祥班、复兴班、太洪班、吉升班、双凤班、舒泰班、玉华班、得胜班等。开埠前的巴渝川戏，已经开始呈现出商业化、城市化、同一化的走势。戏班为了自身的发展，已不再局限于乡镇农村院坝的节日庆典或庙会祭祀等娱乐演出活动，而是开始高价招录名伶、添置服装道具以扩充实力，把目光投向大、中城市那些更加广阔、更加集中的文化市场。《渝城图》上标注的这些戏班，就集中分布在东水门内会馆密集的区域，反映出在当时的重庆，在经过二百多年的移民注入之后，各省会馆已成为移民联系乡情和参与地方事务的重要场所。

在地图右下角，还有题记数语，记述清代重庆府巴县知县王尔鉴所编纂的《渝城重庆府巴县志图》部分内容，简述重庆历史，可谓妙趣横生："禹贡梁州之域，周，巴子国，春秋巴国都，秦置巴郡，汉，巴郡，治江州，隋改渝州，宋初，渝州嗣改恭州，嗣升重庆府，治，巴县……"

东西广二百八十里，南北袤三百六十里，由陆路至成都九百七十里。

城门高耸锁半岛，四岸舟楫涌两江。

商贾云集货如雨，渝州胜境忆巴乡。

这是笔者鉴赏清代地图《渝城图》后写的《醉读渝城图》诗句。

四、结语

几幅珍贵的清代重庆地图,记录了大量的历史信息,反映了不同历史时期山城的建置沿革、风土、政治制度、经济发展、建筑风貌等。特别是重庆本土画家艾仕元于清咸丰年间绘制成的《渝城图》,描绘了数以千计的挑夫、轿夫、纤夫、船工、衙役,300多艘大小船只以及轿、马等,以及重庆城内外的商帮、码头、钱庄、戏班等商业、文化设施,显示出开埠前夕重庆城市建设的统一布局,有"重庆版《清明上河图》"的美称,具有极高的文献价值。

参考文献：

1.《重庆历史地图集》编纂委员会：《重庆历史地图集》(第一卷 古地图),中国地图出版社,2013年。

2.《重庆古城渝中》编辑委员会：《重庆古城渝中》,重庆出版社,2019年。

3.许芗斌、赵娟、郑圣峰：《基于〈增广重庆地舆全图〉的清末重庆城市格局与交通文化景观解读》,《华中建筑》,2013年第6期。

浅谈照相写实绘画语言课程体系的建构[①]

周杰、熊莉钧

(四川美术学院)

【摘要】照相写实绘画语言课程是四川美术学院首批"国家级一流专业"——绘画专业油画系的核心课程之一。在教学体系的建构方面,主要以理论为基础,结合实践训练,形成了一套涵盖理论基础、图像研创、绘画实操、课程现场四个维度的课程体系,帮助学生树立对写实绘画的信心,锻炼处理各种复杂图像的能力与审美判断能力,建立自我艺术创作研究的方法论。

【关键词】照相写实绘画语言;四个维度;教学体系;美术教育

20世纪,以四川美术学院油画系为代表的"四川画派"取得了举世瞩目的艺术成就,也促使油画教学不断改革与前行。从实验班、早期工作室、课程制再到如今"基础部+工作室"的教学模式,共三十余年的探索,油画系教学一直饱含与时俱进的教学改革基因和动力。

照相写实绘画语言作为一门艺术教育课程被纳入四川美术学院油画系的教学,最早可追溯到20世纪90年代初,大致可归纳为三个阶段。第一阶段,1992—2000年,油画系曾间续开设照相写实课,强调超级写实的技术方法和视觉真实感,教学效果立竿见影,为本课程的形成奠定了早期基础;第二阶段,21世纪初,照相写实课程作为学生体验美术史节点的重要绘画训练课程,被固定下来。其严谨的理论知识体系建构和技能方法训练使学生获得了便捷的写实绘画方法,树立了对写实绘画的信心;第三阶段,2014年前后,随着全球艺术观念的革新和油画系课程制教学机制的日臻成熟,照相写实绘画语言课程的功能性趋向促使学生主动思考,注重观念表达与图像研究,实现了由技术性向观念性、图像性的转向。该课程锻炼了学生处理各种复杂图像的能力与审美判断能力,更促使他们建立了自我艺术创作研究的方法论。

因此,本文将从理论基础搭建、图像研创再造、绘画实操训练、课程现场融合四个方面,讨论它们如何在照相写实绘画语言教学中发挥作用,实现本课程的教学体系的建构。

[①] 本文为重庆市金课建设项目"'在地与在线'——基于一流专业背景下的绘画专业金课建设研究"研究成果,项目编号:192028。

一、理论基础搭建

照相写实绘画语言课作为一门兼具语言训练和创作训练的课程,对学生的史学知识和理论知识有一定的要求,因此,本课程一般开设在本科三年级阶段,课程时长一般为七周。

从理论基础知识搭建维度来看,多年来,传统的油画教学单纯地注重语言和技法层面的训练,还停留在单纯地模仿西方传统语言形式层面,导致语言学习脱离艺术史和社会人文的语境。

因此,艺术史思潮和理论学习的教学内容主要为"照相写实主义绘画的概念、历史与发展",目的是使学生充分掌握本领域的知识要点,构建图像创作的知识体系。理论讲授板块将多媒体课件理论讲授、作品分析相结合,介绍照相写实主义绘画的发展和背景,组织课堂提问与课堂讨论,使学生一方面系统了解照相写实主义相关理论,一方面完善油画语言逻辑与美术史知识体系。

其中,照相写实绘画和传统写实绘画的关系,是理论讲授的一个重点。西方传统写实绘画的历史源远流长,在中国高等艺术院校的油画教学中,也有着悠久的历史。照相写实主义是产生于美国的绘画艺术潮流和创作方式,以冷静、客观还原照片效果为创作出发点,是一种强调去感情化和主观化的艺术,它产生在新的社会文化背景当中。同样是写实绘画,二者表面上看起来很相似,但是实际上存在着巨大差异。在教学过程中,我们采用了对比分析的方法,从创作思想、观看方式、知识背景、绘画方法四个方面来分析它们之间的区别和联系。

二、图像研创再造

图像研创再造是照相写实绘画语言课程体系的第二个维度,指的是"照相写实主义绘画的照片拍摄与图像选择",即通过对拍摄的图像素材的分析,进一步加深对图像选择的理解;同时,在新时代、新技术、新语境下结合新兴媒介与技术实现对图像的再创造与重新构建。这个维度的教学重点是提高学生的图像认知与审美,强调对照相写实的观念与方法的双向认知拓展。学生体验图像创作,拍摄图像素材,教师引导学生在实践中寻找选材立意上的独特视角,不断增强美学意识,提升审美水平。

图片拍摄阶段的教学,教师要特别注意图像的视觉呈现是适合绘画制作的,图像性与观念性的传达要贴切;这个环节中,应充分展开课堂讨论,使教材和讲义中的重难点知识贯穿其中,让理论学习和实践操作具有联系性。通过与学生一对一的交流和讨论,增强学生对于图像的敏感度,并掌握如何运用图像的视觉逻辑和魅力来有效呈现主题的创作方法。此外,通过反复的拍摄实践和对多个主题的自主选择,学生在这个阶段对图像呈现的叙事性、视觉性、象征性、观念性等特征不断进行思考和判断,例如:主题与自己长期关注的领域有怎样的关系,特别是与自己的美学趣味、审美喜好有怎样的关系;主题是否是自己内心想表达的;主题与照相写实的绘画语言之间是否协调,是否适合以图片的方式呈现;选择的主题元素是否具有绘画的视觉魅力。我们在进行图像创作的时候,当然依赖于视觉逻辑,但是,这也促使我们思考,仅仅运用眼睛能否担起这一重任呢?面对拍摄对象时,我们是否不单单需要捕捉那些眼睛可见的元素,还要捕捉那些不在场的或是隐蔽的元素呢?因此,我们需要以更加多元的视角作为图像研究和创作的切入点。照相写实绘画在当代或许不应是某种视觉样式的改编,非反思和反思性的感受在创作中也应相互关联。

在甄选照片的过程中,还需要引导学生对创作路径进行多样化探索,在媒介、工具、呈现方式、展示方式等多方面进行图像的再次创作与突破性实验。在教学过程中,我们会特别强调图片的观念性,即在艺术创作中指导或参与实践行为的思维内容、感知系统和审美取向,这一切在作品中呈现出的个人化思想特质和美学方向。需要补充的是,这种个人化的思维和感知系统是与整个文化语境相联系的,并在复杂的信息世界中具有表达的针对性,如果表达出的观念与社会文化背景、艺术家生存处境没有关联,那么这种观念就是失效和无意义的。因此,在课堂讨论中,教师建议与学生意见并行,我们遵循互动式的教学原则,最大限度地使学生达成信息与建议的共享,强化学生对知识点的掌握。

三、绘画实操训练

实践训练是本课程体系的核心部分,教学的核心为讲授与学习"照相写实绘画技法",通过数周时间的教学培养学生的图像绘画创作思维和使用照相写实绘画语言进行创作的能力,明晰照相写实绘画在观看方式、绘制技术和效果等方面与传统写实绘画的差异。学生通过对教师示范的观摩,深入理解照相写实绘画语言特色,掌握油画技法与媒介的表现力,并独立完成一幅照相写实绘画作品。

在作业设计上,虽然整个课程课时较长,然而实际上学生创作作品的时间比较紧张,常常出现完不成作业的情况,所以作品的尺幅不应过大,应严格按照计划完成作品。

在作画阶段,学生一般很难摆脱传统写实的作画惯性,那么我们如何在短时间内指导学生快速掌握照相写实油画的语言和技法呢?首先,还是要让学生认识到照相写实将传统写实艺术所看重的情感、哲理意义全部抛弃,呈现的是完全客观、无感情、无态度的方式。在创作时,应以不加感情色彩的方式,用画笔将照片直接呈现出来。同时,在绘画方法上,通过一对一的辅导,引导学生体会并掌握有机械感、冷漠感的冷静严谨的绘画语言和技法。需要注意的是,当代学生普遍习惯于使用电子产品查看图片,然而电子显示屏的色彩体系不同于绘画颜料和印刷色彩,不利于进行对照和复制,很可能干扰创作者对原图的判断和作品的绘制。

另外,部分学生在创作实践过程中缺乏技法的拓展和创作表达意识,惯性思维影响下的被动学习状态使得他们在创作方式、媒介选材方面的自主性与创造性较弱。因此,在基本的训练基础上,我们鼓励学生在媒介和技术方面大胆拓展,从另一个维度增强认识与分析对象、解决技术问题的能力。

四、课程现场融合

今天的照相写实绘画语言教学，更需要使学生了解和掌握当代艺术多元的创作方法，这也是本课程教学中的重点和难点。因此，我们主张"网络共享+课程现场"一体融合的教学方式，使教学与展览相辅相成、课程与现场一体融合。这个部分主要依靠教师借助大量的展览资料和艺术家个案进行讲解。

在教学过程中，教师应大量遴选优秀的网络教学资源，将全球艺术展览、博物馆现场与线下课程相结合。例如，当代艺术现场中对图像的处理主要有两种趋势，一种是以图像与影像经验为素材，包含体验、叙事、观念等，以与照相写实相近的图像绘画手法进行创作；另一种尽管也具有观念化的表达诉求，但更接近于照相写实主义，更客观、严谨地按照图片效果进行描绘。前者更倾向于西方当代艺术领域中的"图像绘画"，后者更接近于照相写实主义。这两者都以图像时代为创作背景，都以图像或影像经验为切入点或素材，都不是以再现真实为目的，而以表达个性化观念为诉求。由此，我们可以看出，与传统的侧重技术语言的油画教学相比，"网络共享+课程现场"针对的是学生视觉意识薄弱，再造图像经验与艺术表达诉求不符，对图像审美的辨别能力不够强，不能深入理解图像及其视觉性，"问题意识"薄弱等现象，利用现场资源，有的放矢地提供丰富的当代艺术的图像创作经验。学生在对当代艺术创作方法论以及艺术命题有了整体了解和把握之后，才能够在已有的当代艺术现场中找到自己的创作定位。

五、总结

照相写实绘画语言课程作为一门油画专业技术语言课程，在本科教学过程中，兼备艺术语言和艺术创作双重教学任务。由理论基础、图像研创、绘画实操、课程现场四个维度组成的完整课程体系，摈弃单纯的语言和技法的训练，强调在掌握照相写实的绘画语言特点及创作技术的基础上，以语言推动图像创作，将观念与图像表达相结合，发掘图像魅力，拓展图像语义，最终独立完成一件照相写实绘画作品。这样既可以使学生树立对写实绘画的信心，也可以锻炼其处理各种复杂图像的能力与审美判断能力，同时建立自我艺术创作研究的方法论，开拓独立研创的广阔空间。

黔江文管所藏陈潇说文部首碑价值浅析

宋发芳

(重庆市黔江区文物管理所)

一、陈潇说文部首碑的基本情况

清《说文部首五百四十字》石碑(以下简称陈潇说文部首碑)四通,由黔江区文物管理所(以下简称黔江区文管所)收藏,清人陈潇书丹、冉瑞岱刊刻。单碑高73厘米、宽51~58厘米、厚13厘米,碑阴略内收呈梯形。碑文篆书,正面碑文计48行602字,碑正文刊刻说文解字540个部首。首行刻"说文部首五百四十字",次行刻"汉太慰南阁祭酒许慎记",第三行刻"乙酉科酉阳拔贡陈潇书",第四行始刻部首正文。碑阴无文字。碑存于原黔江县石家乡(今黔江区石家镇)三会寺内,1988年收藏入馆。

该碑作者陈潇为原黔江县石家乡椒溪村(今黔江区石家镇交溪村,下同)板仓坝人,土家族。生于清道光三十年

图1 陈潇说文部首碑

(1850年),派名陈于汭,乳名陈宝,学名直愚,禅号直翁先生,斋名半悟山人,系江州义门陈氏后裔。幼年丧父,孀母养育,家境贫寒,聪颖好学,母卖薪供读。其勤奋求学,苦练书工,日积月累,书文成就。清光绪十一年(1885年)乙酉科酉阳州拔贡,国子监生员。其生性耿直,不求名达于爵位,不贪斗斛之禄,果断公理,未登仕途,乃设蒙馆,自任教师,曾在彭水县郁山镇教学。启迪孩童,助人书写,闻名乡里,人敬称宝老爷。他书写甚多,郁山"太平桥"三字为其手书,曾新编《家礼通赞》等,现仅存其亲手撰书并请人刊刻于四通石板的说文部首碑,作为椒溪惜字库塔座之用,可谓代表作。陈潇晚年,追求清静无为,隐居故里,谧然于书斋。民国十一年(1922年)卒,终年73岁。

"惜字库"又叫字库塔,是古人用来烧毁写有文字的纸张的地方。古人认为文字是神圣和崇高的,写在纸上的文字不能随意亵渎,即使是废纸也不能乱丢,必须诚心敬意地在惜字库焚烧。椒溪陈氏祖

先修建这座惜字库的真正目的,是希望陈家子嗣尊重知识、尊重文化,勤奋努力、好好学习,这与耕读传家的家风契合。石家河椒溪惜字库对研究当地文化乃至清代黔江的文化教育、陈氏家风具有较高的价值,遗憾的是此塔现已被毁。

图2　陈潇说文部首碑1

图3　陈潇说文部首碑2

图4　陈潇说文部首碑3

图5　陈潇说文部首碑4

二、说文部首的文化价值

所谓说文部首,是汉代经学家、文学家许慎编写的《说文解字》的检索部首。《说文解字》是中国第一部系统地分析字形和考究字源的大字典,在这部大字典里,许慎根据文字的形体,创立540个部首,将9353字分别归入540部。其条理清晰,纲举目张,是汉字研究史上的伟大创举。许慎在《说文解字》中系统地阐述了汉字的造字规律、汉字的构成和使用方式,并在《说文解字·序》里对"六书"做了全面的、权威性的解释。从此,"六书"成为专门之学。有了六书系统以后,人们再造新字时,都以该系统为依据。

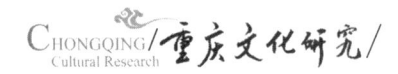

《说文解字》的五百四十部首和说解的字头以小篆为本。小篆是汉字字体之一,也叫秦篆,是在大篆(即籀文)基础上发展形成,较大篆更为简化。其结构整齐,字体略长,笔画圆匀。秦始皇统一中国后,推行书同文政策,以小篆为正字,亦称秦篆,后世通称篆书。

《说文解字》开创了部首检字的先河,后世的字典大多采用这个方式。其中的部首是按照形体相似或者意义相近的原则排列的。许慎创造的分部首列字、检字、析字的方法,规律性、系统性、实用性都很强,成为历代辞书的通例,至今仍然如此。历代都有许多学者对《说文解字》进行研究,清朝时研究最为兴盛。段玉裁的《说文解字注》、朱骏声的《说文通训定声》、桂馥的《说文解字义证》、王筠的《说文释例》《说文句读》尤受推崇,四人也被称为"说文四大家"。可见其文化价值十分重大。

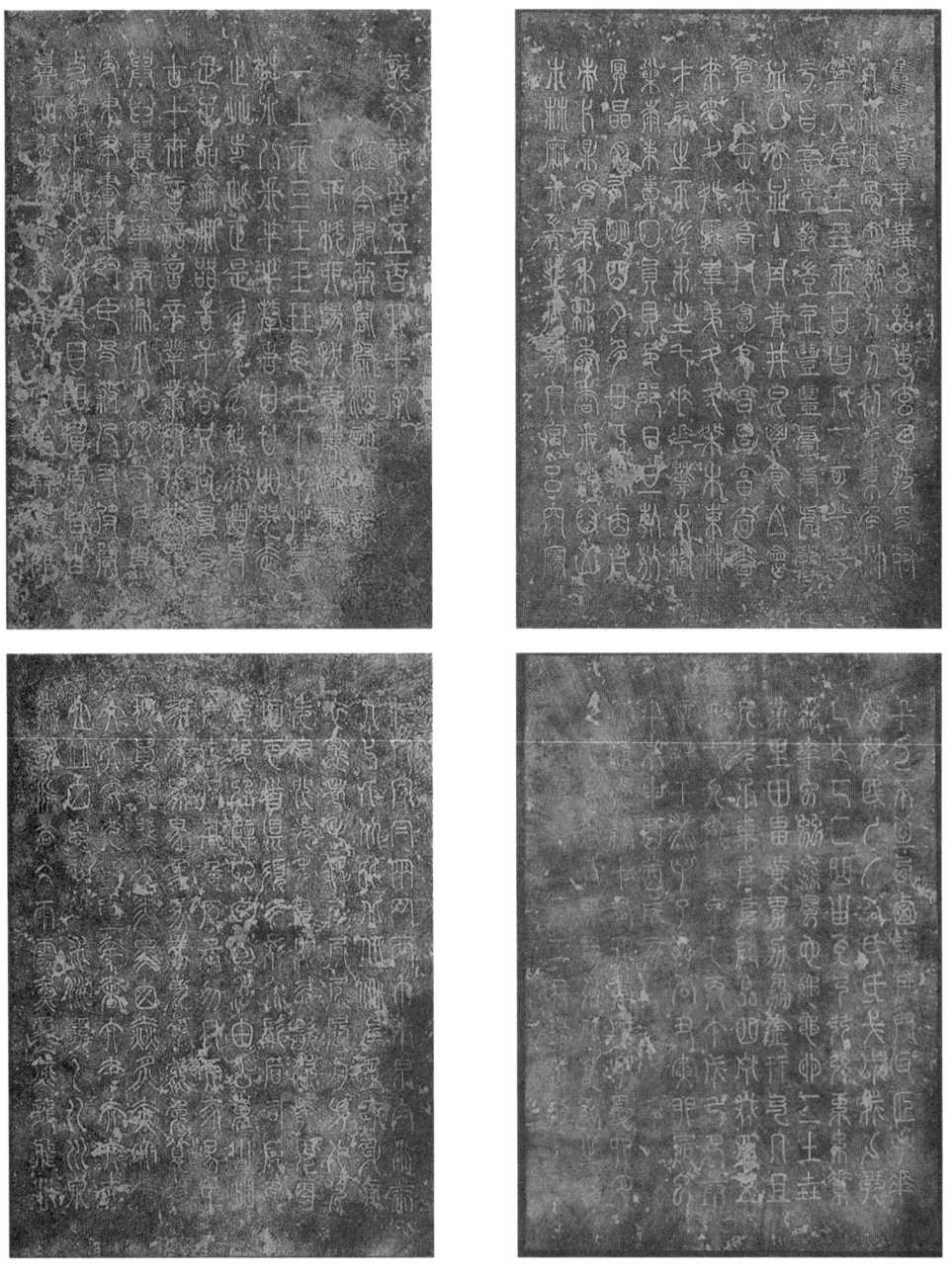

图6 陈澧说文部首碑初拓本拓片

三、陈潚说文部首碑的价值

说文部首字源碑、帖存世较少,十分珍贵。目前发现最早的是北宋咸平二年(999年)梦英法师所书的《篆书目录偏旁字源碑》,又称《偏旁字源碑》《宋六书偏旁》《梦英说文字源》,陈列于西安碑林博物馆。此碑刻螭首龟趺,通高300厘米,宽99厘米,厚27厘米。碑题1行,隶书;目录17行,行33字,篆书;释字、自序及答书11行,行字不等,楷书。由梦英法师把东汉许慎《说文解字》中的540个偏旁部首分别以小篆写出,又以楷书注音,自作序文说明,再加上郭忠恕答书,刻成《篆书目录偏旁字源碑》。碑中的篆字具玉箸篆特征,风格古朴典雅,浑厚端庄,用笔遒劲,线条流畅婉转,纵横有度,长短适宜,是篆书中之上品。此碑虽采用实用体书法,如果遮去楷书部分,主体篆书仍上下贯通,左右照应,大小错落,顾盼生姿,体现出书者极强的章法构造能力和极深的书法功夫。通过碑中文字,可以见到中国造字六法的文字结构范例,对中国汉字形体演变以及篆体书法研究都有一定价值。

民国丁卯年十一月二十四日(1927年)王福庵也书有《说文部首》篆书墨迹本字帖。王福庵(1880—1960年),近现代著名书法篆刻家,"西泠印社"创始人之一,精篆刻,书法工篆、隶,所书小篆工整规范,秀美遒劲。《说文部首》是他的代表作之一,他的说文部首用笔纯净单一,提、按、起、止、转、折圆润浑厚,字体横平竖直,圆劲均匀,平衡对称,上紧下松,极富立体感,结构均衡又饶有韵致,篆法规矩却不失灵动,是篆书学习的范本。

黔江文管所藏清代陈潚说文部首碑,从时间上看,虽不及北宋梦英的字源碑早,但相比王福庵撰写《说文部首》篆书墨迹帖子还早39年。从书法艺术上看,不亚于前人。纵观陈潚说文部首碑,虽未附形音义,初拓本拓片效果不甚理想,但对照《说文解字》仍能一一辨别、补全。从字形书写可见其书法功底扎实,运笔自然,平直方整,笔意流畅,拙中藏巧,立新意于法度之中,寄妙理于豪放之外。从考古价值上看,该类碑刻存世较少,而陈潚说文部首碑保存完好,年代久远,石质坚硬,除少数字有风化现象,其余字皆清楚可辨,雕功也很精细。它曾经竖立于椒溪惜字库,便于陈家子嗣临摹研习。通过这块石碑,可以了解古代惜字库建筑的历史渊源、中国文字发展的历史等,所以很早就受到陈氏家族重视而得到妥善的保存与收藏,在当代也具有较大的考古价值。

四、结语

黔江文管所藏陈潚说文部首碑,具有较高的历史文化价值、书法艺术价值、教学实用价值,对于研究古代历史文化、书法艺术具有重要意义。如条件允许,可以整理出版,作为广大书法爱好者临习篆书的范本。

黄廷炎的舞龙人生

宗和云
（重庆市铜梁区文化馆）

铜梁龙从中国千姿百态的龙舞中脱颖而出，成为一张国家级文化名片，这要归功于铜梁历届党委、政府接力打造这一文化品牌的战略定力。当然，铜梁龙品牌的崛起跟铜梁厚重的龙灯文化底蕴和一批杰出的民间艺术家的努力也是分不开的。在明代，铜梁安居就有关于龙王传说的文字记载了。明代安居籍巡抚胡尧臣，在衣锦还乡后考察了当地圣水寺的一块碑刻，碑刻记载了一个传说。传说安居的琼江是西海龙宫所在之地，天干水浅之时，渔樵之人常见海底有龙宫，其支流兜溪由龙王珍淑掌管。珍淑是东海龙王敖广的妹妹。宋徽宗年间，宫中大火，三天三夜不熄，玉皇大帝派遣珍淑行云布雨，扑灭了大火，宋徽宗乃将金牌抛江设祭，敕封珍淑为东淮洞达慈孝龙女元君，并在江岸立圣水寺，寺内立龙女像供人们世代祭祀。这些传说被胡尧臣于1860年整理记载在《圣水寺灵异记》一文中，清光绪元年（1875年）版《铜梁县志》辑录了这篇文章，《县志》还描述了铜梁龙灯会的盛况："上元张灯火，自初八九日至十五日，辉煌达旦，并扮演龙灯、狮灯及他杂剧，喧阗街市，有月逐人、尘随马之观。"清代至民国，民间"大足朝佛，铜梁观灯，合川看春"的俚语家喻户晓，可见铜梁龙灯的影响之广泛。千年民俗孕育了"铜梁龙舞"和"铜梁龙灯彩扎"两大国宝级艺术，它们分别于2006年和2021年被列入国家级非物质文化遗产名录。杰出的艺术离不开杰出艺术家的创造与传承，"铜梁龙灯彩扎"离不开蒋玉霖等一批"扎龙王"对其的传承与发展，而"铜梁龙舞"则离不开黄廷炎等一批"舞龙王"对其的传承与发展。可以说，"兜溪龙王""扎龙王"和"舞龙王"三大龙王在铜梁龙品牌的创立中功不可没。正如"兜溪龙王"一样，"扎龙王"和"舞龙王"都有着传奇的经历，下面我们一起来了解一代"龙王"黄廷炎的传奇人生。

重庆的铜元局名气很大，在清朝末期（1905年）刚建立时是钱币制造机构，在抗日战争时期被国民党改建为兵工厂。黄廷炎的父亲黄耀武就是一名驻守在铜元局的国民党军队分队长。黄廷炎的母亲是铜梁安居人，结婚后一直随丈夫在军营生活。1941年12月15日，黄廷炎在铜元局出生，在他之后，父母又为其添了一个妹妹和弟弟，一家五口人的生活倒也如意。黄廷炎在6岁时开始读书，据说学习还不错。

到了1949年，黄廷炎8岁了。这时解放战争已接近尾声，国民党军队全面溃败，在大陆已无立锥之地。驻守在铜元局的国军也接到了立即撤退的命令，为甩掉"包袱"，部队立即动员军人家属回老家。黄廷炎的父亲在河边包了一只小船，安排黄廷炎及其母亲、妹妹和弟弟四口人乘船回安居。就在即将开船前几分钟，一件奇怪的事情发生了，黄廷炎也不知为什么，突然站起来就往岸上跑。他要去找父亲。事发突然，黄廷炎的母亲也蒙了，开船时间已到，她已来不及去追回儿子，只好带着小儿子和女儿乘船回了安居。

黄廷炎随同父亲和堂叔，跟着部队一路败退，要去哪里也不知道。兵败如山倒，他们一路上犹如惊弓之鸟，又苦又累。黄廷炎的父亲和堂叔看到这些情况，再考虑到孩子，就想法"开小差"（当逃兵）。据黄廷炎回忆，他们三人躲在一个哑巴小孩家中，给了哑巴小孩家一大把银元，两个大人换了老百姓的服装，把哑巴小孩的衣服换给了黄廷炎。他们趁黑夜混乱之时，偷偷逃离了部队，徒步往安居进发，准备与黄廷炎母亲会合。三人胆战心惊，一路爬坡上坎地往安居逃跑，还好老天保佑，躲过了沿途多处巡逻岗哨，跑了两天两夜，总算回到了安居。回到安居后的第二天，黄廷炎的父亲就去安居区公所报到投诚，堂叔也回老家四川资中去了。

安居和平解放后，政府采取宽大政策优待投诚的国民党官兵，给黄廷炎一家分了房子，住所位于安居油房街大田角86号，也就是现在的安居汽车站所在处。政府还安排黄廷炎的父亲做小百货生意，黄廷炎也被安排在安居二小读书。一家人就此安定下来，生活还算过得去。

黄廷炎回忆起当时他突然离开小船冲到岸上找父亲的情况，觉得当时自己也是糊里糊涂的。但冥冥之中自有定数，正是这糊里糊涂救了父亲和堂叔。因为，如果当时没有他的拖累，他的父亲和堂叔有可能不会想到"开小差"，跟随部队不知逃窜到哪儿去了，也许很早就送了命，这可能就是所谓的"天意"吧。

到了1952年，黄廷炎家渐渐经济拮据，入不敷出。尽管父亲卖着小百货，母亲也帮别人打毛衣，一年四季起早摸黑拼命干活，可仍然保障不了五个人的生活。黄廷炎看着妹妹和弟弟还小，就决定不上学了，要走自己养活自己的道路。当时的他才11岁，能干什么呢？刚开始，他跟着父亲一道赶场卖百货，路线是安居—关溅（少云）—高楼—太和坝。父亲守摊，小小的黄廷炎头上戴顶帽子，手里提着毛巾、手帕、袜子、棉线等，在小巷子的茶馆、酒馆里辗转售卖，但生意不好，一天也挣不了多少钱。黄廷炎又想办法，跟烟店的周老板商量，自己帮忙卖货。每天天一亮，他就把文烟、竹烟杆和草鞋背到河对面的滩口去卖，但货不好卖，他傍晚又挑起货穿大街走小巷，还是卖不脱。这样过了半个月，没卖到什么钱，他又去帮人挑砖，但这活儿需要很强的体力才行，黄廷炎干了三天就趴下了。

住在安居的舅舅见妹妹一家困难，又见外甥勤快，就叫黄廷炎去学编船篷。黄廷炎很快就上了路，每天可赚一些钱。但也有生意不好的时候，所以他还想干点儿其他事，多挣点儿钱。与黄廷炎同院的人里有个孤儿叫李明福，比他大几岁，平时在拣二煤炭（炭渣子）卖，黄廷炎就跟他一起去拣二煤炭。怕被别人抢了先，他们每天天不亮就去酒厂、砖瓦厂、饭馆等地方搜寻，捡来的炭渣就卖给大田角陈绍安老师。陈绍安是川剧座唱领头儿的老师,还是炸麻花、炸饼饼的生意人。这么一来,黄廷炎的收入就比以前高了,解决了家庭的经济困难。

黄廷炎白天忙着做事,晚上就喜欢看戏,看电影,听评书,听川剧座唱,对这些事儿他简直入了迷,哪儿有锣鼓、音乐,哪儿就有他在。因为喜欢,他就想学。先学拉胡琴吧。没钱买胡琴,他就自己做,什么材料都准备好了,就差马尾毛了,他就悄悄去城隍庙下面的马房扯。他记性很好,乐感也很好,在茶社听过的胡琴曲牌他居然拉得有模有样,晚上无戏看就拉一拉琴。黄廷炎白天捡煤渣子,编船篷,晚上看戏,看电影,听评书、金钱板、荷叶子、竹琴、花鼓,要不就扯胡琴。很多时候手在拉,口在唱,自己一个人演川剧。除了自学,他有时还跟人学点儿"倒挂金钩"之类的高难度动作。周围邻居都说这娃儿将来肯定要进戏班子。

1954年,春节快到了,黄廷炎所在的居委会负责组织春节期间的表演,表演内容有舞小彩龙和狮子以及表演莲箫等。为了这些表演,居委会组织了一班人学川剧锣鼓,训练地点就在收炭渣的陈绍安家里。黄廷炎去卖炭渣,每次都要站着听一阵子。有个老师打【穿不着】曲牌的锣,总是打不到点子上,黄廷炎就自告奋勇地把点子念出来,还问陈绍安是不是这么念的。陈绍安很惊讶,说:"对呀!那你打不打得成呢?"黄廷炎说试一下嘛。结果一打就对了。从此黄廷炎就取代那个62岁的老师,成了大田角居委会龙狮舞的大锣手,春节期间到处拜年。这个乐队的成员全都60多岁了,黄廷炎一个13岁的孩子夹在中间,的确很显眼。人们一看,黄廷炎人小锣又大,还打得不错,于是他在全安居都出名了。这期间陈绍安老师还教黄廷炎舞龙,黄廷炎很快就把基本动作全都掌握了。他还学会了用绳子做小彩龙,把胡萝卜作龙头,用麻绳连起来做龙皮,找几个小朋友一起来玩。可以说,黄廷炎自小时候就和川剧、杂技和龙舞结下了不解之缘。

春节过后,卖炭渣和编船篷的生意渐渐不佳。黄廷炎虽然打锣鼓有点儿名气,但没有收入呀,他必须得找一个固定而又长久的工作才行。干什么呢?他想到理发,这个工作不会失业,虽然发不了财,但至少够吃穿。要学理发自然是找安居的理发高手唐仲尧,他也是个川剧票友,黄廷炎前去拜师,一说就成。唐老师欣赏黄廷炎,说:"大家都是一路人,啥子条件都不讲,明天直接来上班。"黄廷炎也很上心,每天很勤快地理发、做清洁,收入虽然微薄,但是够吃喝了。学了三个多月理发,手艺渐好。黄廷炎本来想的是一心学艺,一辈子就做个理发师,但没想到一个顾客带来的信息点亮了他更加辉煌的人生。

1955年10月18日早上,黄廷炎一如既往地在理发店做清洁,如洗毛巾,擦镜子、椅子等。这时来了一个人,也是安居街上的一个川剧爱好者,叫彭远学,16岁了。黄廷炎小他两岁,平时称他为师兄。彭师兄打扮得光光鲜鲜的,叫师弟看他是否对上眼了(川剧眼睛表演基本功)。黄廷炎问他:"又是对眼,又是这般打扮,要干啥子嘛?"师兄告诉他,自己是要去考川剧团,还说他已经考了两次,今天再考一次就办户口了。这个消息对黄廷炎来说震动太大了,因为他一直都梦想考川剧团或当杂技演员,奈何没有机会。他哪里会放过这个机会?于是他就去跟唐老师请假。唐老师爽快地说:"去嘛!"

师兄弟两人一起去了安居人民会场（剧场）。当天正逢赶场，中午有戏，戏一完，剧团的团长黄笑非、指导员张明伟和剧团其他几个老师就来考彭师兄，叫他唱几句。当时观众才看完戏，还没散去，都在此围观。彭师兄不好意思，不张口，黄廷炎便鼓励他不要怕，说："来，我把'肉锣鼓'（用口念出来）给你打起，'肉胡琴'给你拉起。"这一"打"一"拉"可把几个考官惊住了，考官们不断点头，接连赞叹："正宗！正宗！"剧团领导和老师都围了上来，叫黄廷炎唱唱，黄廷炎大胆地来了几嗓子。这真是一鸣惊人，剧团领导和老师把黄廷炎围在中间问长问短，早把彭师兄忘在九霄云外了。第二天剧团就通知黄廷炎办户口，他母亲却不同意，不盖指印，黄廷炎再三相求，母亲才同意。真是神速，黄廷炎办完户口，第七天就背一床老棉絮跟随铜梁群声川剧社由安居到凉水演出，黄廷炎自此开始了几十年的川剧人生。至于那个彭师兄，黄廷炎后来再也没见过他了，不知道他去哪儿了，不知道他干什么去了，也不知道他的境况如何。每每回忆此事，黄廷炎都会有一丝歉意。

1955年10月20日黄廷炎办完户口，25日就随剧团到处巡回演出了。他的任务是当书童，跑龙套，平时就练功。领导安排他演武生，并安排王德安老师教他功夫，还举行了一个简单的拜师仪式：由剧团领导主持开了个茶话会，然后合影留念。

黄廷炎跟随老师勤学苦练。开始的时候身体不太适应，第一天练功时还晕倒了。黄廷炎很尴尬，他特别爱好这个艺术，怕领导说他有病不要他练了，就恳求老师别跟领导说晕倒的事儿。老师答应了。后来他慢慢就适应了。黄廷炎特别好学，除了老师教，只要有空就跟几个师兄弟找沙坝、草坪练功，甚至一个人也去练，吃饭还要老师来叫。全剧团都知道他练功很拼命。三个月后，黄廷炎的功夫大有长进，在演出进出场时都可以翻几个小跟斗。领导很满意，就安排他演山猴子、小马夫，甚至还让他演哪吒。黄廷炎到各地演出，反响很好，观众都说"这个娃娃将来学得出来"。黄廷炎勤奋，加之在演出中的磨练越来越多，进步很大。剧团领导对他也非常重视，将他视为重点培养对象，还常常派黄廷炎外出观摩学习，这对他的成长也非常有益。随着黄廷炎功夫不断提高，他演了更多的剧，比如《大闹天宫》《哪吒闹海》《林冲夜奔》等，还在《白蛇传》中表演铙钹、变脸等，他在当地渐渐有了名气。

1958年，黄廷炎参加了江津地区川剧演员训练班，学习了6个月。由于本身功底好，训练班老师很喜欢他，常叫他出来做示范表演。黄廷炎在江津学习了《三岔口》等剧目，基本功更为扎实。黄廷炎在训练班中的表现很出色，江津地区川剧团想将他留下，但铜梁川剧团不同意。

1960年，黄廷炎参加了为期半年的四川省川剧演员进修班。他只用了一个月就学会了《三岔口》《白蛇传》《拦马》《铡侄》《柜中缘》等几组功夫戏。进修回来后，铜梁川剧团的演出质量大幅提升。当年，铜梁川剧团被评为江津地区红旗剧团，参加江津地区文艺调演的剧目是《荀灌娘》，黄廷炎在剧中扮演马童。全团有58人参演，只有他一人受到奖励。

1961年，黄廷炎又跟随重庆市川剧院武生导师刘忠义学变脸，并在《白蛇传》《归正楼》《飞云剑》等剧中演出。而后，黄廷炎的名气越来越大了。

从1961年到1978年,黄廷炎的人生是动荡的,由于黄廷炎的父亲过去是国民党军官,家庭成分特别不好,在"反右""文革"这些运动中受到很大冲击。过去,他在团里是先进个人,但运动一开始他就成了批斗对象。只要运动一过,他又变成了好人。这期间,他排导了剧团的保留剧目《白蛇传》《荀灌娘》《盗官袍》《陆文龙》《杨八姐盗刀》《八姐救兄》《三岔口》《拦马》,现代川剧《急浪丹心》《奇袭白虎团》《智取威虎山》《红灯记》等。1972年,剧团被文艺宣传队取替,只留下几个人,其余全部回农村,或者送到酱园厂、造船厂、织布厂等单位改造。黄廷炎先被送回安居去理发,但因为爱人李永宜还留在剧团里,又带着两个孩子,后来领导又把他留在了正街理发店。因为黄廷炎手艺好,理发生意红火,生活倒也充实。理发三个月后,地区川剧团于1973年5月就把他接走了。黄廷炎在那里工作了5年,主要从事教学、排导工作。直到1978年,铜梁川剧团三番五次动员他回去,为了家庭,黄廷炎才又回到了铜梁川剧团。

话说,黄廷炎演川剧演得风生水起,怎么又舞起龙来了呢?

在1986年春节的一个晚上,黄廷炎站在县城川剧团门口,看到街头在舞铜梁龙灯,大蠕龙在剧团门口舞了几下,当时他就很高兴,不自觉地说了几句话:铜梁龙好看!有特色!如果把这个龙拿来让我们剧团的师兄弟们舞一盘,恐怕不会只是这个效果吧?就这样,他心底埋下了将来要舞龙的梦想。

两年后,他的梦想实现了。1988年6月,铜梁县文化局通知黄廷炎和其他几个人开会,领导对他们说:"1988年北京国际旅游年全国舞龙大赛将在北京工人体育馆举行,铜梁县有两个节目将代表四川省重庆市参赛,一是《大蠕龙》,二是《鱼跃龙门》,你们几个人来担任排导,看怎么分下工?"黄廷炎一听就激动起来,觉得终于可以实现自己的梦想了。见无人发言,他主动表态:"我来负责《大蠕龙》,不但编排,我还要亲自上场舞龙珠。"大家都投来赞许的目光,领导当场拍板:"好!干!"在县委宣传部和文化局的领导下,舞龙队成立了,共有演员48人,乐队14人,后勤行政人员、报社记者等共8人,由宣传部部长陈克普带队,文化局局长姜长秀负责具体组织工作。

黄廷炎任龙舞编排兼执行导演,从7月16日开始到8月底,排导基本完成,在排练前还请了安居的老师陈忠福、陈绍安、唐世忠来做《鱼跃龙门》的音乐,请巴川的周仁吉、赵海涛、赵贵云等舞龙老艺人来传授舞铜梁龙的技艺。他们把传统铜梁龙大开大合的套路继承下来,再加入新的故事情节。黄廷炎又结合自己在剧团演龙宫戏的经验,仔细揣摩"龙出宫"应该是什么形象、需做些什么动作、龙王和虾兵蟹将怎么配合、舞蹈和音乐怎么配合等方面,用自己的心思设计了一个故事。当听老艺人们说"龙从云,虎从风",龙出场前,必定是风起云涌,雷电交加,大雨倾盆时,黄廷炎灵机一动:好!就以川剧吹打乐为前奏,以舞台表演的12个云牌为龙的出场造势,先把气氛营造起来,然后才做"龙探洞""龙理甲""龙舔项""三抖须""长龙出宫""拜四方"等动作。黄廷炎又想到,龙出去巡游,一路上肯定不是一帆风顺,必定有困难险阻,于是他便想借鉴狮舞的采青,加上川剧武功、功架表演,再加上川剧具有地方特色的吹打乐。黄廷炎心想:川剧元素与龙舞真是珠联璧合,结合起来一定安逸!黄廷炎他们在排练中也得到市里的支持:重庆杂技团吴老师亲自来铜梁指导武功编排;市群艺馆搞民间舞蹈集成的胡静老师也来提供帮助,与黄廷炎共同开展工作,用两天两夜的时间,把黄廷炎他们编排的舞蹈路线绘成图,看起来非常直观、规范,胡静老师还对提升龙舞的文化内涵起了很大作用。

黄廷炎非常重视表演的观赏性,坚持不用业余人员,但剧团所有男演员都上完了,人数还是不够,怎么办?他就别出心裁地在本团女演员中打主意,选了王英、陈俊秋、黄晓琴、曾永志四个身材相对较高大的武旦充数。当时报纸上把这四个"假小子"称作"铜梁舞龙四金钗"。舞龙队在艰苦的条件下坚持排练,经过一个多月的努力,1988年8月底,一个把戏剧、杂技、音乐、舞蹈、体育竞技相融合的铜梁舞龙舞蹈节目《大蠕龙》总算问世了。

1988年9月,黄廷炎一行人出发到北京比赛,铜梁舞龙队众志成城。比赛在工人体育馆进行,铜梁龙出场后,观众一下就沸腾了,掌声、喝彩声此起彼伏。9.98分!在二十几个队伍中,铜梁龙一直就是最高分,但浙江奉化的布衣龙紧紧咬住不放,差距就只有0.01分,真是强有力的竞争对手呀!浙江一条10个人舞的小龙与几十号人共舞的大铜梁龙较量,黄廷炎心里不服气。后来他才知道,奉化布衣龙的历史也是相当悠久的。奉化布衣龙的一些套路后来还成为全国竞技龙比赛的套路。虽然有这个强劲的对手,但最后铜梁龙令人信服地以最高分获得金奖,时任政协副主席谷牧亲自为铜梁龙颁发了金杯并接见了艺术团领队。1988年的这个金奖对铜梁来说太重要了。这是铜梁龙舞获得的首个国家级金奖。这次夺魁,极大地鼓舞了铜梁县广大干部群众的热情与干劲,坚定了铜梁人民打造铜梁龙特色文化品牌的信心和决心。从那时开始,铜梁历届党委和政府一茬一茬接着干,将铜梁龙打造成了国家级文化品牌,创造了一个又一个的辉煌与传奇。

黄廷炎在谈到这次获奖经历时感慨地说,他当时身兼数职,又是编导,又是舞龙珠的关键角色,在关心全队的同时,还得冷静下来思考如何在决赛中保持优胜。他认为夺冠并不重要,重要的是把一个具有悠久历史的街头娱乐活动发展为新时代的一门有观赏性、震撼力、能催人奋进的艺术。从那以后,排练龙舞,黄廷炎都按这种方法,把戏剧、杂技、音乐、舞蹈等多种民间艺术紧密结合,走出了一条颇受人们欢迎的路子。后来,黄廷炎带领铜梁龙队多次参加国内外的大型活动,如四川国际电视节、重庆三峡国际旅游节、沈阳国际秧歌节等。

1993年,黄廷炎正式退休,当时退休金不足千元。他在东桥开了个花鸟店。但隔行如隔山,一年下来,收入除了交房租就只够零用。但退休和低收入并未阻碍他追逐梦想的脚步。

1994年,国家体委决定把竞技龙纳入体育竞技比赛项目,需要制定一套比赛标准。铜梁县体委和文化局接到了编制比赛规定套路的光荣任务,任务又落到黄廷炎身上来了。规定套路是什么?什么叫体育竞技?什么叫竞技舞龙?哪样叫套规?什么是ABC级?什么叫曲线慢腾进?什么叫快腾进?……这些套路名称,黄廷炎从来没听说过。但只要谈到舞龙,他激情就来了,他下定决心一定要把铜梁龙的规定套路搞出来!他仔细研读相关书籍上的要求,通过自己领悟,将铜梁龙以前和现在的一些套路对号入座,一个月才确定"龙出宫""高塔盘"和"曲线行进"("之"字形)3个套路动作,而比赛要达到8分以上,得要20多个套路才行,真是难啊!坚持再坚持,黄廷炎继续没日没夜地冥思苦想,想出一个就与队员们演练一个,不行再改,就这么不断练,不断改,历时三个多月,在体委、电视台和队员们的共同努力下,整个规定套路以及分级规范的初步方案总算出来了。后来,经过多次修改,终于成型。在录制演示视频时,黄廷炎已经53岁了,但他仍然坚持亲自舞龙珠。1994年3月,视频如期送国家体委审选。在全国送上去的各种套路中,铜梁的套路将传统的戏剧、地方特色音乐与舞蹈紧密结合,别具一格,成为首选,作为1994年福州赛、1995年北京首届全国舞龙大赛的规定套路。1994年5月,黄廷炎带领铜梁竞技舞龙队在福州夺得"左海杯"全国邀请赛第一名。1995年5月又在北京夺得全国第一届舞龙比赛金奖。两次比赛,黄廷炎个人均获"最佳创编奖"。1996年又在上海夺得农运会铜奖。1997年编排的铜梁《大蠕龙》在北京龙舞艺术节上获金奖,个人获最佳创编奖。获奖后,中央电视台采访了他们,舞龙队还将龙舞上了长城。长城像一条静态的巨龙,和飞扬的大蠕龙共同构成了一幅美丽壮观的图画。1997年10月,黄廷炎受八达岭特区工会邀请前去教学,只用了28天便给他们排练出两条女子荷花龙和一条男子大蠕龙。1999年,这3条"龙"还参加了国庆50周年焰火晚会的庆祝活动,与铜梁龙联袂演出。

1999年,为庆祝新中国成立50周年,铜梁接到一项光荣而艰巨的任务:一是由9条50米的长龙组成一个龙舞方阵,参加10月1日上午在天安门广场举行的群众游行;二是编排《龙凤牡丹舞》,参加10月1日晚上在天安门广场举行的国庆联欢晚会;三是编排《二龙戏珠》,10月2日在劳动人民文化宫(太庙)表演。三项活动都要接受党和国家领导人以及中外来宾的检阅。任务自然又落到了时年58岁的黄廷炎身上,他受命作为总导演编排节目并带领铜梁舞龙队伍完成这三项任务。这三项任务既光荣又艰巨。三项任务中最难的就是龙舞方阵。龙舞方阵须由9条50米长的大蠕龙组成,方阵为60乘50米的方块,方阵行进的时间为8分零6秒,前不能超越,后不能掉队,又不能回头,还要舞出铜梁龙的精华。舞龙方阵从东到西通过天安门,行进路线共约500米,中间200—300米处是主表演区,要把最精彩的表演展示在主表演区,同时也要保证在演出时不出事故。黄廷炎感到从未有过的压力。他天天冥思苦想,但脑海中始终是一片空白。此间,他还多次与有关领导一起到北京天安门城楼上实地感受,还到下面从东向西念着"一二一"的节奏把握行进时间。虽然人可以按这样的节奏走,但舞龙不可能按这个节拍来舞啊,真是不好办! 一个月过去了,方案还没有拿出来。然而时间不等人,县领导决定把队伍先组建起来练基本功,边练边想表演方案。

舞龙方阵从4月份开始组建。要舞9条50米的大龙,光演员就要225人,加上预备队员,总共要300号人参加排练。于是,在原来的舞龙队员中选了80名骨干,又在驻铜梁部队中选了220位战士。先选了10个小教员,组织队伍训练快舞龙、连环套、金龙冲天、左右8字花、之字行进等基本功。转眼三个月过去了,黄廷炎那8分零6秒的表演方案还是没有拿出来,相关领导决定把他送到巴岳山去独立冷静思考。

领导这个方法确实奏效。山上条件好,能让人静下来。黄廷炎进山后,只用了三天时间,就想出了几套方案,路线图也都出来了。于是文化局领导又把他接下山,和北京来的分块导演一起讨论,4

月下旬终于把初步方案确定了,然后边训练边修改,前后改动共有58次之多。

关于表演方案,黄廷炎与北京导演争论过多次,意见一时难以统一。在60米乘50米的方块内,50米长的9条大龙既不能回头舞,又不能正步往前,的确考验人。经多番思考,黄廷炎拿出了前四后五波浪式前进的方案,经过实践,该方案又漂亮又大气,征服了领导、北京导演和队员们。后来,他又大胆地决定,舞龙队要在气势上而不在套路的复杂上下功夫,4个套路反复使用就行了,把最精彩的套路"金龙冲浪"留在主表演区。在训练时,行进队伍老是出现不成方阵和出线的情况,怎么办呢?黄廷炎脑洞大开,居然想出用绳子来框一个长60米宽50米的方块,让15名战士拉着绳框随着龙舞前进,龙就在绳框内一边舞,一边前进。开始的时候,大家都认为这个方法很可笑,但后来证明,这个方法很奏效。经过慢慢打磨,舞龙方队的表演一天比一天好。但黄廷炎又发现一个问题:平时训练行进的地盘是圆形的,而天安门前的表演场地呈直线,因而训练中看不出真实的效果,在时间上也难准确把握。黄廷炎向领导反映了该问题,上级决定加班加点把快要竣工的白龙大道打造出一段,而且还在中间做了个指挥台代表天安门。100天倒计时开始了,训练也越来越频繁,这期间还在重庆大田湾体育场进行了一次实战汇报表演,受到重庆市领导表扬。在铜梁的"天安门"前训练了20多天,市、县领导来最后审看,黄廷炎和部队4个连长分别有一个跑表,表演前他把自己这个表交给了县领导。表演完后,几个连长跑上来汇报:"报告!8分零4秒!""8分零4秒!""8分零4秒!"首长一看手中的跑表,也是8分零4秒,不禁点头一笑,说:"黄廷炎是个有担当的人,是个好导演!"为什么不严格按8分零6秒来排练呢?为的是有一点儿缓冲时间,最终现场表明,8分零4秒非常合适!

快出发了,黄廷炎却差点儿去不了北京。他和另一个队员政审不合格。黄廷炎急得快流下眼泪了:8个月的艰辛,怎么会到今天才知道不能去北京!为什么?他心急火燎地找领导谈心表态。最后在领导的支持下才终于通过了政审,有惊无险地去了北京。出发前,在重庆火车站,市领导为他们送行,一人半杯白酒,一口干,甩了个杯。黄廷炎跑上车,喊道:不胜不归,冲啊!

到北京已是晚上,其他游行方阵全部到齐,就等重庆舞龙队一到,马上就开始走场。走场持续到一点多钟。深秋的北京,晚上气温已到零下,黄廷炎和队员们冷得受不了,但他们还是坚持下来了。第二天晚上又走场。第三天晚上是彩排。

9月30日晚上休息了几个小时。10月1日凌晨2点,黄廷炎和舞龙队伍就到了指定的集结位置,天公不作美,大雨下了几个小时还不停。幸运的是,其他表演队伍要在离天安门几公里远的地方等候,而铜梁舞龙方阵得到特别优待,就在天安门左侧800米处等候,为的是保存队员们的体力。

10月1日上午,表演开始了。黄廷炎站在指挥车上,令旗一下,铜梁的9条巨龙马上进入准备区。进入表演区那一刻,全体队员齐声高喊着"嗨",精气神一下子就提起来了,观礼台上的领导和嘉宾全都站起来往龙舞方阵看,那盛况让黄廷炎无法用言语来形容。又是8分零4秒!铜梁舞龙方阵的表演堪称完美!黄廷炎的指挥车上了加速线,当他看见龙舞方阵通过了表演区,禁不住朝着天空高声喊道:"某书记,你抓不到我了!"书记曾跟黄廷炎开玩笑,说出了问题要抓他"坐班房",现在表演

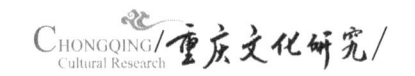

任务高质量地完成了,黄廷炎总算放了心,书记自然也不会"抓"他了。当天晚上的《龙凤牡丹舞》和第二天太庙前的《二龙戏珠》表演同样很成功。

这次北京之行,铜梁获得庆典指挥部四个"最"和一个"唯一"的高度评价,即任务最重、演员最多、表演最好、队风最好,唯一一支没有北京演员配合的队伍。三个表演节目均获得表彰,其中舞龙方阵荣获"首都群众游行组织工作先进单位"奖,《龙凤牡丹舞》荣获"五好表演单位"奖,《二龙戏珠》荣获"国庆游园演出组织奖"。黄廷炎回铜梁后受到政府表彰,荣立市政府三等功1次,区政府三等功2次。参加国庆表演,是他几十年龙舞生涯中最重要、最难忘、最成功的一件事。

1999年后,黄廷炎继续从事龙舞编导工作,参加了一系列重要活动,获得众多荣誉。2000年,他新编的《二龙戏珠》和《龙腾盛世壮军威》两个作品均获文化部第10届"群星奖"民间广场舞比赛金奖。2000年至2007年,他在国内外积极开展龙舞教习活动,并以编导身份参与了重庆首届中国铜梁龙灯艺术节、三峡国际旅游节、"龙乡放歌"等大型文化活动。除在铜梁本地开展传承活动外,还到重庆市内的合川、永川、大足等地区以及市外的苏州大学等高等学府开展龙舞教习活动,甚至还走出国门,前往泰国那空沙旺府教习龙舞。

黄廷炎因为在民间龙舞和竞技舞龙上的突出成就,于2008年被认定为龙舞(铜梁龙舞)国家级非物质文化遗产代表性项目代表性传承人,2009年又被文化部和人事部表彰为"全国非物质文化遗产保护先进工作者"。一代"龙王"就此"加冕"。

黄廷炎从1988年开始提升、创编并传承铜梁龙舞艺术以来,在几十年的时间里,深入铜梁的部队、机关、学校、社区、景区传习铜梁龙舞艺术,并数十次走出铜梁、走出重庆、走出中国教习铜梁龙舞艺术,受益者上万人,带出了数十名区级和市级非遗代表性传承人。

2013年,72岁高龄的黄廷炎还收了一名叫黄彦钧的小学生为关门弟子,主教川剧变脸和舞龙。为了教徒弟学习舞龙,他特地在徒弟所在学校免费训练了一支舞龙队,名叫"小小舞龙队",学校领导和家长们都非常认可。在他的教导下,黄彦钧很快掌握了这两门技艺。2019年,黄彦钧参加重庆市中小学生传统文化才艺展示并表演了川剧变脸,获得了第一名。

2017年,76岁高龄的黄廷炎出任《铜梁火焰龙》节目总编导,带领舞龙队伍参加首届全运会传统舞龙比赛,获得了预选第二名、决赛第五名的好成绩。该节目经过进一步完善,于2022年获得第十五届中国民间文艺"山花奖"。

2018—2019年,黄廷炎帮助奇彩梦园和虹贯龙文化传播公司打造龙舞节目,并着手提升原高楼镇火龙队伍的演出质量。

2019年,78岁高龄的黄廷炎因对铜梁龙舞做出了卓越贡献,被重庆市人民政府授予"富民兴渝贡献奖"。

如今,黄廷炎虽已80多岁高龄,但精神状态极佳,爬坡上坎不输年轻人,思维清晰,表达流畅,还能亲自示范表演舞龙珠,他还准备创编一批精品龙舞节目。衷心祝福黄老艺术之树长青,生命之树长青!

重庆江北版画

姜孝德

(重庆市江北区文化馆)

大约是2008年,为了江北版画成功申遗,笔者参与了民间走访和版画历史资料的查找工作。2010年,该项目申遗成功,成了江北区的非遗保护项目。笔者也喜欢上了江北版画的历史,于是继续搜集江北版画的历史资料。十余年之后,笔者竟然写出了一万多字关于江北版画的文章来。

抗日战争时期,我国专业化程度最高、水平最高的美术院校——"国立"艺专——搬迁到磐溪[①]。学校里从事版画创作的师生不在少数,仅就艺专师生的版画创作就可以写出一篇大文章来,但考虑到各个方面的均衡,艺专部分只选择几位重要的人来写。抗战时期,徐悲鸿在江北磐溪创办的中国美术学院有两位研究员——宋步云与宗其香,他们是中国抗战版画的重要作者。曾任中国版画家协会主席的王琦,曾在江北的治平中学读过书,还有人说他在磐溪的"国立"艺专当过老师。

尽管笔者从酝酿到搜集材料,再到写出文章,已经反复再三了,但也不敢说没有疏漏,因而还望方家读后批评指正。

江北版画的预备期

一般人对版画的理解,大致就是把画稿刻在板材上,然后用墨印刷到纸上。版画,因板材不同而名称各异,用木板雕刻的叫木版画,用石板雕刻的叫石版画,用铜板雕刻的叫铜版画……按照这个理解,江北早在东汉就已经有"版"了。在江北磐溪苏家院子(今字水中学西区一带)的东汉墓中发现一幅浅浮雕石刻画。与今天的版画的不同处在于它没有被印刷,现在有人把它拓下来,完全就是一张石版画(见图1)。

[①] 磐溪之"磐",后来被简化为"盘",但磐溪版画院用的是"磐",历史文献中也用的是"磐",为了统一,本文全部写作"磐"。

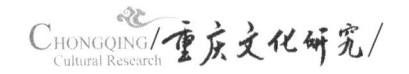

图1 伏羲女娲图

抗战时期,郭沫若、卫聚贤、常任侠等人在江北相国寺沿江一带考古,发现了"延光四年""富贵"等有字汉砖,然后用纸将汉砖上的字与花纹拓下来,印到了书里。如果不说,读者肯定会认为这就是版画。

在纸没有出现之前,中国只有"版",而没有画。中国版画的起源,有汉朝说、东晋说、六朝以至隋朝说。现存中国最早的版画,有年款的是举世闻名的咸通本《金刚般若波罗密经》卷首图,根据题记,作于868年。四川成都唐墓出土的至德本版画,据估计比咸通本还早约百年。唐、五代时期的版画,在中国西北和吴越等地都有发现,作品大多古朴俊秀,奏刀有神,内容题材以宗教经卷为主。

江北区的版画作品,最早的实物是清道光二十四年(1844年)江北厅刻印的《江北厅志》中的图画(见图2)。虽然只是简单的线条式的版画,但它却是真正的木刻版画,距今已经有接近180年的历史了。一般版画作品,因为是纸质的,并且也不是什么名人佳作,所以极少有人保存。据本地的老年人回忆,民国年间,江北城衙门口还有人在印制彩色年画出售。在印画师傅那里,可以买现成的,即已经印好的,也可以由印画师傅现印。

图2 《江北厅志》书页

假如,我们把这以前称作准备期,那么抗日战争爆发后,江北的版画创作便进入了第一次高峰期。

抗日版画浪潮

抗日战争时期，江北（江北出生，或在江北居住过、读过书）美术家加入到抗日救亡运动的版画创作之中，他们用版画唤醒民众、鼓励抗战、反对投降，起到了较好的宣传作用。今天，那些作品依然让我们感动，让我们对那些版画家肃然起敬。从那些版画里，我们看到的是中华民族的坚强不屈。

江北的版画家大致有如下几人：

刘鸣寂，重庆江北人，因为没有传记问世，不知道他是江北哪里的人。抗战时，他是一名小学教师，他一边要上课，一边又积极从事版画创作。此外，他还是一位积极的版画活动的发起者与组织者。1937年，他与丰中铁、严叶语、谢又仙、胡夏畦等人组织成立了重庆木刻研究会。据研究者说，这是抗战大后方的第一个木刻社团。丰中铁回忆：稍后一点，在重庆从事木刻的还有刘鸣寂，他读过美术学校，艺术水平比我高。从他在小学当老师的情况判断，他可能是在师范学校里学过美术。刘鸣寂是一个多面手，不仅可以刻印版画，还能参加演出。可惜，1939年2月18日，他在挂天幕时，从高处跌下，重伤而死。死时，年仅23岁。刘鸣寂死后，朋友们为他编辑出版了《刘鸣寂木刻遗作集》，虽然很薄，但却蕴含着朋友对他的一份情感。他的版画代表作有《我们要去打击侵略者》（见图3）、《怒吼了》《饥寒线上》《回家》等。

图3 刘鸣寂作品《我们要去打击侵略者》

王琦，四川宜宾人，曾在江北治平中学读了几年书。他是抗战时期积极的版画创作者和组织者，他与宋步云等人一起组织成立了中国木刻研究会重庆总会，并任理事。他一生与版画结下了不解之缘。中华人民共和国成立后，历任中国版画家协会秘书长、副主席、主席。他的作品非常多，而且质量也非常好，有人赞誉他是中国版画的奠基人；也有人说，他是中国版画界的泰山北斗。听说，他曾在磐溪的"国立"艺专当过教师。可惜，笔者没有查到资料。王琦作品见图4。

图4　王琦作品《古榕道上》

吴凡，重庆人，当代著名美术家，擅长版画与国画。早年在江北治平中学读初中，1944年又考入位于江北磐溪的"国立"艺专，并在这里读了两年书，1946年随艺专去了杭州。吴凡在艺专是图画科的，却意外地与版画结缘，这或许是受到了艺专版画创作氛围的影响。吴凡的版画作品不多，但却比较有影响。版画代表作有《蒲公英》（见图5）、《布谷鸟叫了》《儿科医生》等，出版有《吴凡作品集》《吴凡版画集》《吴凡艺术》等。

图5　吴凡作品《蒲公英》

"国立"艺专的版画素来有传统。1929年，杭州艺专（"国立"艺专前身之一）成立了一八艺社，成员有乐以钧、李岫石、苗勃然、沈福文等人，他们在版画方面都有不俗的表现。1933年，又成立了木铃木刻研究会，主要成员有曹白、力群等人。抗战全面爆发后，为应抗日救亡之需，艺专爆发了版画创作热潮。1938年，为了纪念八·一三淞沪抗战一周年，以"国立艺专抗敌宣传委员会"之名出版了《国立艺专抗敌木刻选（第一集）》。到了璧山，成立了中国木刻研究会艺专"支会"。

"国立"艺专在磐溪时期(1942—1946年)出了几位颇为著名又热心于版画的作者。

李枫,原名李玄剑,江苏如皋人,雕塑家。1944年从江北磐溪的"国立"艺专雕塑系毕业,是抗日战争胜利纪功碑(今解放碑)的主要设计人,并为基座创作浮雕四块。在抗日战争时期,他积极参与版画创作,并有不少作品问世。他的代表作品有《鲁迅》(浮雕,中国美术馆收藏)等。

黄克靖,别名黄克,土家族,湖南永顺人。擅长雕塑。1944年从磐溪的"国立"艺专雕塑系毕业。1940年起开始从事版画创作,曾任中华全国木刻协会重庆总会常务理事。中华人民共和国成立后,任天津市城市雕塑规划组成员兼办公室主任,《天津日报》美术编辑、美术部主任等职。代表作品有《中朝人民并肩作战》《和平签名》等。

"国立"艺专的老师,好多都是抗战版画运动的参与者与鼓吹者,有的创作过不少作品,还有的将作品结集出版,比如赵无极、朱德群、杨建侯等。1942年,中国木刻研究会在重庆成立,"国立"艺专有不少人参与,据王琦回忆:1月3日,中国木刻研究会成立……"国立"艺专来了一个黄克靖,另外还有三十几个人。这说明,"国立"艺专的版画实力还是很强大的。

赵无极,具有国际影响力的绘画大师。生于北方,长在南方,自幼喜欢中国传统艺术。1935年考入杭州艺术专科学校,师从林风眠,学习西洋画。1942年至1946年在位于江北磐溪的"国立"艺专任教。1948年赴法国留学,1958年被聘为法兰西画廊终身画家。1964年加入法国籍。1974年获法国骑士勋章。1980年任巴黎国立装饰艺术高等学校壁画教授。2003年当选为法兰西艺术院院士。他一生创作了不少版画作品,举办过许多版画作品展,并有《赵无极版画作品总目》《赵无极蚀刻与石版画全集 1949—1954》《赵无极版画集 1937—1995》等出版。

朱德群,原名朱德萃,江苏徐州萧县(今划入安徽宿州)人,具有国际影响力的绘画大师。1941年毕业于"国立"艺专并留校任教,后兼职于中央大学建筑系。1942年至1946年在位于江北磐溪的"国立"艺专任讲师。抗战胜利后,随中央大学返回南京。1949年任教于台北工专建筑系。1955年定居巴黎,从事绘画创作。1980年入籍法国。1997年当选法兰西艺术院院士。与赵无极、吴冠中合称"留法三剑客"。他的一生中创作了不少版画,也举办过版画专题展。

谢海燕,广东揭阳人,著名画家、美术教育家。20世纪30年代,留学日本,归国之后,受刘海粟之邀出任上海美术专科学校教务长、教授。1944年至1946年任江北磐溪"国立"艺专教务主任。中华人民共和国成立后历任南京艺术学院教授、副院长。新近发现的资料表明,谢海燕曾经在东南联大艺术科创作过木刻版画,其目的就是给学生示范。后来成为著名版画家的张怀江等人,就是他这时候的学生。他到了磐溪制作过版画没有,目前还不太清楚。他的版画作品,没有时间、地点,不能为历史考证提供帮助。他曾写下《各异其趣,各尽其妙——略谈赖少其同志的书画艺术》一文,对赖少其的木刻版画进行评价,读罢方知谢海燕于版画堪称学养深厚。他自己有版画作品传世。

傅抱石,江西南昌人。现代著名画家、美术史家。1933年留学日本,回国后执教于中央大学。抗战期间曾在军委政治部第三厅工作,后任沙坪坝中央大学、磐溪"国立"艺专教授。极少有人知道,他写过一本《木刻的技法》，而且此书正是在1940年全国木刻运动蓬勃兴起之时出版的。

"国立"艺专版画创作的氛围很浓，不少老师的版画修养也高，为培养学生的版画创作能力提供了条件。比如倪贻德，虽然不搞版画，但对新兴的木刻运动却十分关心，曾担任浙江战时木刻研究社第一期木刻函授班的导师。在东南联大艺术科成立了木刻班，有一二十个爱好木刻的学生，并取得了一定的成就。像张怀江、夏子颐、张树云等新中国的著名版画家，就是倪贻德在东南联大培养过的学生。倪贻德于1944年至1946年在磐溪"国立"艺专任教授，他对重庆的木刻运动给予了足够的支持。

对于"国立"艺专版画的历史功绩，中国美术学院教授朱维明做了这样的总结："国立"艺专经历了新兴版画发展的全过程，在各个关键性时刻，都做出过非同凡响的贡献，它们像一颗颗明珠，在中国现代版画史上发出不可磨灭的光辉。这是对"国立"艺专版画历史的一个完美总结。

"国立"艺专在磐溪的时候，徐悲鸿也住在磐溪，两地相隔约二里地。徐悲鸿虽不从事版画创作，但他却是版画创作的热情鼓吹者。1942年10月，解放区木刻画展在重庆举行，徐悲鸿参观后激动地写道："我在中华民国三十一年十月十五日下午三时，发现中国艺术界一卓绝之天才，即中国共产党之大艺术家古元。"他预言，古元必将为中国争得世界性的声誉。多年后，古元的确取得了很大的成就。在版画之外，他还创作水粉画与水彩画。他的水粉画充满了诗情画意，而且格外的细腻。1949年之后，古元曾任中央美术学院教授、院长，中国美术家协会副主席。

江北版画史上，还有两个人特别值得一说，他俩是徐悲鸿创办的中国美术学院的研究员，并且都是抗日版画的中坚力量。

宋步云，山东潍坊人，1942年至1946年在江北磐溪的"国立"艺专任教。他是抗战版画的中坚力量，不仅积极创作，还努力建立版画组织，曾任中国木刻研究会重庆总会常务理事。中华人民共和国成立后，他在油画、水粉画、中国画等方面都取得了非常突出的成绩。

宗其香，江苏南京人，著名画家。1944年从中央大学教育学院艺术系毕业，被徐悲鸿聘为江北磐溪中国美术学院助理研究员，1947年随徐悲鸿去了北平艺专。他是抗战版画的积极参与者，创作了不少版画。1941年曾将自己的作品结集出版了《宗其香木刻集》，书中收入了他创作的几十幅版画作品。1951年，他还创作完成了《百万雄狮过大江》木板套色大型组画。

此外，吕斯百也值得说说。吕斯百，江苏江阴人。曾到法国学油画，1934年回国。1940年，徐悲鸿在磐溪创建中国美术学院，他被聘为副研究员。1940年12月，中央大学艺术科的学生创办了一个版画刊物——《现实版画》。他在《现实版画》的卷首语中告诫版画作者，即便是抗战版画也要注意艺术性。

抗战时期，江北有一个木刻（版画）组织，特别值得铭记。资料显示，1940年，"国立"艺专在云南呈贡时就成立了"国立"艺专木刻研究会；1941年，又在重庆璧山成立了中国木刻研究会"国立"艺专支会，学校迁到江北磐溪后，支会自然也迁到了磐溪。有人记录说，支会由丁正献同学与总会保持联系。据裘堂回忆，艺专支会先后有黄守堡、许用保、黄克靖等同学参加，后来又有谭雪生、徐坚白、尹晓迈等同学参加。在渝期间,艺专师生曾参加过全国抗敌木刻展览。今天,我们在中国版画的历史中也找到了"国立"艺专师生参加"双十木刻展览"的记录。展览时间是1943年10月10日至11日。"国立"艺专木刻研究会还曾在沙坪坝青年馆举办过版画作品展。

工人创作时代

1950年至1994年,是江北版画的"工人创作时代",即江北版画创作史上的第二个高峰期。这一时期有两个关键人物,一是黄履志,一是余成明。他们可谓江北版画创作的薪火传人。特别是黄履志,他作为江北区文化馆的美术辅导老师,对玉带山小学少儿版画的发展起到了较为重要的作用。

黄履志,最初是重庆望江厂的工人,爱好版画创作。后来参军,转业后,在江北川剧团从事舞台美术工作,后调入江北区文化馆从事美术辅导工作。1962年,黄履志创作的版画《卡斯特罗》在苏联获金奖。(2001年出版的《重庆文化艺术志》、2005年出版的《重庆市志》都是这么表述的)我们翻阅资料,还发现黄履志的版画作品曾在报刊上发表。如《忆苦思甜》《山村》(见图6)等。

余成明,1936年出生,重庆江北人。15岁开始在重庆望江厂上班,1976年调到重庆前卫仪表厂工作。1985年以前,余成明主要从事版画创作,有不少作品发表,也曾得过奖,他还有三幅版画作品——《长江泥木工人大罢工》《毛泽民在敌人法庭上》《韶山人民处决团防局长汤俊岩》被韶山毛主席纪念馆收藏。其版画最见功力者当数《古镇春秋》(见图7)和《激流勇进》等。1985年后,他致力于国画创作,现为重庆磐溪画院院长。

图6　黄履志作品《山村》　　　　图7　余成明作品《古镇春秋》

江北还有两位作者,虽然版画作品不多,但名气不小。第一位是李华生,著名国画家。据说,他是江北"三·三一"惨案死难志士群葬墓地纪念碑的设计者。青少年时期在江北城生活,后来在长江航运管理局工作。他的艺术生涯中,应该有一个版画时期,《黑白木刻集2》登载了他的作品《航程万里》(见图8)。第二位是彭子缙,江北人,长安厂的工人。2020年2月,"重庆美术馆藏品网上观赏(四)工业题材版画"展览中就有他的两件作品:《科技的旋律》(见图9)、《喷漆工》。据他讲述,他1973年开始参加版画学习班学习,曾经得到过王以时、牛文、李焕民、徐匡等老师的指导。

图8 李华生作品《航程万里》　　　　　图9 彭子缙作品《科技的旋律》

还有四位版画作者值得关注。

尧西,当年在江陵机器厂工会工作,较多作品被保存下来。今天可以看到的作品有《负伤》《土水电站发电了》《对少年儿童广播》《花园新貌》《上工》《起帆》(见图10)等。

图10 尧西作品《起帆》

甘友仁,笔名枫江,擅长版画,在江陵机器厂卫生科工作。代表作品有《山村里架起了高压线》《好好学习,天天向上》《红岩春早》《石化盛开科技花》等。

乔伯才(有的误为乔白才),江陵机器厂工会干部,热爱版画与国画创作。

朱德星,江陵厂子弟中学(203中学)教师,热爱版画与书法创作。有铜版画作品《峡江之恋》等。

据1950年代的版画作者吴孔春回忆:江陵厂还有陈年坤,望江厂还有杨自友擅长版画创作。陈年坤创作有《精打细算》《编藤帽》《互学》《贴窗花》等,与吴强年合作创作有《巴山女民兵》。彭子缙告诉笔者,与他一起进行版画创作的江北作者,还有长安厂的汪以宏、重钢三厂的刘德贵,可惜的是这些人的资料及作品已经找不到了。

中华人民共和国成立后,版画的辉煌与新中国对工人阶级的重视分不开,也与重庆市劳动人民文化宫、重庆市群众艺术馆对工人版画创作的辅导分不开。至今,我们仍可在回忆重庆工人版画创作的文章中,找到余成明、黄履志、尧西、甘友仁、乔伯才、朱德星等人的名字。20世纪50年代后期到60年代前期,重庆工人版画创作群体的成员主要有谭朝纲、余成明、龚远林、邹开智、戴华福、王德昱、尧西、甘友仁、陈年坤、曾朝华、黄履志、刘凯、吴孔春等。曾是重庆群众艺术馆美术辅导老师的王以时也有类似表述:当时很多工厂版画家都处于这种状态,龚远林、王德昱、甘友仁、尧西、孙绍全、余成明、黄履志等都是很有名气的……重庆地方上的版画能够在全国产生影响,恰恰是其个性比较鲜明、情感比较充沛两个方面促成的。

重庆在最近一百余年间,一直是西南地区重要的工业城市。新中国时期,工人阶级倍受重视,无数的工人成长为画家,他们要用画笔反映这座城市的特点,版画成为主要的画种,这当然也和鲁迅的提倡、延安的趣味、中国版画的传统有关。正是在这样的大背景下,江北的大中型企业,如长安、望江、江陵、重钢三厂,涌现出了一大批版画家。重庆美术馆于2017年策划了"'重庆造——木刻版画中的工业景象'馆藏作品展",此展被文化部评为全国美术馆馆藏精品展出季优秀展览项目,并获得国家艺术基金资助。2018年12月12日,重庆美术馆拉开了重庆木刻版画巡展的大幕,将"重庆造——木刻版画中的工业景象"的展览推到了观众面前。目前,已在重庆、四川、安徽、河南等地展出。这个展览中,江北的版画作者"出镜率"颇高:余成明三张、尧西三张、甘友仁两张、彭子缙两张、李金铭/李永永一张,总共八十余张,江北就入选十一张。

这里要特别说明一下,在"工人创作时代"里,其他人同样在创作,我们说"工人创作时代",只是说工人是这个时代创作的主流。同理,在"少儿创作时代",其他人也照样在创作。

在"工人创作时代",江北来了一位重要的版画老师——李德荣。他于四川美院版画专业毕业,曾师从江敉、谢梓文,毕业后到黔南州工作,1986年调到渝州大学(今重庆工商大学)江北校区教书。他时常参加江北区的美术活动,对版画作者的创作多有指导,至今不少作者仍在感念他。

少儿创作时代

1994年到2014年,可以称作江北区版画创造的"少儿创作时代",少儿成了这一时期版画创作的主角。这也是江北版画史上的第三次高峰期。

1994年10月,江北区玉带山小学开始在学生的课余活动中安排版画学习活动。这源于1996年上半年,学校找到江北区文化馆的美术辅导干部黄履志,邀请他到学校指导。黄履志希望学校领导大力支持版画教育,美术老师扎实教学,并提炼出一句口号:以儿童版画为切入点,艺术教育为突破口,全面实施素质教育。1998年3月,江北区文化馆的报纸为玉带山少儿版画出了专刊。后来,重庆市艺术馆的报纸为玉带山少儿版画出了专版。影响最大的是1999年5月25日至30日"玉带山小学儿童版画展"在北京中国美术馆展出。中国版画家协会主席王琦为"玉带山小学儿童版画展"题词:儿童版画艺术在社会主义阳光雨露滋育下茁壮成长。徐悲鸿纪念馆馆长、徐悲鸿夫人廖静文先生为玉带山小学儿童版画展题词:天才与智育的结合。看了画展,廖静文先生说:"今天我在这里看见玉带山小学这么多好的美术幼芽在我的第二故乡破土而出,非常惊讶,非常激动,对他们充满了希望。我想是不是当年悲鸿和他所办的中央美院以及当时的张大千、冯法祀、吴作人等美术的研究员把他们的艺术灵感曾经洒在那片土地上,曾经滋养过那片土地,所以能够长出那么好的幼苗。"廖静文先生曾经在磐溪居住过,对磐溪感情深沉,她强调城市文脉的连续性,更说徐悲鸿、张大千、冯法祀、吴作人等人的灵感培养了这些后起之秀。王琦先生也激动地说:"今天看到玉带山小学出现这么好的版画成绩,心里有说不出的高兴……也许这些儿童中将来有几个几十个能成为大画家,但我们不奢望他们都成为大画家,他们能够在儿童时代有这么好的艺术修养,能够提高他们的文化素质这就很好了。看到这些画,除了惊叹于这些儿童的艺术才能和天赋以外,更要感谢玉带山小学的辅导老师,他们的辛勤劳动对这些艺术幼苗的灌溉,非常使人敬佩,还要感谢重庆有关领导的大力提倡和扶持,没有这些领导的重视要出现这么好的成绩是不可能的。"

20多年过去了,玉带山小学不仅在重庆、北京举办过画展,也到国外举办过画展,并且多次出版少儿版画作品集。学生的作品在国内、国际上的比赛中屡屡获奖。

这里要特别提到玉带山小学儿童版画的辅导老师李永永,是他的辛勤劳动,成就了玉带山儿童版画,也成就了他自己。他而今已是颇为著名的版画家、版画教育家。他的作品见图11。

2010年,江北版画成为江北区非物质文化遗产保护项目。

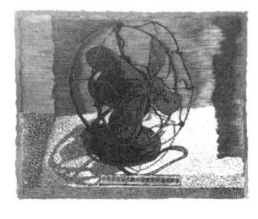

图11 李金铭/李永永版画作品《历史的记忆》

2012年,石马河街道文化站助力少儿版画,成立了少儿版画创作基地,来学习的孩子很多。十年下来,成绩也颇为喜人:不仅在社区举办少儿版画展,少儿版画作品也多次在全国的美术比赛中获奖。《江北文化报》曾以专版的形式介绍这些少儿版画作品。虽说,石马河街道文化站是依托街道内的玉带山小学而创办的,但是,参加活动的孩子并非全是玉带山小学的学生。石马河街道当初的版画活动,不是应景,也不是一阵风,而是一项实实在在的、有延续性的文化活动。

2014年4月,江北区文联和大石坝街道文化站建立了李永永版画工作室;同时,在此成立中国少儿版画创作中心,并接受中国少年儿童版画研究会授牌。这有力地推动了江北版画事业的发展,也让江北版画在全国产生了较大的影响力,将江北少儿版画活动推向了一个新的高峰。

2014年4月28日,由江北区主办的"重庆磐溪版画艺术邀请展"在大石坝街道开展,来自世界各地著名版画家的40余件作品呈现在观众眼前。此次展览还展出了来自不同地区、国家的少儿版画作品100余件。这次展览无疑是一份宣言:从此,磐溪将把自己打造成为中国的、国际的版画展示平台。

在关注江北区著名的少儿版画外,我们还应该关注其他版画,比如洋河花园实验小学的版画。

笔者曾看到《今日教育(作文大本营小学版)》2017年刊发过一组《江北区洋河小学学生版画作品》。据介绍,洋河花园实验小学头塘校区也在学生中开展了版画教育活动,版画作品曾经入选第四届中日少儿版画展,取得了较好的成绩。

2015年,《中国少儿版画》杂志编辑部落户磐溪。《中国少儿版画》编辑部落户江北,必将带动江北少儿版画的创作与繁荣。《中国少儿版画》编辑部作为"全国少儿版画展览"的主办单位之一,先后参加了第十七届、第十八届、第十九届、第二十届"全国少儿版画展览"的组织工作。

2022年6月1日,《中国少儿版画》编辑部再放异彩。这一天,由中国少儿版画艺术委员会、日本儿童版画研究会、《中国少儿版画》编辑部、王琦美术博物馆、磐溪版画院主办的"第六届中日少儿版画展"在重庆王琦美术博物馆开幕,160余件版画作品参展。5家主办单位江北就有2家。

江北版画少儿创作时代的作品很多,在此仅选1998年玉带山小学12岁王唯创作的《磨》(见图12)以飨读者,该作品已被中国美术馆收藏。

图12　王唯版画作品《磨》

社区创作时代

把2014年以后命名为"社区创作时代",大概有两个原因:一是主办单位要么是街道文联,要么是磐溪版画院;二是参加活动的人主要是社区里退休的人,或者全职太太等。在社区创作时代里,工人、学生依然在创作,只是相对于社区群众,他们的创作时间相对要少一些罢了。

江北版画的"社区创作时代"肇始于2014年,主要标志就是2014年磐溪版画院的成立。磐溪版画院是群众性组织。版画院与街道文联应该是相互依存的,文联为版画院提供院舍,而版画院则为群众提供服务与活动。版画院的成立,无声地开启了社区版画创作时代的大门。2014年4月24日,中国文联党组书记赵实到大石坝街道调研社区版画工作。她参观了磐溪版画院美术馆,参观了正在展览的国际版画展和少儿版画展,还参观了李永永工作室以及正在工作室创作的群众。她高兴地说:"社区小,世界大,在社区建版画工作室,搞国际版画展不简单,也不容易,在全国可算是开了一个先例。"最后,赵实书记为大石坝街道题词:文化艺术的根在最基层,向大石坝街道的文艺志愿者致敬!

江北版画社区创作时代的来临还有一个标志,就是版画讲习会。2015年1月16日至21日,由中国少儿版画创作中心、《中国少儿版画》编辑部、江北区文联、磐溪版画院组织的首届全国社区版画讲习会在磐溪版画院举办,来自全国十个省(自治区、直辖市)的40多名学员参加了培训。他们在中国少儿版画研究会常务副会长刘磊等3名老师的手把手指导下,认真学习版画理论,并亲手创作版画。这次讲习会带有极强的实验性,参加学习的大叔大妈,几乎都没有拿过画笔,然而,当他们的作品(代表作品见图13)刊登在《中国少儿版画》杂志上时,却引来了一片赞誉声。首届全国社区版画讲习会后,磐溪版画院与《中国少儿版画》编辑部在四川、福建、广东、湖南等地成立了社区版画创作基地。

图13 李岚平作品《江北城回忆》

江北的社区版画创作有良好的开端、有如此好的成就,一方面得益于街道文联的大力支持,另一方面得益于热心公益的老师和志愿者,以及热爱版画的群众。2019年1月11日,大石坝的版画爱好者创作的112幅版画作品,参加了第二届全国社区版画巡回展,获得全国版画专家的高度赞赏。该活动的首展在大石坝街道举行。新闻报道介绍时,特别提到了大路社区46岁居民李明创作的反映群众生活的《磐溪人家》、正街社区60岁老人冯忠碧创作的《幸福之花进万家》等作品。由此可见,大石坝群众版画创作在各方面的大力支持下,后劲十足。

2020年,磐溪版画院通过公众号推出"抗疫美术作品选":《"抗疫"最基层(一)——磐溪版画院原创亲子"抗疫"美术作品选》《"抗疫"最基层(二)——重庆江北磐溪版画院艺术家抗疫美术作品选》《"抗疫"最基层(三)——江北磐溪版画院社区艺术作品选》《守护健康,把大爱传递(四)——全国少儿美术教育骨干教师抗疫版画作品选》《守护健康,把大爱传递(五)——全国少儿美术教育骨干教师抗疫版画作品选》。其中,第四期、第五期是版画专刊,第三期一半是版画。这对提高人民群众战胜疫情的信心起到了极好的宣传作用。

2022年初,由大石坝街道办事处主办,重庆江北磐溪版画院、《中国少儿版画》编辑部、天地椿艺术中心承办的"时代新风·迎春社区艺术作品展"于1月20日拉开了序幕。这次展览共展出作品50余件,其中不少是版画作品。来自全国的名家名作与街道群众的作品汇聚一堂,让群众在春节期间享受了一次艺术大餐。清华大学教授、博士生导师、中国美术家协会版画艺委会副主任代大权评价说:"小社区,大气场。能举办这么高水准的展览,在全国也不多。"

随着我国老年人口的增加、老年人口文化素质的提高、社区服务水平的进一步改善,江北区版画的社区创作一定会有更多更好的作品出现。

艺苑

《江边》油画　李犁（重庆）

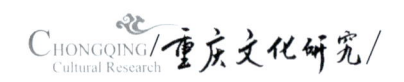

《纯洁的梦乡》 油画 陈可之(北京)

《故园印象》 国画 王明福（重庆）

《家园系列——城市迭代》 综合材料 刘文超(广东)

《罗汉亭之二》 油画 宋永进（油画）

《南温泉印象》 国画 傅晓（重庆）

《山乡之约》 国画 江洋（重庆）

《听蝉》 油画 巫大军（重庆）

《新中国的外交》 油画 丁一林（北京）

《酉水情》 国画 张祖全(重庆)

《岳麓书院》 油画 杨贵(湖南)

《紫色的山谷》 国画 覃燕(重庆)

盘龙镇的宫庙文化

潘思章

盘龙古镇,坐落在重庆市荣昌区西北部,因境内有盘龙寺而得名。盘龙镇是古昌州文化的中心,历史悠久,文化底蕴深厚,距今有300多年历史,是荣昌五大古镇之一。古昌州八景之一的"龙洞朝霞"就在该镇。清代诗人、荣昌县教谕谢金元,有诗赞誉盘龙古镇:"晚杂繁星灯万点,朝含旭日锦千重。"足以说明当年盘龙古镇的兴盛与繁华。本文讲述盘龙镇"九宫十八庙"灿烂文化的渊源,以飨读者。

一、宫庙的由来

清康乾年间,为恢复四川经济、社会生机,政府遂号召湖广移民填川,并颁布了很多利于经济发展和民众安居乐业的优惠政策。大量来自华南诸省的移民像潮水般涌入盘龙镇域。随着经济发展,很多先富裕起来的移民,在盘龙镇修房造屋,迅速形成了"五街两巷"的格局。他们还在场镇周边兴建了各具特色的会馆:如湖北人修的帝主宫(即湖北会馆,后改作食品站)、湖南人修的禹王宫(即湖南会馆,1949年以前是镇公所所在地)、广东客家人修的南华宫(即广东会馆,后改作麻线市场)、江西人修的万寿宫(即江西会馆,为纪念江西许真君而建),还有濂溪宫、三圣宫、火神庙、财神庙,加上盘龙寺,人称昌元"九宫"。外来移民在短时间内投入大量人力、财力、物力,修建宫庙,可见民众对精神文化生活的需求和渴望,这也是当时四川经济恢复的一个缩影。

盘龙古镇(指1949年前)地势呈西北至东南走向,北高南低,居住着300多户人家。有下街子、正街子、麻街子、花街子、横街子、打铁巷、天洋坪等街巷,四道栅子门是古镇通往外界的出口。夜间有更夫通宵巡逻、值守。大青石铺成街面和街沿,两旁商铺林立,错落有致。古镇宫庙有通道与正街相连,宫庙占地面积约为古镇的一半,建筑密度极高,围着盘龙镇呈倒"U"字形布局。这些宫庙建筑像璀璨的明珠,镶嵌在盘龙镇周围。宫庙是佛教、道教的结合体,洋溢着温馨和睦的氛围,更是族群安宁、社会繁荣昌盛的重要标志之一。

盘龙镇建筑宫庙所用木材粗壮质坚,粉墙黛瓦,如同宫殿般雄伟壮丽。相传那些装饰屋脊用的青花釉瓷碎片,是从狮子坝古昌州遗址拾来的、原产于景德镇的千年瓷片。宫庙经过工匠们的精心装修,成了巧夺天工的精美艺术品,令人赞叹,令人陶醉。宫庙屋顶是串架斗拱结构,做工精细,覆盖小青瓦;宽敞的青石板院坝,可容纳数百甚至上千人聚会。宫庙不仅供奉着各省信奉的菩萨,还配有唱戏的楼台,各省移民都能在这里观赏到自己喜爱的家乡戏。遗憾的是,在政权更迭后,"九宫"庙宇中除帝主宫、三圣宫、火神庙仍保留为数不多的几尊菩萨外,其他宫庙或改作他用,或荡然无存,甚至连一张照片也没有留存下来,实在可惜。

二、各具特色的九宫

盘龙寺,位于盘龙镇西北面。据说在元末明初,僧人明空法师云游至此,见此地人烟稀少,民风淳朴,山川风貌有藏龙卧虎之气象。当晚,明空夜观天象,见祥云蒸腾,紫气东来,惊呼:"此处真宝地也!"于是,决定在此修建寺庙,以期广传佛法。为筹措资金,明空四处化缘,游说大户。开工破土那天,祭天仪式后,工匠们在附近一座古墓中,发现一条盘踞的蟒蛇,两眼金光四射,灵气十足!明空大呼:"真龙现身,真宝地也!"遂命民工献上祭品,焚香化纸,让巨蟒缓缓离去。随后,人们在此建起了一座气势恢宏的寺庙,名曰"盘龙寺"。相传,盘龙寺山门外的棺山坡,就是当年巨蟒藏身之地。寺庙距今已有640多年历史。更为奇特的是,明末清初时期,历经数十年战乱,民众逃离,田地荒芜,唯一留下的地标建筑,就是盘龙寺和对面山坡上的几间茅店子(麻街子一角)。由于盘龙寺的存在,大家相信"真龙显灵"的传说,认为这是吉祥之地,于是纷纷迁来居住。这就是民间流传的"先有盘龙寺,后有盘龙场"的由来。

清光绪三十一年(公元1905年)间,科举制度被废除后,受新文化思潮影响,盘龙寺改作国民小学堂,后定名为"盘龙镇中心小学校"。将原寺正中位置的天王殿,改作教师办公室;后面的大雄宝殿,改作礼堂;两侧的十八罗汉殿,改作校长办公室和教室。后来,在藏经阁的地基上,修建了一幢两层的教学楼。该寺占地面积约3500多平方米,山门外为松树林,后来作为盘龙镇的公共墓地,人称棺山坡。盘龙寺后面耸立着几棵参天古树,有香樟和黄枫树。左右两侧丛生着很多小箭竹和紫薇,环境静谧清幽。盘龙镇中心小学校,迄今有110多年历史,是荣昌五大名校之一。

三圣宫,地处盘龙镇南面出场口,前方两条大石板路,分别通往荣昌、隆昌县城。该宫庙规模是盘龙镇宫庙群中最大的,也是修建最晚的。它是汇聚五省移民的会馆,号称"五省公所"。宫庙中供奉着四川人崇敬的川主菩萨,象征五省移民入乡随俗,融入四川族群。三圣宫分前后两殿,后殿(也称正殿)正中是玉皇大帝塑像,左边是孔夫子塑像,右边为川主二郎神李冰塑像,此三者人称"三圣",故名"三圣宫"。正殿左偏房,据说,清朝秀才备考都在这里,民国时期办过私塾和补习班。跨进三圣宫中轴线上的大门,头顶上是一个修建得很精致的戏楼,显得恢宏大气。戏台两侧,与宽敞的两层楼道相连。三圣宫自古以来就是盘龙镇的商贸集散地,逢场天,四里八乡的民众,来这里出售粮食和各种农副产品。戏楼前方的场地上和两侧楼道下,只见人头攒动,摩肩接踵,挤得水泄不通。这里是荣昌县四大米市之一,商贩收购的稻米,通过马帮和人力运往内江观音滩,通过水路销往各地。三圣宫与下街子相连的巷子口拱门上，贴有牌匾，上书同盟会会员、辛亥革命先驱、盘龙知名书法家黄麟鳌书写的"五省公所"四个大字，字迹端庄典雅，刚劲有力，是用景德镇瓷片镶嵌而成，为盘龙镇难得的书法艺术佳作。

民国时期，有一年，盘龙大旱，民众将川主菩萨二郎神李冰和火神菩萨两尊塑像抬出游街，祈求天降甘霖。一时间锣鼓喧天，鞭炮齐鸣，热闹非凡。民国时期，常有外地来的戏班子，在三圣宫戏楼上演《斩美案》《秋江》《空城计》《白蛇传》等传统剧目，观众众多。抗战期间，从江浙等地沦陷区逃出的难民，流亡到万县、重庆主城，为躲避日机轰炸，又逃到了盘龙镇。难民来到盘龙镇后，镇上民众的民族危机感陡然增强，"国难当头，匹夫有责"，盘龙镇各界纷纷对沦陷区流亡来的同胞伸出援手。特别是各小学教师、学生和返乡青年学生，自发组织演剧队，在三圣宫演出鼓动抗日救亡的"文明戏"（话剧）、高唱抗战歌曲，进行抗日救亡宣传，并为难民募捐。一时间，"我的家，在东北松花江上……""风在吼，马在叫，黄河在咆哮……"等慷慨激昂的抗战歌曲，响彻云霄，回荡在盘龙镇上空，唤起了盘龙镇民众的抗战热情。据悉，盘龙镇受到鼓舞的颜氏家族，先后有十余名子弟奔赴抗日战场，为抗战作出了贡献。

抗战胜利后，三圣宫首次放映了"无声电影"，喜剧演员卓别林滑稽的形象和卓越的演技，博得观众捧腹大笑。为了一睹为快，人们把三圣宫挤得水泄不通。那时是小汽油发电机供电，轰隆隆的噪声和刺鼻的汽油味，也丝毫没影响观众的情绪。人们从未见过的无声电影，在盘龙镇引发了巨大的轰动，三圣宫成了盘龙镇的文化中心。

濂溪宫，坐落在盘龙横街子栅子门外，该宫供奉着江西大学者周濂溪的神像，故称"濂溪宫"，据说是江西移民修的。周濂溪，即周敦颐，北宋理学思想鼻祖，文学家、哲学家。在穷乡僻壤的盘龙镇建宫庙纪念一位思想家，难能可贵，由此可见江西移民是何等重视文化教育，注重人格培养。濂溪宫后面有座莲池，故又称莲池宫。这也是依周敦颐《爱莲说》的"出淤泥而不染，濯清涟而不妖"的寓意而修建的。每年六月荷花盛开时，赏荷游客络绎不绝。民国时期，该宫庙曾为盘龙四维女子小学，二十世纪四十年代末，女校撤销，合并到盘龙中心校。解放后，濂溪宫改作盘龙粮库。

南华宫，坐落在盘龙镇北面，三面与花街子、打铁巷、火神庙相连，是广东客家人出资修的会馆，供奉"南华真人"，故名：南华宫。整个建筑就像一座艺术殿堂，有雄伟的正殿，精美的古戏台，美轮美奂的木雕，还有走马转角楼；那正殿的飞檐斗拱，气势雄伟，戏台周围的人物、动物雕刻得栩栩如生。整个建筑，如仙境中的琼楼玉宇，充分展示了客家人的生活情趣和对中原文化的传承。庄子，战国时期思想家、哲学家、文学家，是道家学说的主要创始人。天宝元年（公元742年），唐玄宗封庄子为"南华真人"，此后，华南各省民众都敬重他，奉若神明。广东人建造这座会馆，命名为"南华宫"，就是为了纪念"南华真人"，更有继承和发扬庄子道学思想的意蕴。

三、十八庙的兴衰

盘龙古镇郊外寺庙繁多,素有昌元里"十八庙"的说法;如九龙寺、新福寺、三角寺、龙王寺、朝阳寺、云台寺、江津寺、莲花寺、王家寺、永陵庙、土柱庙、刘金庙、郑家庙、水口庙、罗家庙等。这些寺庙建于何时?无从查考。根据寺庙破损程度判断,大部分应是清代以前建造,由入川移民集资修缮,供民众进香礼佛。随着寺庙建筑的蓬勃发展,涌现了大批能工巧匠、雕塑家。座座神庙矗立在盘龙镇乡间,成为古建筑文化的杰作。只可惜这些精湛技艺早已失传,艺术品一样的寺庙也被损毁殆尽。以前寺庙大都有和尚、道士(或道姑)看守和维护,随着时代的变迁,人去楼空,寺庙多已颓废坍塌,成了一堆瓦砾。寺庙是那个时代人们的精神寄托,是民众文化生活的重要组成部分。

九龙寺,坐落在盘龙镇东面,距盘龙镇有五公里路程,在盘龙镇去仁义镇的东大路(石板路)旁。据史料记载:九龙寺自五代创修,与古昌州隔沟相望,自明朝更加修葺,碑碣甚多,有1100多年的历史。据称,寺外有九座山脉环绕,势如盘龙。山门联匾写的是:"一弘水月涵双涧,四面山云壮九龙。"寺庙左侧有一石洞,深阔俱丈余,太阳升起时,洞内阳光照射,霞光灿烂,宛如巨龙在洞中戏水,景象万千,是昌元八景之一,名曰:"龙洞朝霞"。笔者二十世纪五十年代中叶,去九龙乡(那时是乡公所)开会时,只见九龙寺外,散布着几座古墓,裸露着石棺椁。有朋友二十世纪末去过九龙寺,他曾对我说,寺内原有很多菩萨(塑像),后来被销毁了,寺庙早被小学和畜牧站占用,现在又成了养老院。小溪边的"龙洞"尚存,地下泉水很深,受气候影响,常有雾气弥漫,邻近村民取泉水饮用,清凉爽口。由于水文地质条件基本没变,加上近年来自然生态得到保护,绿水青山再现,被列为清代昌元八景之一的"龙洞朝霞",或许还有机会重现。

新福寺,坐落在盘龙镇的东北面,该寺历史悠久,据尚未完工的摩崖石刻推算,它的建造年代大约与大足石刻晚期差不多,始建于两宋时代,至今有七八百年历史。该寺院在二十世纪三十年代末改作国民小学,是笔者入学启蒙之地。寺前古木森森,寺后松柏苍翠,两侧杉树蓊郁。山门左侧石梯旁长着一棵大黄桷树,枝繁叶茂,树龄足有两百年,是寺院的风水树。这些茂盛的植被,将寺庙围得严严实实,从远处眺望,古刹景象迷人,犹如仙境般缥缈秀丽。每年三月三举行庙会,三天的庙会期间,各路僧人、香客、信众,云集新福寺,来朝圣赶庙会,十里八乡的民众更是"千户空屋",整个新福寺人头攒动,人声鼎沸。古刹钟声响彻云霄,梵音嘹亮,这就是民国时期庙会的盛况。可惜在一次大火中,寺庙被烧了大半,高僧纷纷离去,只剩下瑞华长老留在庙中执掌事务。

新福寺山门下,有一处叫三宝洞的地方,植被茂密,涧水潺潺,风景清幽。附近有未完工的摩崖石刻、存放建庙高僧干尸的干和尚崖洞,以及常年叮咚作响的滴水岩,故称"三宝洞"。滴水受天气影响,下雨时会变成小瀑布,犹如"水帘洞",涧洞幽深,寒气袭人,是夏天纳凉的好去处。寺内三大殿建筑雄伟壮观,大青石铺砌的坝子可容纳近千游客,其中一个戏楼是后来搭建的。庙会期间,戏台上唱着《庵堂相会》《楼台会》等传统折子剧目。场坝人群涌动,香客可以观看杂技表演,也可以购物品美食,好不闹热。记得1944年冬,新福寺瑞华长老,请了大足专门彩塑菩萨像的工匠及一帮手艺人,为寺里年久失修的送子观音、九子娘娘、十八罗汉、百子观音菩萨像等重塑金身。工匠们花了三个多月工夫,精心劳作,贴金绘彩,把寺庙修葺得金碧辉煌,人物千姿百态,造型生动,可与大足石刻的千手观音神像媲美。次年,新福寺三月三庙会揭幕时,修缮一新的菩萨神像,让香客们赞叹不已。可惜,供奉了700年的菩萨(塑像),后来全部毁于一旦,寺庙也消失在历史长河中,只留下小学校保留至今。

  盘龙古镇的"九宫十八庙",在此仅列举了几个典型的庙宇,但足以说明盘龙古镇历史文化的深厚与辉煌,它彰显了劳动人民的智慧与勤劳。他们集资兴建宫庙和会馆,为促进盘龙镇经济发展、丰富民众精神生活,做出了杰出贡献,同时对社会起到了稳定作用,这就是盘龙古镇300多年历史文化的精髓所在。知古鉴今,令人赞叹!

界画艺术家刘汉杰

海清涓

2022年小寒前夕,永川图书馆新馆开馆。永川区作家协会部分作家应邀参加开馆仪式,刚从北京返渝的"画家"(指刘汉杰,下同)也在应邀之列。

隆重的开馆仪式结束后,到了本土作家捐赠书籍的环节。我捐了《小世界》《罗泉井》等4部公开出版的书,图书馆要求作者签名留念。担心字写得不好看,我准备先打下草稿再签名。低头打草稿时,"画家"春风满面地走了过来,我以迅雷不及掩耳之势把笔交给"画家"。

于是,"画家"挥笔分别在4部(8本)书的扉页写下:赠永川区图书馆,海清涓,2022年元月4日。"画家"力透纸背、大气磅礴的几行字,一下子让拙书熠熠生辉。

"画家"是界画艺术家,中国界画代表性传承人,中华国学院界画艺委会主任,重庆市美术家协会会员,重庆市诗词学会会员,重庆新诗学会会员,永川区诗词学会副秘书长,永川区民间文艺家协会会员,永川区美术家协会会员,永川区作家协会会员。毫不夸张地说,"画家"是一位特立独行的画家,是一位天马行空的书法家,还是一位才华横溢的诗人。

每次想起和"画家"第一次见面的情景,我都会忍俊不禁。

2009年冬天,我的散文集《种下一生痴情》在大众文艺出版社出版后,有读者强烈要求作者签名盖章。第一次出书,没有准备印章的经验,刻一枚印章就成了当务之急。

大约在冬至,很少逛街的我挤出了上午的时间去刻章。乘公交到城墙边,刻章的人要价太高,我小跑到五板桥,刻章的人没有来,最后漫步到北山中学脚下的骑龙街。从酱园厂过隧道,在大什字走了几分钟,终于发现了一家画像、刻章、写字的小店。店主是个三十多岁的清瘦男子,忧郁中藏着一股古典的文艺范。

见我进店,店主放下报纸,礼貌地笑了笑。我问刻一枚私人印章多少钱,店主说80元。怎么比五板桥和城墙边还贵?我和店主砍起价来。砍来砍去,终于把价砍到了50元。店主问刻什么名字,我说了两次,店主都摇摇头表示没有听清楚,我只好在报纸一角写下自己的名字。看到"海清涓"三个字,店主惊喜地说:"你就是海清涓呀,久仰大名,我拜读过你的美文,今天终于见到真人了,一个名副其实的美女作家。"我有点儿不好意思,小声说:"师傅谬赞了,一个草根作者而已。"交谈中,我知道了店主姓刘名汉杰,网名墨香苑,是永川区诗词学会的会员,写诗、画画都会,还认识永川的著名文化人石天河、曾德甫、彭在村等。

磨平印面、打好印稿、印稿上石,不到半个小时,一枚精美的有机玻璃印章就刻好了。付钱时,刘汉杰不肯收钱,说就当一份文友之间的见面礼。我坚持付了钱,刘汉杰的刻章技艺高超,生意却那么清淡,他应该是靠这个美术小店养家糊口,我后悔和他砍价了。临走时,我们加了QQ好友。回到家,试了试印章,打开电脑登录QQ,发现刘汉杰已经写好一首现代诗发过来。诗写得清新自然、绚丽飘逸,是赞美我的诗。

虽然生活在同一座小城,但是大家都要为生计和梦想奔忙。我一边经营我的电器维修店一边写作,刘汉杰一边经营他的美术小店一边画画。除了参加文艺界活动,我们线下见面的时间很少,偶尔在QQ群里聊聊文学。有次聊天,他知道了我姓刘,海清涓只是常用笔名,刘汉杰高兴地说,原来是家门妹子。一笔写不出两个刘字,我和刘汉杰,从同城文友变成了刘家兄妹。自然,称呼也改了,我不再叫他刘老师、刘师傅、刘老板,而是叫汉杰兄、家门或者画家。

从那以后,只要遇到有人打听画像、刻章、写字的地方,我不再说城墙边或者五板桥了,我只说大什字。是的,就是大什字,就是北山中学附近的大什字。自从那次去大什字刻了章,我就把"画家"的小店当成了永川最有文艺范的美术小店,没有之一。当然,我不会说顾客是我介绍过去的,我可不想让"画家"付介绍费。

每次看到长诗《茶竹倾尘》,我都会发出一声叹息,我都会想起"画家"的身残志坚、贫而乐道与坚忍不拔。

因为长诗《茶竹倾尘》出版受阻,为了支持我出版长诗《茶竹倾尘》,2012年夏天的一个周末,"画家"给我引见了棠城论坛版主茶竹人生。茶竹人生实名徐昌斌,笔名醉鸟,绰号校长,他准备联系一家房产网合作出版长诗《茶竹倾尘》。在"校长"夫人刘洪梅开车送我们去房产网编辑部的路上,我第一次听说"画家"双耳失聪,而且从来没有戴过助听器。

作为铁哥们,"画家"和"校长"之间几乎没有秘密。"校长"不光知道"画家"有耳聋的残疾,还知道"画家"的生活一直处于贫困状态。"校长"一席话,把我带进了"画家"的过去,也让我一下读懂了"画家"线上活跃、线下沉默的原因。

1970年8月9日,"画家"出生在重庆市永川区来苏镇石牛寺村一个普通农家小院里。父亲是乡村教师,母亲是作坊工人。作为刘氏家族的长孙,给刘家带来了希望和欢乐的"画家",自然是爸爸妈妈疼,爷爷奶奶爱,外公外婆宠,集万千宠爱于一身。可惜好景不长,"画家"的幸福生活,被一张离婚证无情打破。离婚后,母亲为了追求自己的个人幸福,狠心抛弃了才1岁多的"画家"。父母的离异,直接导致"画家"成了中国第一代留守儿童,间接导致画家成了残疾人。父母的离异,给"画家"留下了一个苦难的童年,甚至严重影响了"画家"的一生。

突然失去母亲的"画家",不吃不喝,成天哭闹,瘦得不成样子,眼看就活不成了。为了保住他的小命，45岁的奶奶含泪断了小姑姑的奶，把不多的奶水让给"画家"吃。比"画家"大六天的小姑姑，每天只能喝米汤和稀饭充饥。对年幼的"画家"来说，慈祥的奶奶是奶奶，又是妈妈。在奶奶的精心呵护下，"画家"健康地活了下来，会说话、会走路、会唱歌、会跳舞了。

1973年深冬，3岁多的"画家"还没有完全从失去母亲的阴影中走出来，一场厄运猝不及防地降临到他的头上。由于家贫，穿得单薄，烤烘笼取暖的"画家"不小心烫伤了脚。在奶奶撕心裂肺的哭救声中，幺爸从山上跑回家把昏迷的"画家"送到卫生院。幸运的是，由于抢救及时，"画家"的命和脚保住了。不幸的是，由于医疗条件有限，治疗过程中医生过度使用抗生素，造成了"画家"的双耳药物性永久失聪。也就是说，耳聋这个残疾，将伴随他一生。

恩重如山的奶奶给了"画家"第二次生命，恩深似海的幺爸让"画家"学会了说话。因为耳聋，别人对着"画家"说话的时候，"画家"几乎没有感觉。认字发音不准的"画家"，经常被小伙伴嘲笑和欺负，小伙伴骂他是没有妈妈的小聋子、小结巴。还好有幺爸，幺爸给"画家"讲童话故事，找小人书给"画家"看，手把手教"画家"写字。为了让"画家"能够和小伙伴正常交流，幺爸放牛总要带上"画家"。牛吃草的时候，幺爸就坐在空地上教"画家"学习，还耐心地教"画家"唇语。在幺爸的鼓励和帮助下，小小年纪的"画家"除了坚持练唇语，还爱上了看书和画画。没有书看的时候，就画画，没有纸笔的时候，就用树枝在沙地上画画。

上课的时候，因为耳聋，加上坐得离讲台远，"画家"看不清老师的眼神和嘴唇，也就不清楚老师讲的是什么内容。百无聊赖的"画家"，干脆在下面看小人书或者用铅笔画画。书和画是"画家"最好的朋友，读书和画画成了"画家"童年最大的乐趣，书和画能够让"画家"寂静的世界热闹起来。也许"画家"天生就是来这个世界上画画的，没有美术老师指点，没有画笔和画纸，"画家"居然画得有模有样。

1983年秋天，"画家"离开生活了13年的石牛寺村，到永川城里上初中。书店里琳琅满目的书让他应接不暇，他一有空就往书店跑。他最爱的是古诗词，唐诗、宋词、元曲熟练于心。有一次，在一家小书店翻开《红楼梦》，"画家"被金陵十二钗之首，容貌绝世、才情绝世的林黛玉深深吸引了。看完《红楼梦》，"画家"满脑子都是林黛玉弱不禁风、多愁善感的倩影，于是试着去模仿画插图。不久，在校园书画大赛中，"画家"画的林黛玉荣获二等奖。这次获奖，让"画家"萌生了一个梦想，那就是当画家。他立志用画画来表达日常生活中的所见所闻、所思所想，用一支画笔记录对大自然的热爱，用一支画笔记录生命中的一切美好。

1987年秋天，"画家"初中毕业，凭实力考入永川振兴工艺美术学校，正儿八经在美术班系统学习了三年美术，并有幸接受了著名花鸟画家曾德甫先生的悉心教导。曾德甫，笔名卓之，重庆国画院画师、高级美术师，擅长写意花鸟画，尤喜画梅，人称"曾梅花"。曾德甫先生对失聪的"画家"疼惜有加，毫无保留地将绘画基础知识传授给了他。无论上课还是下课，只要坐在画板前，描绘着人、景、物，"画家"的心就不禁陶醉在这些美妙的风景中。毕业时，曾德甫先生当着全班同学的面赠送"画家"一幅亲笔画，并深切嘱咐说："你勤奋又有天赋，生活还会有很多磨难，希望你永远不要把画笔丢了。"曾德甫先生的谆谆之言、殷殷之意，让"画家"的心里绽开了朵朵鲜花。从美专毕业时，"画家"以优异成绩考上了美院。遗憾的是，贫穷和残疾的双重原因，让"画家"没能如愿就读梦寐以求的美院。

因为耳聋，"画家"找工作四处碰壁，就连火葬场为逝者化妆的职位都容不下耳聋的他。为了生计，"画家"只得背着画夹骑着一辆破旧的自行车，早出晚归赶乡场，给老年人画炭精画像。画一张挣五元钱，在陪着"画家"赶乡场的奶奶眼里，"画家"也是有出息了。不赶场的时候，"画家"就一边画画一边刻苦自学中医。拿到中医大专文凭后，因为耳聋，也因为心中的画家梦，他并没有选择从医，而是继续坚持画画。毕竟，在"画家"眼里，画画，是一种艺术，是一种精美的艺术，是一种无可挑剔的艺术。

1990年冬天，"画家"20岁。风里来雨里去赶了几个月乡场，手头有了一定积蓄，他便在永川城里租了一间小店，经营与美术有关的画像、刻章、写字等业务。虽然收入微薄，但是有了一个遮风挡雨的地方，不用每天早出晚归去赶乡场，"画家"有更多的时间画画了。

1993年春天，"画家"年近23岁。勤劳善良的邻村姑娘张昌明，因为欣赏"画家"的绘画才能和自强不息，不顾家人的反对义无反顾地嫁给了一无所有的他。张昌明怀孕后，家里穷得一贫如洗，不要说买肉买菜，连一袋盐都买不起。即使天天吃咸菜稀饭，张昌明也从来没有抱怨过。画纸画完了，"画家"为没钱买画纸发愁时，张昌明会体贴地递上一叠从废品店捡回来的废纸……

从房产网编辑部回来，"画家"邀请我和"校长"去清风堂。清风堂全称是中国传统山水界画工作室，既是"画家"的精神家园，也是"画家"统率千军万马纵横驰骋的沙场。

清风堂很简陋，水泥地面上摆放着极简的实木工作台，除了一把木椅子和几张塑料凳子，没有其他家具。不过，墙上那些鬼斧神工的传统山水画、古风建筑画，墙角那些栩栩如生的蜡梅画、竹子画，让清风堂一下成了充满魅力的艺术天堂。对于家境贫寒的"画家"来说，能够拥有一间属于自己的画室已经很奢侈了，那一幅幅别开生面的画就是恰到好处的装饰。

贫穷和残疾像两座沉重的大山，压得"画家"几乎喘不过气来。但是，"画家"从来没有放弃过画画。白天，他在小店刻章、画像、写字，以此养家糊口。晚上，他在清风堂潜心画画，圆少年时代的画家梦。

因为耳聋，从小到大，"画家"都自卑孤独。走进清风堂，"画家"不再是卑微渺小的贫困残疾人刘汉杰，而是号禅聋、斋号清风堂、网名墨香苑的青年画家。走进清风堂，"画家"可以远离贫穷，远离残疾，远离尘嚣，远离一切。

在清风堂，我第一次见到了信心百倍、神采飞扬的"画家"。对"画家"来说，画画不仅仅是生存技能，更是一种情感的表达和思想的传递。在清风堂，我第一次见到了界画，第一次知道，除了国画、油画、版画、壁画、水彩画、水粉画、漆画等画种，还有界画这种画种。

见我对界画好奇，"画家"便滔滔不绝地向我讲起了界画的历史，讲起了他和界画的不解情缘。

界画，顾名思义，作画时须用界尺引线。界画是中国画的一种，属于中国绘画宝库中很有特色的一个门类。界画也称屋木画、宫室画或台阁画。界画起源于晋代,发展于隋朝,鼎盛于唐朝,到了宋代渐渐成为一个专门的画科。界画是以宫室、屋宇、楼台等建筑物为题材的绘画,历来是画院画家最为擅长的,特别是对宫室、殿宇、寺观及其崇楼、台榭、飞阁、长廊等,无不摹写逼真。明清以来,界画渐渐没落,所出名家寥寥无几,自清代到现代,仅出了三位界画大师——袁江、袁耀、黄秋园。界画不入流的原因有两个:一是太写实,心高气傲的文人们追求写意,根本瞧不起一笔一画工整严谨的界画,轻蔑地将之归为工匠画;二是太花时间,画一幅界画少则耗时一月有余,多则要花大半年时间,创作不易,想以此谋生太难,想画成大器更是难上加难。因此,界画成了冷门中的冷门。如今现存的界画有唐懿德太子李重润墓道西壁的《阙楼图》,北宋画家张择端的《清明上河图》,明代画家安正文的《黄鹤楼图》,元代画家夏永的《滕王阁图》等。张择端的《清明上河图》,为中国十大传世名画之一,属国宝级文物,现藏于北京故宫博物院。

2000年夏天,"画家"去父亲的老同学周在分家做客,无意中听到周在分说起界画。言者无心,听者有意。回到小店,"画家"开始上网查阅界画资料和画家作品,也抽空去书店查阅资料。当"画家"看到一幅幅精妙入神的界画作品,居然是中国画中的冷门后,不由心中一动。自己画了这么多年都没有画出什么名堂来,不如试试界画,说不定能在冷门中杀出一条血路。反正自己耳朵听不见,比一般人耐得住寂寞,就算失败了,也没有多大的损失,大不了又继续过吃咸菜稀饭的穷日子。

为了学界画,"画家"专程到江西省南昌市系马桩小桃花巷21号,参观了中国著名国画艺术家黄秋园的纪念馆。从南昌回来,画家拜在周在分门下,开始正式学习界画。周在分是一名中学美术教师,更是一位有功底的传统山水画家。界画不同于其他山水画,它是中国传统山水画中难度最高的画。界画的"界"就是一把界尺,即把界尺放在画稿所需部位,用一枚竹片凹槽抵住笔管,然后手握画笔与竹片,使竹片紧贴尺沿,按界尺方向运笔,画出均匀笔直的线条。

在学习过程中,"画家"发现楼阁协调、配景合理、注意曲折迂回、诗情画意、风水摆布来龙去脉、新颖别致,是界画创作中必须要突破的六大难点。画阁楼一定要懂得建筑结构,好比学建筑要先学设计图纸,画阁楼不是乱想一通随随便便画几笔就行了,阁楼一定要符合中国建筑的基本特征。目前中国的古典建筑以明清为传承,包括近代几大名楼都是以明代和清代的建筑为蓝本复建的,比如重庆大礼堂、武汉黄鹤楼、南昌滕王阁、湖南岳阳楼等,其独特之处在于有飞檐、斗拱、歇山、柱子,必须精细、横平竖直,正所谓"差之毫厘,失之千里",好比中国人一样,顶天立地、堂堂正正、一丝不苟。

为了潜心创作界画,"画家"经常关闭所有通信工具,把自己关在画室中。一连数日,专心致志,孜孜不倦,把物质要求降到最低。饿了啃一个冷面包,渴了喝一杯白开水,困了就倒在画室呼呼大睡,醒来又拿起画笔继续创作。

勤学苦练,废寝忘食,让"画家"的画路越走越宽。2006年以来,"画家"的作品参加各种展会,荣获多项大奖。2007年参加三峡文化艺术节,"画家"的作品《梅魂》荣获二等奖并被组委会收藏。接下来,《山水春意》《山城礼赞》《峡江烟云图》《汉宫图》《竹林七贤》等作品,陆续在全国及市内参展获奖。

为了继承和弘扬界画，2009年冬天，"画家"自筹资金创建了清风堂中国传统山水界画工作室。为增长见识、增进交流，一有空"画家"就背着相机遍访名师积累绘画素材。"画家"将游历过的名山大川和见过的精美建筑，从不同角度用相机拍摄下来，作为创作时的第一手素材，创作时再结合自身理解对这些素材进行深度加工。由于"画家"在网络上和现实中的积极推广宣传，越来越多的人认识了界画，认识了只有中国才有的界画。

2015年夏天的一个周末，逛QQ空间，无意中看到"画家"发的一系列在北京拍的照片。我不解地在QQ上问"画家"，他已经45岁了，在重庆画坛也算是小有名气的画家了，卖画收入维持一家人生计已经不成问题，怎么突然做起"北漂"一族来了。

"画家"去北京有两个原因。第一，小儿子出生后，"画家"感觉生活压力变大了，中年得子，他想给儿子创造一个良好的成长空间。第二，永川和重庆发展空间有限，"画家"创作遇到瓶颈期，无法突破自我，一直在原地踏步。

为了改变命运，也为了提升画技。"画家"毅然选择了离开熟悉的永川，到陌生的北京发展。"画家"不是一尾安于现状的鱼，而是一条力争上游的龙，需要到浩瀚无垠的海洋里尽情畅游。

"画家"只身闯北京，妻子张昌明纵有万般不舍，依然选择了无条件支持"画家"。"画家"提着行李离开永川的那天清晨，张昌明抱着2岁的小儿子，含着带泪的微笑对画家说："汉杰，只要你喜欢，你尽管去闯。不用担心女儿和儿子，我会把他们姐弟俩照顾好。如果在北京混不下去了，你就回来，我们还可以像从前那样开小店吃咸菜稀饭。"

背井离乡，到北京打拼，一切都得从零开始。贫困和残疾，这两座大山，再一次缠上了"画家"。

刚到北京，人生地疏，举目无亲，屡屡碰壁，不要说给张昌明寄钱，就连自己的一日三餐都成了问题。那个时候，每到夜深人静时，只要一听到汪峰的《北京北京》：我在这里活着/也在这儿死去/我在这里祈祷/我在这里迷惘/我在这里寻找/也在这儿失去/北京北京/北京北京……画家都会情不自禁潸然泪下。

但是，既然选择了北京，就不会轻易放弃。无论遇到什么样的困难，都得咬紧牙关挺住。是的，挺住就意味着胜利。有一天晚上，一只蝙蝠飞到"画家"身边，一边飞一边注视一脸愁容的"画家"。"蝙蝠"寓"遍福"，"画家"相信蝙蝠是吉祥的象征。果然，第二天在一位北京文友姐姐的介绍下，"画家"认识了中国燕山画派创始人、北京燕山书画院副院长禅画大师陈雷先生。陈雷，须弥斋主，号无知大和尚、墨上云竺，精于画佛、道人物，乃当代著名禅画艺术家。以大泼墨人物画著称，其画结构沉稳，布局干练，祥和简洁，高古清奇……堪称画中极品。

文友姐姐和陈雷先生是认识近30年的老朋友，曾在陈雷先生落难时伸出过援助之手。读万卷书，不如行万里路，行万里路，不如遇到一位真诚善良的良师益友。文友姐姐和陈雷先生就是"画家"在北漂路上遇到的良师益友，何其有幸，"画家"遇到的良师益友不是一位而是两位。在文友姐姐处了解到"画家"的贫穷和残疾后，慈悲为怀的陈雷先生不仅免收"画家"学费，还豪爽地让"画家"在自己的须弥山画院免费吃住。

2015年6月1日,对"画家"来说,是北漂生涯中最刻骨铭心的日子。这一天,"画家"正式以徒弟的身份,拜师陈雷,并入住陈雷先生在北京市通州区西集镇于辛庄画家大院的须弥山画院。年近七旬的陈雷先生,高大魁梧,长发长须,给人一种仙风道骨的感觉。看了"画家"现场创作的界画,陈雷先生又惊又喜,觉得"画家"就是他苦苦寻找多年的学生,当即收画家为关门弟子。

千里之外遇恩师,"画家"决心在界画上干出一番成就来。"画家"十分珍惜向陈雷先生学习的机会,每天除了吃饭睡觉,其余的十几小时都是一头扎进画室,一边创作一边领悟陈雷先生画中的精妙之处。"画家"安静地待在画室里,其他事情什么也不想什么也不做,只静静地创作,只静静地做一个痴情画者。沉浸在画中,画家觉得,一切都是自在的,一切都是恬静的。

看水,看树,看诗,看画,写文,聆听鸟鸣,已经成为"画家"在北京生活的全部。看水得灵性,看树知风行,看诗洞人生,看画知彻悟,写文记心情。清晨,总有清脆的鸟鸣唤醒"画家"。在须弥山画院的日子,"画家"一直不曾懈怠过。画画的闲暇,他坚持写日记,用写日记的方式记录画画心得和北漂历程。

陈雷先生用墨豪放大气,其笔方圆互用、多富变化,灵动奇妙的画风,让聪明的"画家"一下发现了自己的短板。几年来画技没有大的提升,原来缺的就是陈雷先生这种大气与空灵。认真刻苦、为人笃厚、值得信赖的"画家",在陈雷先生眼中,就是唯一值得传承衣钵的弟子。陈雷先生觉得以"画家"的基础,学三年就能够得到很大的提升。在须弥山画院,陈雷先生倾囊相授,视"画家"为己出,教给他很多有用的知识,换角度观察,换思维理解,换路线前进。短短三年时间,"画家"的画艺有了质的飞跃。陈雷先生的画风和对艺术的执着追求、对名利的淡薄,重塑了"画家"的价值观。拜师陈雷,是"画家"思想境界的一次升华。勇敢北漂,是"画家"人生的重要转折点。

引路靠贵人,走路靠自己。后来,经朋友推荐,"画家"又到北京清华美院高研班进修两年。一步一个脚印走下来,深厚的山水情怀,对中国传统文化的深刻领悟,让"画家"在创作水墨山水画上有了很大的突破和提升,在界画的创作上更是造诣非凡。

《子庄故里》《夕阳楼阁图》《华岩灵境》《老子出关》《大道通天》《清泉涤尘》《清阁寻道图》《广寒宫》《岳阳楼》《鹳雀楼》《黄鹤楼》《滕王阁》《天下第一楼》《霞染汉宫秋》《千里江山阁楼图》等,一幅又一幅杰作相继问世,不得不让人惊叹,在短短三年时间里,"画家"竟能画出如此多的上乘之作。

北漂是一种历练,是一种沉淀,更是一种超越。

"画家"北漂后,每年元旦去"校长"家小聚,我都会见到"画家"。每次"画家"都会谈到北漂,谈起界画。有一次,我问起北京有多少名界画家。"画家"问我想听真话还是想听假话,我说当然想听真话。

不要说北京,就是放眼整个中国,在百万画家中,也许只有一名界画家。"画家"的回答让我大吃一惊,也让所有在场的人大吃一惊。如此说来,在中国,专业画界画的画家还不到十名。

"界画家少之又少,界画这座巍峨宏伟的艺术宫殿,恐怕要变成一座废墟了吧。"我担心地问。

"放心,我绝不会让起源很早的界画在我们这一代失传。""画家"目光坚定地说。谈到以后的打算,画家一脸虔诚地说:"向画坛前辈学习,向画坛大师学习,全力振兴传统界画,希望能够把界画推到一个新的高度,希望界画能够一直保留传承下去。"对已过知非之年的"画家"来说,弘扬和传承界画艺术的目标,已经远远超过了对名利的追求。

谦逊低调、积极好学的"画家",是这样说的,也是这样做的。

2020年冬春交替季,一场疫情,来得那样突然,令人措手不及。打乱了"画家"春节后回北京的计划。疫情防控期间,宅在家里,就是贡献。每一个不能出门的日子,"画家"都没有虚度,都在为界画翩翩起舞。

疫情防控期间,宅在永川的画家抓住做志愿者的机会,拜在著名画家刘阿本门下。刘阿本,字莫闲,号滋艺堂主,"艺庐"第十二代传人,中国美术家协会会员,中国书画家协会理事,重庆市永川区文联副主席。刘阿本先生自幼跟随父亲刘声道学习微雕、书法、绘画,后又师从董寿平、刘继卣等老先生。刘阿本先生独创的"洗墨洗彩画"在画坛独树一帜,不是用我们中国传统意义上的画法可以画得出来的。刘阿本先生先写意后工笔,细腻深邃和鹅卵石山水结合,极具清逸洒脱的时代特征,又不失传统文人画的高贵典雅。

2022年元月,一个偶然的机会,"画家"又拜在著名画家赵毅门下。作为中国美术家协会会员,民进中央开明画院画师,群众文化副研究员,赵毅先生既是国画家,又是版画家。师从白德松、杜显清、付仲超等老师学习国画人物,师从阎松父、周北溪学习花鸟山水画,师从吕树中、康宁学习版画。赵毅先生主画人物,在画人物画之余也画花鸟画。赵毅先生追求意境,设色单纯,两相结合,从实景创作。

其实在没有正式拜师之前,"画家"就在心里把刘阿本和赵毅当成老师了,因为他们已经多次指点过"画家"。艺术来源于生活,又高于生活,怎样把握一个度是关键。怎样把建筑与山川巧妙结合,让界画不落入俗套,既是创作的难点,又是创作的亮点。经过本地名师刘阿本和赵毅的指导,"画家"的界画更加具有诗情画意了。特别是刘阿本先生传授的山石配景运用没骨技法,简直让"画家"如虎添翼、更上层楼。

一把界尺一支笔,一方砚台一世界。对一个残疾画家来说,能用独有的方式传承中国几乎消失了三百年的艺术瑰宝——界画,能够博采众长,悟其精髓,不断完善自我,将山水、人物、花鸟的灵动飘逸和界画的端庄优雅融入画中,充分体现了"画家"很强的创造力和很高的艺术鉴赏力。从一个籍籍无名的小画家,成为一位蜚声画坛的大画家,就是一个身体健全的人,也不一定做得到。但是,"画家"做到了,双耳永久性失聪的"画家"做到了。这让我不由得想起"画家"的座右铭:勤功吾之缺,身立梅花骨。

画的是身,写的是心,得的是真。

多年的潜心研究让"画家"的界画技艺进步飞速,"画家"的作品,以笔触细腻、线条规整、想象力丰富、构图大气磅礴，得到了画界的认可。如果说"画家"以前的界画是天上的仙境，是虚无缥缈的海市蜃楼，那么"画家"现在的界画就是人间仙境，富有生命力，充满了时代气息，崇尚真善美，提振精气神。

北漂七年，看过许多风景的"画家"，依然心心念念热爱着家乡这片土地。从2015年至今，"画家"创作了大量关于北京皇城和祖国名胜古迹的作品，还创作了《宝吉禅寺》《永川博物馆》《永川兴龙湖》《神女湖》《石笋山》《重庆大礼堂》《兴龙湖揽胜》《茶竹天街润如酥》等一系列关于家乡重庆的作品。"画家"的界画，有的精美绝伦、行云流水，有的出神入化、呼之欲出。青山绿水、亭台楼阁、古树奇花、石桥木船、冰雪蜡梅等巧妙交融，综合了书法、文学、哲学、美学、伦理学以及自然、社会等众多元素，创造了一种浑然天成的全新界画，形成了自己独特的艺术风格。

付出才会杰出，拥有梦想只是一种智力，实现梦想才是一种能力。

北漂七年，"画家"的作品多次参加省市、全国展览，多次获得省市级、国家级奖励，其作品由中国书画家协会润格2万—3万元每平方尺，深得藏家喜爱。"画家"的作品不仅在中国享有很高的声誉，还被意大利、美国、新加坡等国家的收藏家收藏。近年来，"画家"的作品连续获得全国性奖项。"画家"被评为中国界画第一人，二十一世纪最具收藏价值的艺术家，确也实至名归。

北漂七年，"画家"不但在北京声名鹊起，而且连续几年代表重庆残联在北京参加由中国残联举办的各类展览，分别在《人民日报》、恭王府参展，并连续三年被央视美术新闻头条报道。至于在他的家乡，《重庆晚报》曾经用两个整版专题报道他，重庆电视台、华龙网、《重庆法制报》、《重庆晨报》、《永川日报》、永川电视台等都头版头条报道过"画家"的事迹。"画家"的作品不光受到圈内人喜欢，也慢慢受到圈外人喜欢，许多人在朋友圈看见"画家"的作品，都主动联系他，希望能够买上一幅收藏。"画家"的作品得到越来越多的人认可，被越来越多的人收藏。永川区残联书记林梅女士在一次会议上感慨地说，画家刘汉杰是永川残疾人的骄傲和榜样。

五十岁前"画家"以传统为基，五十岁后"画家"以传统为本，自我创造，在时间和空间之间锤炼艺术技法，在色彩斑斓的艺术之河徜徉。我知道，画家之所以坚守高难度的界画，就是想传承中国界画的精粹，弘扬博大精深的优秀传统文化。

坚守一颗初心，传承一种精神。千帆过尽，"画家"对界画的坚守与传承不变。

2022年春节前夕，我到永川区大安街道采风，与参加永川书法之乡送春联活动的"画家"不期而遇。活动现场，人山人海，热闹非凡。作为为群众写春联、送祝福的书法志愿者，"画家"和书法家们站成一排，挥毫泼墨，笔走龙蛇。那一对对吉祥喜庆、墨宝飘香的春联，不仅为村民送上了新春的问候和祝福，也传递了新时代的正能量。

活动结束后，我默默注视着收拾纸笔的"画家"。穿着黑色羽绒服，围着红围巾，戴着先进助听器的"画家"，温文尔雅，谈吐自如，见多识广，气度不凡，谁还看得出他是一个失聪的残疾人？

"画家"有文学情结，不管到哪儿，总会随身带几本书陪伴。他是个念旧的人，书旧了，也舍不得扔,还视如珍宝。"画家"说做人品性也当是如此,"画家"能有今天的成就,少不了老师们的悉心指导,少不了朋友们的无私帮助。饮水思源,知恩图报,因此,"画家"一直在感恩,感恩曾经帮助和关心他的人。

奶奶是"画家"生命中的守护神,赐予"画家"另一种母爱。"画家"孝敬奶奶,为奶奶养老送终,是情理之中的事。母亲生而不养,深深地伤害过年幼的"画家"。但是,母亲年老体弱后,"画家"仍然主动为母亲养老送终,尽人子之孝。幺爸是"画家"走出无声世界的引领者,堂弟生病住院,"画家"放下画笔悉心照顾,尽力减轻幺爸的负担。2018年夏天,陈雷先生因患癌症不幸去世,为了照顾师母,三年学习期满的"画家"选择了继续留在北京。"画家"既细心周到地孝敬体弱多病的师母,还不厌其烦地照顾师父生前喜爱的宠物们,一匹马、三只孔雀、三条藏獒、六十只鸟。

除了感恩生命中的恩人,"画家"还热心公益事业。"画家"是一位实力派界画家,是一位慈善画家,更是一个身残志坚、有大爱情怀的好人。

2008年5月,汶川大地震书画募捐活动现场,"画家"免费创作了30余幅画。从上午到下午,除了吃午饭的时间,"画家"整整站着创作了七个小时。活动结束后,累得脸色苍白,连说话的力气都没有了。回到家,在床上躺了一天一夜,才慢慢恢复体力。2015年5月,在永川区为白血病儿童举行的募捐活动上,"画家"的画被爱心人士当场购买并收藏,所得钱款全部捐献给了白血病儿童。2016年2月,在一次献爱心义卖活动中,"画家"的画作再次被爱心人士购买并收藏,所得钱款当场捐献给了慈善机构。2016年5月,"画家"获评"永川区最美残疾人"称号。每年春节从北京返渝,"画家"都会积极参加永川区文联组织的送文化下乡志愿者活动,为贫困户和当地居民免费写春联。

2020年疫情暴发后,"画家"写了一首抗疫现代诗《最美逆行》,在永川文学微刊上发表,还入选《永川文学》春季号纸刊抗疫专辑。"画家"既写现代诗又写传统诗,"画家"的现代诗联想自然,借景抒情,浪漫唯美。"画家"的传统诗形象凝练,含蓄隽永,饱含哲理。《最美逆行》在微刊上发表后好评如潮,加上女儿也是一名在武汉抗疫的白衣天使,"画家"萌发了用绘画的形式来创作抗疫作品的念头。看到很多社区工作者、警察等基层工作人员在一线奋战,"画家"深受感动,尤其在看到陆军军医大学派出医疗队去武汉驰援的消息时,更是被深深震撼了。《最美逆行者》《医者仁心》《欠你一场婚礼》《一张普通照片》《无惧风雪》等抗疫画,"画家"都是在感动和泪水中创作完成的。

"画家"喜欢结交朋友,对朋友推心置腹、表里如一。线上线下,男的女的,老的少的,各行各业的朋友都有。"画家"在二月文学社群、重庆新诗学会会员群、重庆晚报群英荟群、了然文学群、永川诗苑群等微信群,都是活跃分子,除了聊文学聊人生,家事国事天下事,事事都聊。"画家"说过,人之相交,贵在知心,他日说不定也路遇他乡,相信朋友也会真诚待己,有朋友在外,是一件幸福之事,用一种感恩心态真心对待朋友,他日总会有收获。有一次参加重庆新诗学会的年会,晚饭后我和"画家"一块儿打车回永川。刚上高速,"画家"就扫了司机的二维码,把我那一份也扫了。我发红包给"画家",他拒收,还幽默地说:"你以为我还像以前那样顿顿吃咸菜稀饭吗,家门,给你说句实话,我现在去北京回重庆都是飞机来飞机去,我的画随便一幅就卖几千上万,不怕你羡慕嫉妒恨,我画画一月的收入比你写作一年的收入不知高出多少倍。"

我怎么会羡慕嫉妒恨,我为"画家"高兴还来不及呢,我只会羡慕"嫉妒"祝福。"画家"习画30年,前20年几乎全是投入,直到10年前画作才有人问津。是北漂,是坚守,是创新,改变了"画家"的生活,改变了"画家"的命运。

世上没有完美的事,也没有完美的人。苦难其实是人生的财富,所有失去的都会以另一种方式归来。

生活以痛吻"画家","画家"却报之以画。30年坚持不懈,筚路蓝缕,艰难玉成。"画家"将贫穷和残疾这两个残酷的现实当作命运的玩笑,用一支坚韧的画笔勇敢地越过人生的楚河汉界,从一个通常意义上的界画艺术家,涅槃为一位融古今技法于一体的骨血相融的大画家。

龙乡安居

余炤

我和安居,一别五年。偶尔想起,又常常淡忘。对安居,总是向往,时不时梦回古城,时不时念着再次和她重逢。只要机会来时,我就会毫不犹豫地前往。

千年古城的历史脉络

安居,因境内一条大安溪而得名。安居之名寄寓了人们最质朴的愿望:安居乐业。几千年前,便有先民在这里繁衍生息。在此东起凤凰山(后为飞凤山)、南绕飞龙山、涪江琼江交汇的水陆要冲之地,汉代形成了村落。至隋唐时,依山而建的民居、曲径通幽的城池深巷,汇聚着南来北往客。此风水宝地曾于隋开皇八年(公元588年)、北宋熙宁七年(公元1074年)、明成化十六年(公元1480年)三度建县,于明成化十六年更名"安居",寓意黎民百姓能安居乐业。安居古城确有城的格局,据《方舆纪览》载:安居镇"东起飞凤山,南绕烟坡包、化龙山,西跨小溪,接冠子山,北面涪江,山势高峻,壁立江岸"。安居山环水绕,人杰地灵。从遗址来看,明清时期,安居城东门至西门有1500米,北门至南门1800米,全城面积约2.7平方千米。古城里的宗祠、行会、商会、哥老会、九宫十八庙,无不是昔日安居繁华的见证。我有幸穿越1500多岁的安居,探寻这座保存完整、规模庞大、具有立体层次感的古城,就像和一位历尽风霜的优雅老人对话,阅读她每一处遗存,就是阅读她曾经的历史,阅读她丰厚的内涵。

触摸古城的文化底蕴

我是安居的客。我和仰慕安居的他乡客一样,心底有异乡。再次来到她身边,抑制住激动,随着一行人绕过游客接待中心,拾级而上,进入星辉门,就算是进城了。上次进城是夏天,这次进城是冬天,冥冥之中,我有机会贴近她的炎凉寒热。这次进城,也带着小小的俗世目的:既为悦目、悦心,又为生计。上次到安居,我是游客,这次来安居,是考察,因工作边走、边看、边思考。大南街那长长的青石板路、老街的一砖一木都散发着历史气息,古城的古朴与厚重扑面而来。古城还是古城,不必有太多的改造,虽时隔五年,古城却没有多大的变化。或许是受疫情的影响吧,游客并不多,不过这恰好是我喜欢的,喜欢古城宁静的光阴、舒缓的脚步。人多太嘈杂,嘈杂就会让人心浮躁。缓步走过天后宫、齐安公所、黄埔军校旧址、药王庙、引凤门,左行西街至刘伯承秘密居住旧址,过迎龙门,穿过公路,到城隍庙。一路下来,仿佛穿越了时光隧道,从长袍大袖到现代衣衫,从马蹄声声、船桨欸乃到汽笛轰鸣,从动荡难安到民生安定,想象昔日的兴衰,欣赏今日之盛景。从星辉门到迎龙门,一座高高在上,一座低矮在下,似乎低微是一种谦逊,如果不注意,就会忽略而过。要不是门上的一块牌匾刻有"迎龙门"三个大字,城门就被上面的建筑和低矮的门洞所遮掩,恍惚进入了时空隧道。不过"迎龙"二字,还是没有逃过我的视线,可能是内心一直在寻找"龙乡"的文化因子吧。为何叫作迎龙门?我心存疑惑,思忖而观。眼前的迎龙门为石砌,以前叫西门,通向涪江边。我驻足在路边一块导读牌子前,了解迎龙门的来历:宋熙宁七年复置县,设东西南北城门四座。西门向兑,左依冠山,右揽琼涪二水。明建文四年(公元1402年),历时四年的"靖难之变"结束,战乱中建文帝下落不明。或说于宫中自焚死,或说由地道逃去,先暂蔽于巴蜀,后隐藏于云、贵一带为僧。于是巴蜀大地上到处都留下这位真龙天子藏匿的传说。坊间传建文帝溯江西巡,逆涪水入西门,驻跸城隍庙,为酬谢护佑之功,帝口谕更西门为迎龙门。而后人所立的这块导游牌子上所言"惠帝避'靖难之变'",把建文帝称为惠帝是不妥的,建文帝庙号"惠宗",不能称为惠帝,这需要进一步考证,野史可演绎,正史得求实。或许也是警醒我这样的过客,回首历史时,须有敬畏与求实之心吧。我以为,迎龙门的存在也可以从中国民间传说中"龙司雨"的角度来思考,就如各地戏剧都有"求雨戏","龙"在民间,如此更贴近民生诉求。在铜梁安居,农历四五月间,正是稼禾生长关键之时,如遇久旱无雨,舞龙求雨、祭天祈神在涪江边拉开序幕,再由迎龙门接"龙"进城,求其布施甘霖,赐福于众生,应是有说服力的。

烟火人间细说龙

传说中,建文帝这位落难真龙天子隐民间,人们由此演绎,又衍生了不少关于龙的故事。我们这个民族崇拜龙,华夏大地处处都有龙的印迹,甚至我们视自己为龙的传人。崇尚龙的图案,崇拜龙的精神,且处处"舞龙""耍龙""玩龙"以敬龙娱龙。从天子之龙,到民间施雨之龙,再到龙的信仰,撒入铜梁安居的每一个角落。铜梁素有"龙都""龙乡"之称。民间有"大足朝佛(石刻)、铜梁观灯(龙灯)、合川看春(春会)"的谚语。具有一千多年历史的古刹铜梁侣俸寺,屋脊、檐梁、门窗雕镂着各种龙的装饰和图案,寺中僧侣亦以耍龙为乐。早在约公元600年,铜梁就有"耍龙灯"的民俗活动,当地又称舞龙为"耍龙""舞龙灯"。著名的铜梁大龙,既非北方马面龙,又非南方蛇貌龙,而是经过融合与创新,形成的独具一格的狮头龙,龙头面阔嘴短,宽厚慈祥,有美善和谐的寓意。关于铜梁龙灯的民间传说很多,其中有个关于人类起源的传说:伏羲、女娲初制人类时,奔波于天下,累逝于山野,所弃之杖吸收日月精华与天地灵气变而成龙,降服了鬼怪,驱散了瘟疫,使面临灭顶之灾的人类重获生机。此后,人们在灾害来临或年关喜庆时,总要草缚成龙,以杖高举进行祭祖和玩舞,企望消灾祛病、五谷丰登。在祭神娱神的活动中,人们也获得了精神的愉悦。这是对龙的敬仰,也是农耕时代的人们对大自然的感恩,对丰收与安康的渴望。铜梁龙舞最早用于祭神、娱神。另据光绪版《铜梁县志·风俗》记载:"上元张灯火,自初八九日至十五日,辉煌达旦,并扮演龙灯、狮灯及他杂剧,喧阗街市,有月逐人、尘随马之观。"每逢新春佳节到来之际,龙灯会就成为民间的重大娱乐活动。

中华民族崇尚龙,把龙视作吉祥的象征,认为龙具有祥瑞之气,能够呼风唤雨、驱灾除疫。人们都希望得到龙的庇佑,以龙作为图腾,逐渐形成了在岁时节日舞龙的习俗。在笔者家乡,20世纪80年代初期就还保留有春节玩龙灯的习俗。这个习俗在我国各地均有传承和延续。山东玩龙灯,贵州也在玩龙灯,陕北在舞龙,岭南也在舞龙。而龙乡铜梁安居,更是将龙舞得酣畅淋漓、精彩纷呈。腊月三十开始挂灯,一直到正月十五元宵节,满街彩灯,或动或静,竞相争艳,为龙灯会高潮的到来渲染出热烈的气氛。春节后,大办之年从正月初九"上九会"(旧时以"九"为大数,年初逢第一个九,故称"上九")开始"龙出行"(小办之年从正月十二开始),实际上就是龙灯会的旧式开幕式。在龙灯会上,玩龙灯的队伍鱼贯而行,高举龙灯沿街出游。当舞龙队伍经过各商户和社会名士门前时,往往定点表演几个套路,以示拜年祝贺。主人见此,纷纷点香烛、鸣鞭炮以"接龙",意在迎接神龙来到人间,企望带来吉祥幸福。舞龙队伍到各庙宇前略走"之字拐",点动龙头,谓之"拜庙"。正月十三至十五日是舞龙高潮,最为热闹。大街上,大龙、火龙,腾跃翻飞。其中最刺激的还是火龙,每条火龙都由10余条壮汉舞动,翻腾跳跃,油筒、火把齐明,水花(生铁在风箱炉中熔化而成)不停地打向空中,干花与砖花(用竹筒或古城墙大砖块凿眼,加入火药、铁屑,用引线点燃)喷射而出,烈焰熊熊,呼呼作吼,处处龙腾虎跃,烟花火花漫空,令人极为振奋。正月十五日晚,各龙灯队在主要街道玩舞后,聚在广场上燃放"焰火架",一起烧龙,意在送神龙升天,宣告本届龙灯会到此结束。

迎龙门的牌匾上,两条镀金的龙张扬着鳞爪,迎来送往江上清风与迁客行商,文人墨客吟诵的篇章或许随风而散去,富商巨贾或许在江湖风浪中千金散尽,但是龙在龙乡,依旧日夜庇护着一城安居。在安居古镇,龙文化已深深地融入人们的生活中。庙宇塑龙,桥梁雕龙,院门饰龙,堂屋画龙(过去是一种"符"),节日挂龙灯、玩龙舞。禹王宫的建筑上,也有很多不同形态的龙——房顶上是二龙戏珠,屋顶翘角是龙尾、龙头,就连梁与柱子交接处都是草龙纹的装饰。在民间广为流传的是,龙放在屋顶上可辟邪,因为传说中龙既能防水,又能防火。千百年来,安居人通过画龙、舞龙祈求平安,传递对美好生活的追求。

龙腾兴起,安然而居

铜梁舞龙,狮子大张口,雄包(如鸡冠)高耸,鼓目翘腮,鹿角曲唇,长髯飞鬃,活舌含宝,神态威严。龙在当地有了专属名:铜梁龙。随着时代的发展,铜梁龙舞总体追求灵活、大气,以大龙具、大场面、大套路、大变化来突出大气势,凸显"大"的特色。铜梁龙何以是这样亦南亦北、亦庄亦谐的模样?是否因为巴蜀地区在历史上有数次大规模移民,移民带来了北风南俗,又因地制宜就地取材创制了独具一格的铜梁龙?这也未可知。为了探寻铜梁龙舞的奥秘,我们有幸邀请到"老龙王"黄廷炎,想听听这位耄耋之年的老人给我们讲述龙乡舞龙往事。老人精神矍铄,一说到铜梁龙,声音一下洪亮起来,很快就入戏了,还不时一边模拟锣声,一边手上舞了起来,那神情感觉就有一条龙在他面前舞动。

黄老原本为川剧演员,与龙舞结缘源自一次自荐。他说:"1986年的农历大年三十,在铜梁县城。一年一度的龙灯会开演,我和师兄弟们站在铜梁川剧团门口观看舞龙。一条大蠕龙从川剧团门口飞过,动作僵硬。我看了看,回过头对师兄弟们说:'如果我们来舞,一定比他们舞得好!'说者有心,事情还就这么投缘。1988年9月,在北京举行国际旅游年全国舞龙大赛,铜梁代表四川参赛,任务还真的落到了铜梁川剧团。于是川剧团各位编导开会,我就主动请缨,主持龙舞编排工作,还亲自上场舞龙珠。没有金刚钻哪敢揽那瓷器活儿?我是土生土长的安居人,长期在安居看龙舞表演,还真的看出了一些门道,13岁就上场打锣,一试成名,成了舞龙队的锣鼓手。1955年我才14岁,本来是陪发小去考铜梁川剧团的娃娃生,发小一时紧张唱不出来,为了鼓励发小,我就去给发小打拍子,负责人看了,就问:'小朋友,你会唱不?'我说:'会啊!但不多。'我当时也没有一点怯场,上场节拍一打,脚一跺,嘹亮的歌声从胸中迸发而出了,这下惊爆全场,我又成了川剧团的娃娃生了。"

黄廷炎接手龙舞编排工作后,首先想到的就是将川剧吹打乐、戏曲功架、武功把子及故事情节融入舞龙套路,形成铜梁龙舞完美的艺术形式。在国际旅游年全国舞龙大赛上,黄廷炎带领铜梁舞龙队为铜梁捧回了冠军奖杯。黄廷炎是一个追求精益求精的人,喜欢不断琢磨,1994年进一步创新、提高龙舞技艺,将川剧武功、杂技、舞蹈、音乐相结合,编创了铜梁竞技龙舞套路,并被国家体委认可,作为全国体育大会舞龙比赛的套路标准,沿用至今。黄廷炎的个人技艺及编导功力在国内外享有盛誉,他的龙舞套路成为铜梁龙舞艺术当今的主流风格,其中大蠕龙、竞技龙、火龙、荷花龙等套路参加国内外重大展演赛并屡获佳绩,不仅深受广大群众欢迎,其艺术价值还得到了舞蹈界专家的肯定。他编导的龙舞,腾、挪、跳、越、翻、转,舞出了龙的精气神,黄廷炎也因此有了"老龙王"的尊称。黄廷炎老先生还讲到一件事,让我感受特别深刻。有一次他带队去一家外资企业演出,外方要求由他们派员来画龙点睛,但黄老认为,中华龙,必须由我们自己点睛。小细节彰显大气节,黄老对龙文化的热爱,对龙文化的敬仰和对中华文化的坚守,令我满心敬佩。

行走在龙乡铜梁,走在古韵悠悠的安居。脑海里腾跃着铜梁大龙、竞技龙、稻草龙、竹梆龙、板凳龙、荷花龙、黄荆龙、滚地龙……龙是我们民族的图腾,更是民族的精魂,彰显着民族形象,激励振奋民众的精神。因为我们心中有一条中华龙,所以我们拥有其他国家所没有的民族凝聚力。再次与安居相逢,徜徉在这千年古城,沉醉在龙的桑梓,我似乎望见了田间地头最质朴的祈望:风调雨顺、安居乐业……

地址：重庆市渝中区枇杷山正街93号

邮编：400013

编辑部电话：(023)63880156　63880157

电子邮箱：cqwhysyj@126.com

微信公众号：cqwhysyjy

网站：www.cqwhysyj.cn

重庆文化艺术研究QQ群号：294222082